历史巨变中的周恩来

穆欣 著

中国青年出版社

（京）新登字083号

**图书在版编目（CIP）数据**

历史巨变中的周恩来 / 穆欣著. —北京：中国青年出版社，2013.9

ISBN 978-7-5153-1896-7

Ⅰ.①历… Ⅱ.①穆… Ⅲ.①周恩来（1898～1976）—生平事迹 Ⅳ.①K827=7

中国版本图书馆CIP数据核字(2013)第206917号

责任编辑：彭宇珂　杜惠玲
封面设计：视觉共振

中国青年出版社出版　发行
社址：北京东四十二条21号
邮政编码：100708
网址：www.cyp.com.cn
编辑部电话：（010）57350504
门市部电话：（010）57350370
三河市君旺印装厂
新华书店经销

700×1000　1/16　20.5印张　2插页　270千字
2013年11月北京第1版
2013年11月河北第1次印刷
定价：35.00元

本图书如有印装质量问题，请凭购书发票与质检部联系调换
联系电话：（010）57350337

彭湃杨殷顾顺章钱壮飞李克农胡底伍豪启
吴鼎昌王芸生张季鸾胡政之郭沫若邹韬奋
康生戚本禹彭湃杨殷顾顺章钱壮飞李克农
大公报论战吴鼎昌王芸生张季鸾胡政之郭
春桥陈伯达康生戚本禹彭湃杨殷顾顺章钱

龄杨登瀛阎锡山平型关大捷与大公报论战
化大革命中央文革小组林彪张春桥陈伯达
豪启事宋庆龄杨登瀛阎锡山平型关大捷与
韬奋江青文化大革命中央文革小组林彪张
李克农胡底伍豪启事宋庆龄杨登瀛阎锡山

# 目录

★ **永恒的怀念**（代序） 1

★ **一、震撼上海滩的追杀叛徒案件** 1

    在白色恐怖下战斗
    目标针对周恩来的袭击
    彭湃、杨殷惨遭杀害
    叛徒终未逃脱膺惩
    令敌人胆丧的"红队"

★ **二、关乎党的生死存亡的一场斗争**
    ——周恩来领导扑灭顾顺章叛变引起的灾祸 28

    顾顺章何许人也
    倾筐倒箧的叛卖
    "一网打尽"的阴谋彻底破产
    周恩来安抵中央苏区
    "伍豪启事"出笼后的启事大战
    叛徒顾顺章的可耻下场
    顾顺章叛变的危害和教训
    斩断江青射出的毒箭

★ **三、周恩来在西战场** 72

    三大战略部队在山西展开
    折冲樽俎，力挽狂澜
    开展华北游击战争的巨大贡献

★ **四、中国命运攸关的三次论战**
    ——周恩来领导党报和《大公报》的政治交锋 106

    《大公报》何以成为中共党报的劲敌？
    周恩来《致大公报书》
    《与大公报论国是》
    《可耻的大公报社论》
    《大公报》拥蒋反共的阶级根源

附/150
(1) 致大公报书（周恩来）（重庆《新华日报》，1941年5月21日）
(2) 谣言与烟幕（《解放日报》社论，1941年5月28日）
(3) 晋南战役的教训（《解放日报》社论，1941年6月9日）
(4) 为晋南战事作一种呼吁（王芸生）（《大公报》社评，1941年5月21日）
(5) 读周恩来先生的信（张季鸾）（《大公报》社评，1941年5月23日）
(6) 与大公报论国是（重庆《新华日报》社论，1945年11月21日）
(7) 驳《大公报》（陈伯达）（《解放日报》，1945年12月8日）
(8) 摩登唐·吉珂德的一种手法（郭沫若）（1946年7月10日）
(9) 质中共（《大公报》社评，1945年11月20日）
(10) 可耻的大公报社论（陆定一）（重庆《新华日报》社论，1946年4月18日）
(11) 可耻的长春之战（王芸生）（《大公报》社评，1946年4月17日）
(12) 大公报新生宣言（上海《大公报》，1949年6月17日）

## ★ 五、忧时救国成知己
### ——周恩来和邹韬奋的革命友谊  205

并非在最后时刻才选定共产主义
在战斗中始终和共产党人站在一起
弥留之际还不断呼唤"周恩来！"

## ★ 六、历史巨变中的周恩来与郭沫若  225

情同手足的诤友
"黄钟毁弃，瓦釜雷鸣"
"天不能死地难埋"

## ★ 七、周恩来同"中央文革小组"的几次斗争  252

在工作组存废问题上的抗争
殚精竭虑保护老一辈革命家
挫败江青镇压"联动"的阴谋
围绕工交座谈会的一场拼搏
江青一伙受到的第一次重大打击
江青一伙在钓鱼台"放火"，周恩来在人民大会堂"灭火"

## ★ 铭感总理的关怀和教诲
### ——"文化大革命"初期我在钓鱼台的前前后后  278

## ★ 后记  308

★ 永恒的怀念（代序）

1998年3月5日，是敬爱的周恩来总理100周年诞辰。望着摆放在案头的总理遗像，他那炯炯的双眸和刚毅的浓眉，亲切和蔼的音容笑貌尽现眼前，不禁浮想联翩，引起我久久的思念。

很早我就听到了周恩来的名字，还在斯诺等人的著作中读到过他那饶富传奇色彩的战斗经历。第一次看见周恩来，则是1937年9月27日在太原，他到山西牺牲救国同盟会（简称"牺盟会"，1936年9月成立。它是中国共产党倡议创建，并始终受共产党领导的群众抗日团体，在山西的抗日斗争中曾起了重大的作用）第一次代表大会上作报告的时候。

这次讲话的地点在原山西国民师范学校礼堂。这里最多只能容纳1500人，可是这天来了4000多人。人山人海，礼堂和院里挤得水泄不通。周恩来同志（那时大家都称呼他"周副主席"）在暴风雨般的掌声中走上讲台。其时沿平绥线西上的日军已经侵入晋北，沿平汉线南下的日军攻占了保定，太原古城已经成了人心浮动的抗日前线。他的报告就从华北战局讲起，讲到抗日战争如何才能取得胜利，讲到建立抗日民族统一战线的重要性。他指出抗战必须发动群众，发扬民主；必须改造旧军队，成立新军队。他在报告结束时说："只要我们前方的民众，都能武装起来，不用说敌人打到平型关、雁门关，就是打进关来，打进太原，打到汾河流域，我们也有办法打出关去，打出华北去，打到东三省去。我希望牺盟会成为武装山西民众的领导者、组织者，完成这种神圣的任务，保卫山西、保卫华北、保卫全中国。我代表中国共产党庆祝牺盟代表大会的成功。"周副主席这天整整讲了3个钟头。他的声音高昂、洪亮而清晰，因为我是参加这次会议的代表，得在礼堂里面就座，听得真切，也看得清楚。这年我才17岁，刚刚入党不久，山西党组织还处在地下，头一次这么近地听到我们党的卓越领导人讲话，心情十分激动，留下了毕生难忘的印象。

抗战初期我在晋西南抗日根据地开始记者生涯，曾和范长江同志及他主持的国际新闻社（简称国新社）取得了联系。国新社是在中国共产党领导下建立起来的一个进步通讯社。它是在周恩来直接参与筹划下，以中国青年新闻记者学会会员为骨干，于1938年10月间成立的。国新社的工作始终得到周恩来的直接领导。1939年冬天，我在前往西安治病后绕道陕北返晋西南途中，因遇阎锡山发动反共的"晋西事变"而被阻于延安。很快得知在晋西南我军给予阎顽军重创后转往晋西北，我也准备前去归队。范长江得知这些情况后，从重庆写来一封长信给我说，国新社计划向敌后抗日根据地发展业务，决定在晋西北（靠近延安）和晋东南（在八路军总部常驻地区）派驻特派员，并设通讯站组织稿件。范长江函商由我出任特派员兼晋西北通讯站主任，除了自己写稿，通讯站还负责联系国新社在陕甘宁边区、晋绥边区、晋察冀边区以及陕北榆林、绥远西部的特约撰稿人、通讯员，组织这些地区的稿件。信中特别说明，这项在华北解放区发展的计划，是经过"周公"（周恩来）同意的。因此，我对范长江的邀约欣然应命。

我在1940年5月间到达晋西北地区，一面参加《抗战日报》（以后改称《晋绥日报》）的筹备工作，一面为国新社写稿、组稿。在前后一年多的时间里，我为国新社编发反映抗日根据地战斗与建设的稿件200多篇。1941年初"皖南事变"发生后，国新社于5月间被国民党政府查封。抗战日报社领导决定在我主持的通讯采访部内增设对外发稿科，以我个人的名义，继续向国民党统治区和香港一些报刊编发稿件，直到1943年秋天结束，提供给大后方各报刊的稿件不下百篇。

国新社在华北抗日根据地的活动，直至一些细小的事情都得到周恩来的关怀。如像国新社按月寄发的经费（包括记者的工资和各方来稿的稿酬），由于战争的影响和国民党反动派的封锁，邮路经常中断。每当邮汇不通时，范长江便将这些经费烦请周恩来同志经由内部交通送到中共晋西区党委转交给我，有的信封上还有周恩来的签名。

给国新社写稿、组稿本来是正常的事情，其时和以后报社对外发稿科的工作一样，及时地反映了根据地各条战线上取得的成就，颇有助于大后方和海外侨胞对于我党我军的了解，曾经得到领导上的鼓励。可是，到了整风运动刮起了"抢救"风暴时，有人戴着"左视镜"，"审查"对外发稿和大后方各报刊之间的供稿关系，便被"指鹿为马"了，硬把这种供稿关系说成是所谓"特务网"。虽经详细说明情况，仍然纠缠不休。甚至我和来自太行根据地的同行魏克明同志在西安邂逅美国记者埃德加·斯诺一事，也被当做"政治问题"追查。

周恩来知道我在国际新闻社兼任职务的事和在大后方报刊上发表文章的情况，料想这事在"抢救"运动中会给我惹来麻烦。1943年他从重庆回到延安，正逢康生等用"逼供信"手段，在中央机关一些单位搞出了所谓"红旗党"（意思是说伪装红旗的假共产党），说四川、河南、湖北、云南等10多个省的地下党都是国民党特务控制的"红旗党"。这些省的地下党组织都是由他领导的，使他的处境也相当困难。（《周恩来传（1898—1949）》人民出版社、中央文献出版社出版，第555页）他不赞成"抢救"运动那种做法，并且不顾自己的困难处境，对许多同志伸出救援的手，出面证明，以免造成冤案。1943年秋天，周恩来回到延安不久，原晋绥军区第八军分区司令员韩钧同志从延安路过兴县去前线,当他从延安动身前,周恩来特地嘱托他捎话给抗战日报社社长廖井丹同志和中共中央晋绥分局:"穆欣同志这几年向大后方报纸写过不少介绍敌后军民坚持对敌斗争的通讯,对于粉碎国民党诬蔑我们'游而不击'的谣言,起了好的作用。"(廖井丹:《〈抗战日报〉的战斗岁月》,载北京《新闻研究资料》总第29辑,1985年2月出版)

周恩来同志此时此刻能够想到像我这样一个从未见过面,还很幼稚的新党员,如此关切地伸出救助的手,令人非常佩服他惊人的记忆力,衷心感激他对我政治上的深情关怀。但是,当"左"倾成为一种思潮的时候,中央军委副主席周恩来的指示也被束之高阁。结果我仍然遭受到不公正的对待,在报社担任的职务也被别人"夺权"。

1945年7月12日,中国解放区新闻记者联合会筹备委员会在延安成立。这时我的"案子"实际上还未彻底了结,虽然"抢救"的风暴已经过去,报社却还没有正式给我安排工作。但据新华社报道,我被列名于这个筹委会所邀请的25名筹委之中(代表晋绥),并被推定为9名常委之一。会议决定解放区记者联合会于当年11月初在延安举行,后因形势变化,同年8月日本宣布投降,会议没有举行。这事自然使我饱经磨难的心灵感到温暖和慰藉。转过年来,延安的新华社总社又任命我为特派员。当我得知前述周恩来经由韩钧向晋绥分局"打招呼"的事情以后,每逢忆及这些,心情总是久久不能平静。

我于1956年调来北京工作。1957年至1967年,我一直在《光明日报》主持编辑工作,在一些会议上常能聆听周恩来总理的教诲。如前所述,周总理十分重视党的新闻事业(他自己就是位办报和撰写评论的高手)。当年"左"倾思潮泛滥,他曾不断地抑制极左偏差,促使报纸降温。自从提出"以阶级斗争为纲"以后,舆论导向经常偏离正常轨道,全国报纸版面上长期"炮声隆隆"，硝烟弥漫。周总理在日理万机之中，仍然十分关注意识形态领域的动向。他对报刊在贯彻"百花齐放，百家争鸣"方针中出现的偏差，对学术界特别是文艺界知名人士过火的批判，经常发出"黄牌警告"，促使各报能够及时纠正萌发的错误。50年代末发现在大学教授中"拔白旗"，他就指出这种做法是错误的，"应马上停止"；他不赞成要求文艺简单配合政策的做法，不赞成用"左"的眼光处理文艺界的问题；经常提醒大家注意研究正确对待知识分子的问题，尽量减少"左"倾错误在知识界造成损害。他对《光明日报》文艺、教育以及统战工作方面宣传的关注尤其使我感受至深。

60年代初期，郭沫若曾就著名历史学家、广州中山大学教授陈寅恪的著作《论〈再生缘〉》（《再生缘》是清代女子陈端生所写的一部弹词小说），在《光明日报》上接连发表多篇批评文章。——从1961年5月4日至10月22日发表6篇，被人称作"一轮密集型的研究'排炮'"（1962年1月2日郭沫若还在《羊城晚报》发表了有关文章）。这些文章使陈寅恪教授感到不快，在学术界引起强烈反应，海外也有相当影响，台湾某些反共"学者"也乘机兴风作浪。因为《再生缘》中宣扬元朝皇帝"征讨朝鲜"的战事，1962年初，周总理曾经叫人向我打招呼：不要再在报纸上讨论这个问题，以免由此伤害中朝友谊，在国际上造成不良影响。郭沫若闻知，也不再就此续写文章。从此在报纸上停止了这场讨论。其时周总理正和陈毅、聂荣臻副总理在关于科技工作和戏剧创作的"广州会议"上发表为知识分子"脱帽加冕"的讲话。周总理在题为《知识分子问题》的报告中，肯定我国绝大多数知识分子已经是劳动人民的知识分子，而不是属于资产阶级的知识分子。因曾猜想，周总理打招呼的潜台词中，也会包含着对陈寅恪的保护和对整代知识分子的关怀。

由于"大跃进"的折腾，国家出现了严重的经济困难。纸张的产量锐减,迫使各报减少篇幅、削减发行数量。《人民日报》也受到影响,《光明日报》尤感困难,报纸印数特少,读者订报不易,对高级知识分子和民主党派成员都难保障。我们多次写过报告,请求主管纸张分配的文化部给予解决。1962年4月28日,周总理批准文化部提出的解决《人民日报》和《光明日报》的困难以及控制压缩地方报纸发行量的意见,同时提请中宣部注意这一问题(《周恩来年谱(1949—1976)》,中卷第473页),这才使我们报社纸张短缺的紧张局面得以缓解。

跟周恩来总理接近机会较多的是在"文化大革命"初期。经过这段时间的接触,对他全心全意为人民服务的高尚品质,谦虚谨慎、平易近人、以身作则、艰苦朴素的优良作风,有了更加深刻的了解。那时我曾经是"中央文化革命小组"的成员,周总理每逢参加有关"文化大革命"运动的会议,都通知中央文革小组派人陪同。将他视为篡党夺权最大障碍、早已处心积虑要打倒他的江青一伙,谁都不愿意去陪。在我被林彪、江青关进监狱之前,每次大都指派我去陪周总理。其时曾经多次陪他参加"造反派"批斗老一辈革命家的大会和接待红卫兵代表的座谈会(也在列席中央各种会议上经常聆听他的发言)。尽管他自己的处境十分险恶,仍然殚精竭虑保护老一辈革命家和爱国民主人士、高级知识分子,也对遭到康生、江青和谢富治联手迫害的"联动"青年学生,抱着发自内心的关心爱护,挺身而出,仗义执言,同江青一伙进行了面对面的斗争。其时"文化大革命"带来的大混乱,给整个国民经济造成了越来越重的大破坏。周恩来在整个"文化大革命"期间,面对林彪、江青煽动"停产闹革命"的叫嚣,始终设法将这场"革命"控制在一定范围内进行,坚定不移地抓工农业生产,全力保护生产少受干扰和损失,使人民的吃、穿、用等生活必需品得以基本保障。林彪曾亲自出马,于1966年12月6日在政治局扩大会议上叫嚷:"不能把'文化大革命'的成果单是落在生产上",严厉指责周恩来坚持"抓革命、促生产"的一系列主张和努力,指责他为了保障生产少受损失而召开的工交座谈会"开得不好,是错误的,思想不对头,现在需要来一个一百八十度的大转弯"。但周总理不顾林彪的指责和挑衅,力求通过限制"革命"来保障生产。

他在各种场合说过"我不入地狱,谁入地狱""我不下苦海,谁下苦海"这类震撼人心的话,一再劝解和说服下属和身边的同志要客观地认识形势,无私无畏。当看清事情已势不可挡时,要敢于赴汤蹈火,因势利导,坚守岗位。为了国家和人民的利益,即使个人被冲垮也毫无抱怨。他在这次工交座谈会上激励大家:"我们当年跟敌人打仗,大家深入虎穴,不怕牺牲;今天更应该有'我不入虎穴,谁入虎穴'的革命精神,敢于赴汤蹈火,敢于站到潮流里面。只有这样,才不致被潮流所淹没,才能处于主动的地位。"他在这场大风浪中所显示的大智大勇,他在凶狠的敌手面前所表现的高超斗争艺术,给我留下不可磨灭的印象。

在这场"史无前例"的十年动乱中,当我不断受到林彪、江青一伙迫害时,又曾多次得到周恩来总理的支持和救援。1967年1月,林彪、江青策动"一月夺权"开始的时刻,在北京另一家大报工作的那个红学家于1月17日跑到光明日报社来,贴了一张诬陷我"辱骂江青有神经病""破坏京剧革命"的大字报,当天晚上江青就逼令我第二天"回报社参加运动",从此被批斗了一个月。其间在总理一次接见红卫兵代表的会议上,断然回答逼他表态的"造反派"说:"穆欣不能定为反革命修正主义分子。"(《周恩来年谱(1949—1976)》,下卷第116页)同年8月,正当全国已经陷入空前混乱——乱到毛泽东也无法驾驭的程度(他在其后同美国记者斯诺说:"一九六七年七月和八月不行了,天下大乱了。"有人将这年的七、八、九三个月叫做"失控的三个月")时,江青再次逼我离开钓鱼台"回报社参加运动",又一次唆使"造反派"对我残酷批斗。

8月31日,首都大学生红卫兵"五大领袖"中的"天派"头头韩爱晶、蒯大富带领大批"造反派"到报社来绑架我,因有群众掩护没有找到,他们砸毁了我的办公室和宿舍,抢走了报社的人事档案;第二天中午,他们又派中央戏剧学院"造反派""红旗文艺兵团",串通报社"造反总部"头头从宿舍里将我绑架,送进北京航空学院韩爱晶私设的牢房中。当天下午,正在人民大会堂开会的周总理得知此事,当场严厉批评这种违法行为,警告参与绑架的学校红卫兵迅速放我回家,还令在场的北京卫戍区黄作珍政委派人调查,责令谢富治查究(《周恩来年谱(1949—1976)》,下卷第186页)。第二天(9月2日)凌晨,韩爱晶慌忙放我回到报社。可是,9月6日凌晨,江青一伙又唆使北京铁道学院"造反派""红旗"再次将我从报社办公室里绑架,在其私设的牢房关了一天一夜。第二天,9月7日,林彪、江青下令谢富治把我弄到北京卫戍区关押。北京八个久对《光明日报》垂涎的大专院校"造反派"组织,当天强要封闭《光明日报》,江青一伙撒手不管,周恩来即就此事批示陈伯达、康生、江青、姚文元:"由各院校造反派去实行停刊,不妥。"(《周恩来年谱(1949—1976)》,下卷第187页)这才使得《光明日报》免除停刊的灾祸,我和报社所有职工都对总理的关怀衷心感激。

自从1967年9月我被林彪、江青一伙投入监牢,就再未能见到周总理。1975年5月我从秦城监狱出来时,周总理已经病情严重,直到总理病逝以后,我在北京医院的灵堂里,含着热泪向总理遗容致敬、志哀,作最后告别。20多年来,我和亿万同胞一样,无限怀念这位伟大的无产阶级革命家。在周恩来总理100年诞辰来临之际,谨以此文寄托不尽的思念。

★ 一　震撼上海滩的
　　　追杀叛徒案件

周恩来是中国共产党的卓越领袖。从1927年起，他就进入中央政治局常委会，成为党中央的核心领导成员。在中国共产党半个多世纪的风雨历程中，在多次关系到中国共产党生死存亡的历史转变关头，为挽救党，为党的事业的继续和发展，他总是顾全大局，沉着坚定，起了极为重要、有时甚至是决定性的作用。作为党中央的核心领导成员，周恩来参与过党中央在各个历史时期的几乎所有重大决策，而且是实施这些决策的重要组织者和指挥者。他在自己一生的革命生涯中所表现的大智大勇，文韬武略，令敌人胆寒，使所有革命者衷心敬佩。

他是我党我军情报工作的创始人和卓越的领导者，曾为这项事业呕心沥血将近半个世纪。特别是1928年至1931年他在上海领导中央特科，经历过许多惊心动魄的斗争，表现出无产阶级革命家的远见卓识与高超的斗争艺术，在隐蔽战线对敌斗争中建立了不朽的功绩。

## 在白色恐怖下战斗

1927年8月，周恩来同志受党中央的重托，在南昌亲自领导了著名的"八一起义"和南征广东的革命战争。这年11月间，他来到帝国主义和国民党反动派严密统治下的上海，在这里坚持了四年秘密工作，进行了艰苦卓绝的斗争。在此期间，周恩来主持中央军委、中央组织部，聚集整顿被打散的革命队伍，恢复和发展革命力量，对于组织革命武装斗争，创建强大的工农红军，加强党的建设，指导党的地下工作，作出了杰出的贡献。他还负责中央特委的工作，领导中央特科对国民党反动派进行艰苦卓绝的隐蔽斗争。在敌人极端残酷的白色恐怖下，周恩来始终挺身站在斗争的最前列，为革命立下了不朽功勋。

中央特科,是在严重的白色恐怖笼罩下,根据周恩来的倡议,为了保卫党中央的安全,以武汉时期创立的中共中央军委特务工作科为基础而扩建的同敌人进行隐蔽斗争的保卫工作组织。1927年7月武汉国民党反共以后,9月、10月间,李强和一些曾在特务工作科工作过的人员陆续来到上海。1927年底,在周恩来直接领导下,开始建立中央特科。它的主要任务,就是在党中央领导下,依靠党的组织,依靠革命群众,深入敌人军警宪特机关,探察敌人破坏我党的阴谋,向党的秘密组织报警,保卫党的领导机关和革命运动的安全。

周恩来关于建立中央特科的倡议,是根据当时严峻的形势提出的:1927年"四一二""七一五",蒋介石、汪精卫相继发动反革命政变,腥风血雨笼罩全国。八七会议后,党中央机关陆续从武汉迁到上海。

上海是全国最大的城市,是国民党的经济、文化、金融、贸易中心。这里工商业最发达,工人阶级数量最大,战斗力最强,具有英勇善战的革命传统。上海又是一座世界闻名的畸形城市,是近百年来帝国主义分子统治、压榨、奴役我国的基地,是著名的"冒险家的乐园"。自从外国侵略者踏上这块肥沃的土地,就有无数打着大幌子的商贾、披着黑外套的教士、雄冠佩剑的外交官,如同嗜腥逐臭的苍蝇,从遥远的异邦滚滚而来。在他们的背后,那些没有祖国的亡命客、没有护照的刑事犯罪分子、贩运人口的经纪人、私卖鸦片的掮客、杀人越货的海盗,一个个躲在"领事裁判权"的大纛下面接踵而至,都把这座纸醉金迷的城市当做最后的逋逃薮。在这座城市里,不仅有形形色色的外国冒险家以及依附他们的买办、官僚资产阶级和他们纠合利用的帮会、地痞、流氓分子,还有民族资产阶级和不同政治信仰的各阶层人士。这种极其复杂的情况,一方面,给我们的革命活动带来某些比较有利的条件:这里租界地区较大,华洋杂处,政出多门,敌人营垒内矛盾重重,革命者可利用的空隙很多;全市人口复杂,不查户口,住房易找,设立党的机关,进行秘密活动,比较方便,便于掩护,这比任何城市的条件都要好些。因此，党的中央机关和江苏省委全都设在这里。但在另一方面，上海的敌情复杂，又给党的活动带来许多特殊的困难：首先是帝国主义侵略势力（包括外国军队、巡捕、包探、流氓等）云集上海，各个租界俨然是"国中之国"，工部局就是殖民政府。这里军警遍地，捕房林立，统治森严；"在每一条路的转角上或交叉处，总有一个穿制服的神气活现的家伙屹立着，在公共租界，立着的是印度人；在法租界，立着安南人。此外还有许多帝俄的末路王公或者退职将帅荷着枪在做巡逻工作"（包玉珂编译：《上海——冒险家的乐园》，上海文化出版社出版）。其次，在国民党统治区即所谓"华界"，驻有重兵以及宪兵、警察、特务机关等，张牙舞爪，杀气腾腾。

当时党中央虽然设立在法租界，但是国民党政府的特务警探，却同法租界和公共租界巡捕房的巡捕包探勾结起来，共同缉捕我们党的负责同志和党团员、工人领袖，每星期都有人被捕被杀。当时有一些人变节投敌，他们同反动派勾结在一起，猖狂地破坏革命。如在1927年6月底，由于江苏省委一个交通员被捕叛变，向敌人告密，致使江苏省委书记陈延年、组织部长郭伯和与省委秘书长韩步先相继被捕。韩步先被捕后叛变，不但指认了陈延年、郭伯和，使他们惨遭杀害，并且供出了另一位江苏省委负责人赵世炎的住址，带着包探来捉人，又使赵世炎遭到杀害。这年秋季，党中央初回上海的一段时间，这种局面仍旧没有改变。一些无耻的败类，在马路上蹀来蹀去，到处追捕共产党人。这对上海党组织的安全，造成了严重的威胁。

在这样的环境中进行革命活动，如何打击那些无耻叛徒及其主子的危害，如何保卫党中央负责同志和领导机关的安全，就成了当时最紧迫的任务。1927年底成立的中央特科，就是专为保卫上海党的组织安全而创设的政治保卫机构。它是党中央的侦察兵，是保卫领导机关的安全和同敌人进行隐蔽斗争的突击队。

周恩来一向重视对敌人的隐蔽斗争。早在武汉时期，由于他的倡议，党就开始着手建立党的政治保卫工作。"四一二"反革命事变以后，党中央从上海迁到武汉，并于4月下旬在汉口召开了党的第五次全国代表大会。这个时候，革命遭受失败的惨痛教训，引起周恩来和许多负责中央工作的同志的重视。党在革命的实践中，特别是在革命失败中吸取了教训，开始懂得：和强大的敌人作斗争，必须了解敌人，了解它的军事、政治动向，方能准确有效地攻击敌人。1927年5月间，在中央军委下面，成立了以情报工作为重点的特务工作科。当时中央军委书记是周恩来，王一飞任军委秘书长，聂荣臻任军委参谋长。在党的第五次全国代表大会后，中央军委的任务特别繁重，它要筹划部署中央全面的军事工作，时刻准备和国民党内的反动派进行军事斗争。当时国民党的反动军队多次发动暴乱，企图消灭武汉革命力量，党的情报工作在这场斗争中发挥了重大作用，及时地揭露了敌人的军事阴谋。我们党通过公开和秘密的途径，对国民党反动派的主要阴谋计划，如5月17日夏斗寅在宜昌叛变，攻打武汉；5月21日许克祥在长沙叛变，屠杀共产党员；6月12日汪精卫等同冯玉祥在郑州举行秘密会谈；6月20日蒋介石同冯玉祥在徐州会商反共与宁汉合作等问题；7月14日汪精卫等召开秘密会议，提出反共……都能及时获得情报。可惜由于陈独秀坚持投降主义的错误路线，党虽然掌握了敌人的情况，却未能根据敌我斗争形势及时作出应有的对策，不失时机地给予敌人以有力的打击。

中央迁回上海以后，为了压下叛徒特务的猖狂气焰，先将随同中央从汉口迁到上海、曾在军委特务工作科工作过的一些同志集中起来，以他们为基础，又从原上海工人武装纠察队选拔出一些优秀分子，在中央特科设立了一个专门保卫党中央、镇压叛徒的红队。同时，党中央提出建立反间谍工作，打入敌人的侦察机关。中央特科在1928年4月设立了情报科（二科），由陈赓领导，逐步地开展了反间谍工作。

1928年11月14日中共中央常委会议，决定成立由向忠发、周恩来、顾顺章组成的特别委员会，负责这一工作。为了保证中共中央的安全，周恩来花费不少心血来领导中央特科，从各方面加强了党的保卫工作。

中央特科成立以后，适应工作的需要，组织机构日臻健全，逐渐建立了四个科：第一科（总务科）负责总务事项，第二科（情报科）负责情报工作，第三科（行动科）负责保卫工作，第四科（交通科）专负秘密交通责任。

"准确而及时地掌握敌人活动情报，对保证党的机关的安全和正确开展各项斗争，有着极为重要的意义。这个工作是在周恩来直接领导下，由陈赓等负责。他们通过各种社会关系，打入国民党的党政军警宪特机关，及时了解国民党特务机关对共产党秘密机关准备进行破坏的各种动向，尽力营救被反动当局逮捕的共产党人。周恩来经常强调对这方面建立的关系，要广为选择，大胆使用，各尽其才，在工作中考验。1928年春建立的第一个反间谍关系杨登瀛（鲍君甫），是陈立夫的亲信、国民党中央的驻沪特派员。他提供的大量情报，对防止党的机关被破坏、营救战友和清除内奸起了重要的作用。1929年末，又派遣李克农、钱壮飞、胡底打入国民党的高级特务机关，钱壮飞还担任了国民党中央组织部党务调查科主任徐恩曾的机要秘书，对保卫党中央作出了重大贡献。"（《周恩来传》，中央文献出版社，第一卷，第246页）

在此期间，周恩来亲自领导特科在上海进行了激烈复杂的斗争，取得了许多令敌人胆丧、人民称快的胜利。1929年8月，由于叛徒告密出卖，发生了中共中央政治局委员彭湃、中央政治局候补委员杨殷等在上海被捕并被杀害的不幸事件。周恩来亲自领导特科营救彭湃、杨殷，镇压叛徒，展开了一场非常紧张、充满惊险的战斗，取得了震撼敌人的重大胜利。

## 目标针对周恩来的袭击

彭湃、杨殷等人是被叛徒白鑫出卖的。

彭湃（1896-1929），广东海丰人。他是大革命时期著名的农民运动领袖，广东海丰农民运动的创始人。他于1921年参加中国共产党，曾在党内历任重要职务。1927年，在党的第五次全国代表大会上当选为中央委员；同年8月1日，参加南昌起义；8月7日，在党中央召开的紧急会议上当选为中央政治局候补委员；1927年11月，领导工农群众在海丰成立了中国第一个工农民主政府；1928年7月，在党的第六次全国代表大会上，彭湃当选为中央委员、中央政治局委员。此后，他被调到上海，留在党中央工作；1929年，彭湃担任中央农委书记，还参加中央军委会议。

杨殷（1893-1929），字孟揆，广东香山人。早年参加同盟会，曾追随孙中山参加护法运动。五四运动中开始接触马克思主义，1922年冬参加中国共产党。后赴苏联学习，1923年回国后在广东从事工人运动，五卅惨案后曾和苏兆征发动领导省港大罢工。1927年12月参与领导广州起义，失败后到海陆丰，和彭湃一起坚持海陆丰革命斗争。

1929年8月24日，彭湃、杨殷（时任六届中央政治局常委和中央军事部部长）和中央军事委员兼江苏省委会军委委员颜昌颐、中央军委负责兵运工作的邢士贞及张际春（共产党员。他1929年任上海总工会纠察队副总指挥，同年参加领导上海5月30日和8月1日两次反帝大示威，8月24日被捕后，1931年冬出狱），在上海沪西区新闸路经远里12号白鑫家里（中央军委、农委经常碰头的地方）开会，讨论江苏省委会、军委的工作。由于叛徒白鑫事先向敌人告密，彭湃、杨殷等五人被国民党反动派勾结租界工部局逮捕。

周恩来得知彭湃、杨殷等被捕，当天晚上就召开了紧急会议，同顾顺章、陈赓等中央特科的负责人一起研究营救办法，并且亲自领导对彭湃等同志的营救工作。为了保证中共中央的安全，周恩来又于9月10日在中央政治局会议上提出改进目前中央政治局的工作方式，建议每周开会一次，变更开会时间、地点，专门讨论政治问题，开会时政治局委员不必全到，常委五人也要有一人保留在外。14日，他满怀悲愤地写下了《彭杨颜邢四同志被敌人捕杀经过》一文，用笔名"冠生"在中共中央机关报《红旗日报》上发表。他在这篇文章中比较详细地记述了彭湃等人的被捕情况，号召革命人民"踏着死难烈士的血迹，一直向前努力，一直向前斗争！"

周恩来写道："彭湃、杨殷、颜昌颐、邢士贞等5同志之被捕，日期在1929年8月24日下午4时许。那时，帝国主义的武装巡捕与公安局的中国包探，驾着几辆红皮钢甲车，如临大敌地到沪西叛徒白鑫夫妇的住家。彼等除于弄堂内外布置妥帖后，登楼捕人。如像预知的一样，按名拘捕共5人，而白鑫夫妇则置诸不问。人捕齐后，于白鑫床下搜出一些革命刊物如布报（即党刊《布尔塞维克》）、红旗及共产党的中央通告等。被捕五同志当即为警探拥上汽车，直驶向新闸捕房。此事发生后，各报均禁止登载，因此广大的群众一直不知其领袖有此被捕事件。"

叛徒白鑫是黄埔军校第四期学生，1927年曾在叶挺同志的二十四师教导营任党代表，1928年参加广东海陆丰革命根据地工作，1929年调上海中央军委工作。叛变前他任中央军委秘书。那时候，中央军委经常召集有关部门开会，由军委书记周恩来同志主持，军委秘书白鑫当然参加。开会的时间和地点，有时还由白鑫通知（这次开会的地点就在白鑫的住处）。事后查明，白鑫的胞弟白云深在南京国民政府军政部储备司任司长，白鑫暗中曾叫他妻子潜往南京去同白云深牵线，早在一个月以前就向国民党市党部秘密自首，企图在中央军委开会的时候，将中央和江苏省军委负责人一网打尽，作为他卖身投靠国民党的资本，并取得一大笔奖金。

深知白鑫底细的柯麟说："关于白鑫叛变的问题，我认为它不是偶然的。白鑫原是叶挺部队政治教导队的指导员，当时我在国民革命军第四军军部当医务主任，他经常患病，常来找我治疗，因此对我颇有好感。他参加广州起义后随军到了海陆丰，后来又到了上海，也找我看病。开始时，他曾对我说他有一个亲戚原是国民党武汉部队中比较高级的政工干部，后来参加南昌起义随军南下到海陆丰,起义军在潮汕失败后,他想逃跑,被彭湃发现后枪毙了。白鑫跟我讲这件事时,就表现了对彭湃咬牙切齿的痛恨。白鑫对彭湃有私仇这件事,我曾对杨殷谈论过,但由于杨殷没有及时将这件事汇报给党中央,因而党中央派了白鑫到江苏军委,当了彭湃的秘书。事后,经党组织查明,白鑫到上海后,就与国民党上海市党部负责人范争波发生了密切的联系,暗中出卖组织和同志。白鑫当了彭湃的秘书后,一直在寻找机会破坏江苏省委机关,帮助反动派逮捕彭湃。八月二十四日,白鑫在通知江苏省委军委负责人到新闸楼开会时,就已经事先将开会的地点、人员情况报告了范争波。会议开始,白鑫未到,而国民党反动派的警察却来了,荷枪实弹,如临大敌,将彭湃等五位负责人逮捕带走。"(柯麟:《回忆彭湃》,人民出版社1992年版,第214—215页)

8月24日开会那天,周恩来同志因临时有事没有参加。会议正在进行的时候,来了大批捕探,将机关包围,在场的同志全被捕去。敌人为了掩人耳目,事后还把白鑫一起押走。

可是,任何狡猾的狐狸都是骗不过猎人的。原来,陈赓负责情报科的工作不久,就在敌人专业反共机关找到了第一个反间谍关系人——杨登瀛。杨登瀛是广东人,早年留学日本,认识陈养山等一些共产党员,对革命有一定认识。在他开始参加国民党侦探机关工作的时候,就经陈养山引进,周恩来批准,一直在陈赓指挥下为特科工作。他为国民党特务头子陈立夫、张道藩、徐恩曾所信任,于1928年10月被蒋介石签署正式任命为国民党中央驻沪特派员,国民党特务机关有关上海的情报都要经过他的手,在上海的重要案件全都交给他处理;他和钱大钧为首的国民党淞沪警备司令部的关系也很密切;他又是上海公共租界英国巡捕房政治部西人探长兰普逊的座上客,向来为这个英国特务头子所器重。陈赓通过杨登瀛在国民党专业的反共机关建立的这个反间谍关系,派遣人员深入敌人的要害部门,控制上海敌人的侦探机关,获得许多极其重要的情报,掌握了敌人的行动规律。

在这个时期，敌人获得不少我党机关的住址，都因通过杨登瀛的关系，事先得到情报而转移，避免了破坏。可是，这次破坏是由国民党上海市党部策划的，执行人是市党部常务委员范争波。这个人是C.C.分子（C.C.分子，即国民党C.C.派。C.C.是Central Club〈中央俱乐部〉的简称），与陈立夫有关系，又挂名上海市公安局督察员。这次破坏的特点是：同英捕房政治部办交涉的，不是杨登瀛，而是范争波；不是用淞沪警备司令部的名义，而是用上海市公安局的名义；被捕的同志不是引渡到淞沪警备司令部，而是引渡到上海市公安局。因此，这次的破坏我方事前不知道。但在事情发生之后，周恩来即叫陈赓马上要杨登瀛去打探，很快就知道是白鑫告的密。周恩来看到陈赓的报告，就在当天下午发出白鑫叛变的警报，以免组织继续遭到破坏。

彭湃、杨殷等被捕的当天晚上，周恩来在主持召开的紧急会议上，就给了特科两个紧急任务：一是营救彭湃、杨殷等人，二是侦察白鑫的行动，坚决予以制裁。这个时候，陈赓和顾顺章特地搬进西藏路、南京路交界处的新世界饭店，指挥这场惊心动魄的斗争。

彭湃先被囚禁在英租界工部局巡捕房，26日被引渡到上海市公安局，被关在公安局小北门水仙庙侦缉队的拘留所里（水仙庙位于租界和华界的交界处，北面紧靠法租界）。引渡以前，敌人审讯他的时候，由国民党反动分子、汕头市市长方乃斌出庭指认，彭湃大义凛然，痛斥叛徒无耻，揭露国民党反动政府及其头子蒋介石祸国殃民的罪行，接着就被引渡。在转移途中，彭湃还向押解他的兵士们进行宣传。有的兵士对他非常尊敬，有的公然表示同情，有的低头叹气。因此，反动派就下令禁止兵士们和彭湃接近，害怕兵士们会受他的影响。他被关进敌人龙华警备司令部的牢房以后，难友们对他都很关切，从各个号子里想办法向他表示慰问。彭湃不断地进行革命宣传，给难友们很大鼓舞。彭湃在监狱中受尽各种严刑拷打，几次死而复苏，脚骨也被打断，始终坚贞不屈，抱着钢铁一样的决心，与敌人搏斗到底。他还排除万难,想方设法与党组织取得联系,并且向党中央写了报告,汇报他们在狱中同敌人斗争的情况,还提出营救同志的设想。他在和杨殷联名秘密向中央写的报告中说:"(1)尽量设法做到五人通免死刑。(2)上条不能做到,则只好牺牲没有办法之安(彭湃化名为孟安)、揆(杨殷化名为孟揆)二人,而设法脱免无口供之三人……"

彭湃、杨殷等同志被捕以后所遭受的残酷迫害,以及他们在敌人的监狱里和法庭上所进行的英勇斗争,《红旗日报》发表的周恩来那篇文章中也有详细记载:"25日为星期日,临时法院不办公。26日法院开审,合作的帝国主义走狗法官与公安局代表故意做作一番,然后判交公安局引渡带去。在审问时,只被捕五同志到案,照片已于被捕当日弄好,按名询问,显然叛徒白鑫已在暗中作证明。引渡时公安局亦以铁甲汽车武装解入城内公安局。审问与引渡情形,曾载在当日晚报,但未将其真姓名宣布。这是统治阶级故意如此,为的避免广大群众严厉的直接反抗。

"彭、杨5同志至公安局,当晚即开审,一无所得。而彭、杨5同志在看守所中即开始宣传,许多保安队员为之感动。27日下午复开审,审讯历时四五个小时。问至彭湃同志,有人出为证明,彭湃同志公开承认。问官询其经过历史,彭同志侃侃而谈,历时一点多钟,从未入党以前在海陆丰做农民运动起,直谈至在海陆丰惩办反革命时,彭同志向审问官厉声说道:似你们这班反革命党,我们在海陆丰不知杀了好多,你现在不必再问了,将我枪毙好了。问官亦为之动容。问至杨殷同志,杨殷同志亦公开承认自己的经历。审问毕,回至看守所,5同志齐唱《国际歌》,以赋同仇,直影响了全所。"

中央调动了特科的全部力量,来营救彭湃、杨殷等,营救的办法是当敌人将他们解往龙华的时候,在路上实行武装劫救。他们被押进拘留所就传出消息说,公安局要对他们进行"审讯"。中央特科立即行动起来,一是派李强住在水仙庙侦缉队附近进行侦察和监视(李强在民国路的北面法租界一边一个小旅馆内住下）；一是由陈赓找杨登瀛商量，利用杨登瀛参加"陪审"的机会，带一个彭湃所认识的同志去，站在杨登瀛的背后，暗示彭湃：组织上正在营救他，使他有所准备；再就是由行动科指挥红队准备行动。这场"审讯"是在8月26日夜里进行的。这天杨登瀛在"审讯"时装得样子很凶，骂得很厉害，但是非常巧妙地把党的意图暗示给彭湃同志了。

8月28日晨，敌人将彭湃、杨殷等从拘留所解往龙华警备司令部囚禁。周恩来得到这一情报后，即下令特科所有会打枪的人一起出动，埋伏在囚车经过的途中，准备截车营救。那天红队队员和许多人，一起化装成拍电影外景的摄影队。武器装在一只皮箱里面，指定专人骑机器脚踏车送到现场。这次事先经过周密布置，出动全部人员，还有些人化装成小商贩，或者装成过路人，一起来到现场，摆成一个"劫法场"的阵势。但是送武器的人（即"三民照相馆"老板范梦菊，此人在1931年叛变）来迟了，加上清除枪内的润滑脂比较费时间，不能立即使用，用煤油洗去润滑脂和加上枪油费了一个多小时，再加敌人戒备森严，如果仍照原计划行动，势必将要造成很大伤亡亦难成功。周恩来立即下令取消了这次行动，我方人员迅速撤离现场。营救没有成功，但是这次行动却轰动了上海，敌人十分震惊。

## 彭湃、杨殷惨遭杀害

这次对彭湃等人的营救没有获得预期的结果，他们被敌人押解到了龙华警备司令部。周恩来的文章记述说："第二次审过后，公安局深惧有意外，至28日清晨即转解警备司令部。适当晚发生了蒋介石被刺事，一切嫌疑卫兵统押至司令部。上至熊式辉，下至司法科，统忙得屁滚尿流。被押卫兵，经严刑拷打，血肉横飞，骨断肢断，无一肯供出刺蒋来源。于是5同志在押的3天中（28日—30日）未经一审，只是手铐脚镣，铁链丁当，被严密地看管在司令部看守所中。在这3天中，5同志没放过一刻机会，不断向在狱群众与司令部内的士兵宣传。当彭、杨诸同志与士兵谈至痛切处，士兵中竟有捶胸落泪，痛骂国民党军阀非杀尽不可的。当他们说至激昂处，便齐唱《国际歌》与《少年先锋歌》，士兵与狱中群众亦高呼口号和之，于是愁苦惨淡的狱中一变而为激昂慷慨的沙场。有些因贫穷而走入抢劫的罪犯，他们都感动而觉悟道：只有跟共产党走才是我们穷人的正当出路！有些因革命嫌疑而下狱的群众乃更加坚决说："我们今后只有革命的一条路了！"有些被困的同志则说道："到底是我们的中央领袖，能作了我们的表率！有些久闻彭湃大名的人，闻得彭湃在此，均争相来看；还有几个认得彭湃的人，均以旧时相识为荣。"

"他们入警备司令部后，已知必死，故他们传出书信多是遗嘱之辞。他们嘱咐党中同志不要因他们被捕而伤痛，要继续努力谋得革命的发展。他们嘱咐党中重要负责同志要为党惜身，他们望党内对于反对派的斗争要多从教育上做功夫，以教育全党。他们相聚谈话时亦曾谈及许多政治问题，可惜未曾传出他们所谈的内容。他们都是谈笑自如，杨殷同志曾笑说：'朝闻道，夕死可矣。'他们对于自己爱人的遗嘱，都是勉其为党努力。"

当死亡的威胁逼在眼前，在生命的最后时刻，彭湃、杨殷联名写信给周恩来（"冠生"），向党中央写下了最后一份秘密报告：

冠生暨家中老少：

我等此次被白害，已是无法挽救。张、梦、孟都公开承认，并尽力扩大宣传。他们底下的丘（即"丘八"，指看守的国民党士兵）及同狱人，大表同情。尤是丘等听我们话之后，竟大叹气而捶胸者。我们在此精神很好。兄弟们不要因为弟等牺牲而伤心，望保重身体为要。

余人还坚持不认。

揆安

彭湃、杨殷、颜昌颐（他曾去法国勤工俭学，1921年在勤工俭学学生派代表进占里昂大学的斗争中,被法国政府驱逐回国。长期参加党的军事工作。1926-1927年的上海三次武装起义,他都曾亲身参加组织指导。1927年南昌起义他也是参与计划的一个,当时任国民革命军第十一军第二十四师党代表。以后是海陆丰工农革命军的指挥。1929年调中央军委工作)、邢士贞(上海吴淞群众斗争的领袖)4位同志最终在8月30日被敌人杀害了。这天,彭湃同志昂然地走向刑场,态度自若,大义凛然。在被押赴刑场途中,他们一路高呼口号:"打倒帝国主义!""打倒卖国贼蒋介石!""中国红军万岁!""中国共产党万岁!"充分表现了为共产主义事业牺牲生命的坚强决心和视死如归的勇敢精神。他们牺牲的这天,距离被捕只经一个星期。

关于彭湃、杨殷等同志的遇难经过,《红旗日报》周恩来的文章记述:"在30日这天,临时法院忽又故意标传5人复审,司令部遂亦于当天午后,在形式上将5人严密的解送至法院。到法院时有步兵一排,公安局包探多人,司令部副官几个,还有捕房巡捕持手提机关枪两架跟着警戒。法院在特别法庭开审,不许旁听,问辞与供词如上次,法官与陪审之帝国主义领事及捕房律师都含糊其辞地说了一些,并未将彭、杨等同志罪状究竟是什么公开宣布。被告律师虽说了一些,法官等并不注意,最后判决文亦无人能听见法官究竟读了些什么。直至彭、杨等4同志已经枪毙了,上海英文报上忽皇皇的登着法院判决文是处彭、杨等同志以8年的有期徒刑。这一复审,简直是帝国主义强盗与国民党军阀合作的一出滑稽的杀人剧。他们想以法律的手续来欺骗群众,但又深恐怕群众晓得。其实,广大的革命群众老早就不相信你们这种鸟法律了!从1927年的'四一二'到现在,帝国主义者与国民党不知暗杀了冤杀了几多群众,屠杀成河的血,早已染红了工农劳苦群众的心,他们只知道以群众的斗争力量来回答你们的白色恐怖,谁还管你们的鸟法律!"

"在临时法院审后,即刻又武装紧严的解回警备司令部。当由法庭回至囚车时,颜昌颐同志举手呼共产党万岁,5人相视而笑。至司令部先回看守所,当即送进一桌酒饭,5同志都知是死期已届,谁还肯吃这一桌劳什子'赏饭'!约一小时,便是彭湃、杨殷、颜昌颐、邢士贞4同志行刑。他们4人慷慨的向士兵及在狱群众说了最后的赠言,唱着《国际歌》,呼着口号出了狱门,引得一般士兵及狱犯都痛哭失声,甚至看守所员都为之掩面。行刑是秘密的,枪毙地点并未出司令部,开熊式辉任内之先例,其严重与畏惧之情形可想而知。4同志死时的枪声,狱中群众隐约闻见。有一狱犯特杀鸡一只望空致祭,可见其感动之诚!4同志死时特留下内衣三件作为纪念,成为最后的遗物!死后,司令部又秘密的派人掩埋,以图灭迹。但是广大的革命群众虽看不见他们领袖的英勇遗体,然他们领袖之英勇的战绩却永远光明的纪念在每一个人的心中,永远不会湮灭!"

"当彭、杨5同志初被捕时,南京国民党中央便得到上海国民党市党部的夸功的报告。他们的回电是命令熊式辉着即枪毙,加以刺蒋案件忙得这班走狗们寝食不安,所以枪毙的执行乃更加迅速。"

## 叛徒终未逃脱膺惩

彭湃等4人惨遭杀害的消息传出后,引起全党的悲痛。周恩来当即代表党中央起草了题为《以群众的革命斗争回答反革命的屠杀》的告人民书,愤怒揭露国民党反动派残杀彭湃等同志的罪行,沉痛哀悼为革命牺牲的烈士,号召人民学习烈士的高贵品质,以实际行动回答反革命的屠杀。当时,彭湃的母亲周老太太正流落在澳门。周恩来当即派人帮助老人转移到上海,予以慰藉照顾。同时妥善地安置了原在彭湃身边的幼子彭洪。

彭湃等4人的遇难,更激起大家对叛徒白鑫的无比憎恨,抓紧了对白鑫的侦察。杨登瀛以国民党中央组织部调查科上海特派员的身份找到白鑫的住处,并同他谈话,问他还有什么计划,还有什么线索?当即从白鑫的口中知道，他要到南京去，出卖党的机密，回来对党搞大破坏。陈赓遂叫杨登瀛严密监视白鑫的行动：每天上午在什么地方，下午干了什么，晚上有何活动，及时告诉我们，严防这个叛徒离开上海。

这个时候，国民党反动派故意施放烟幕，极力掩盖白鑫告密出卖彭湃的真相，设法保护这个叛徒。他们在1929年9月14日的上海国民党机关报——《民国日报》上发表枪杀彭湃、杨殷、颜昌颐、邢士贞的消息时，故意同时另发一条消息说：白鑫"曾在黄埔学校毕业，前以受人之愚，误入共党，罪状较轻，已由蒋主席（当时蒋介石任南京国民政府主席）负责保出，业于前日带往南京，听其戴罪立功，以观后效"。

白鑫是曾去过南京一趟，但是早已回到上海。

当时柯麟化名柯达文，利用医生的职业作掩护，和化名贺雨生的贺诚，共同在上海威海卫路开设一所"达生医院"，用以掩护党中央机关的活动（党中央每月在这个医院开一次会）。柯麟认识白鑫多年，白鑫相信他的医术，常来医院看病，但不晓得他的本来面目，更不知这家医院的底细。彭湃被捕的第二天早晨，关向应来到柯麟家里（他住北四川路，老靶子路口五洲药房楼上），告知白鑫叛变出卖彭湃的事情，同时还告诉说：白鑫这两天正患疟疾，估计可能会来找你看病，你应当有所准备。不久，陈赓又来告诉柯麟：已经派联络员在五洲药房附近设点，有事就去找联络员；陈赓还留下自己在新世界饭店所住房间号码。叫他不论有无情况，每天晚上都去饭店汇报。

约摸过了十来天，彭湃等已被杀害，白鑫带着两个保镖，突然来到柯麟这里看病。柯麟一边看病，一边考虑如何通知联络员，看毕装作寻找药品下楼，遂出后门找联络员。等他回来，白鑫已经溜走。当晚柯麟前往饭店汇报的时候，陈赓要他次日照常营业："如果听到枪声，你就马上跑开。"遂把红队的谭忠余、王德明派到柯麟的诊疗所附近，做了捕捉白鑫的周密部署。他们每天都到那里埋伏，整整等了一个星期，白鑫再未露面。陈赓估计，白鑫也许害怕出事，会请柯麟到家里去出诊。

果然，又过了两个星期，白鑫打电话来，请柯麟到法租界白宫饭店看病。看病时在场的还有白鑫的老婆、保镖，以及他的保护人范争波。看完病，打过针，白鑫和范争波留住柯麟闲话。他们说要柯麟搞医院，白鑫还将五百元银元放在柯的药箱里面。这天晚上，柯麟背着药箱，兜了几个圈子，绕到新世界饭店汇报，把钱全交给党。陈赓判断：白鑫还会找柯麟看病，要他继续探明叛徒的动向。

其后，过了两个星期，住在法租界霞飞路（今淮海路）范争波公馆里面的白鑫又打来电话，请柯麟到他那里去看病。柯麟回来把所摸到的情况向陈赓作了汇报：范争波的公馆在和合坊第四弄四十三号，范争波、范争洛弟兄住在二楼，白鑫住在三楼。陈赓就叫柯麟在白鑫所住弄堂的最后一家租了间房子，陈赓自己也在紧靠白鑫住处的二十七号三楼租间房子住下了。二十七号后门斜对面，就是四十三号，这里居高临下，可以非常清楚地俯瞰四十三号的动静。陈赓就在这里严密监视着白鑫，准备随时行动。

白鑫呢，他素知红队镇压叛徒厉害，深感自己处境危险，生命难保。他恳求主子批准，准备逃往意大利避风，出国时间定在11月12日，而却扬言前往南京，借以转移人们的视线。因为白鑫原来是中央军委秘书，了解很多党的机密，出卖彭湃、杨殷等同志后，还在继续破坏党，十恶不赦，绝不能让他逃脱应得的惩罚。周恩来决定在他动身那天将他处决。这天周恩来听过陈赓的汇报后，又和顾顺章、陈赓等对于这次行动计划进行一次研究，还亲自到白鑫住的和合坊弄堂里观察现场，看到白鑫匿居的和合坊，前门临霞飞路，后门通蒲石路，两门都雇有巡捕看守，就结合连日所得到的情报，进行研究，制订周密的行动计划，交给特科执行。

很快，白鑫的行动规律我方已经完全掌握。事先不仅知道了白鑫动身的时间，乘坐的轮船，而且知道范争波还要派车送白鑫去码头等细节。白鑫动身以前，敌人戒备森严，除在范争波家里加强警卫外，在和合坊两个出入口处，还有武装巡捕巡逻。临行这天，白鑫居处的人出出进进，非常紧张，又见佣人买回很多水果，证明情报准确。但是，陈赓还有点儿不放心。临动手前，他又特地打发杨登瀛前去四十三号探明：白鑫此刻是否还在范争波家里？正巧这时陈立夫的亲信张道藩要去范争波家同白鑫接头，约杨登瀛一起去。杨登瀛就随同前往，在范争波家里见到了白鑫，并且弄清了白鑫当天晚上确要离开上海。陈赓获悉这些情况之后，决定按预定计划行动。

这天下午，由顾顺章统一指挥，陈赓和红队的谭忠余、邵达夫（又名邵扶民）、王德明、赵一帆、吴蓝甫、陈永嘉、左光余等，在四十三号周围的弄堂里面埋伏下来。至夜十点多钟，只见范争波的汽车开进弄堂，他的保镖韩云秀又到霞飞路苏州汽车公司，雇来一辆号码是六七三〇号的汽车。两辆汽车都停放在蒲石路和合坊后门口，不久就由保镖和佣人搬运行李上车。当晚11时许，白鑫穿着一条藏青色西装裤子，上面罩着一件灰哔叽的衬绒袍子，脚上的黑皮鞋擦得油光锃亮，由范争波弟兄及来送行的王容川陪同，后随保镖等共7人，从四十三号后门出来，走向停放汽车的地方。他们刚刚走到东五弄口，红队队员们突然由对弄黑暗中冲出来。只听大喝一声"不许动！"红队队员就对准白鑫开枪射击。因为白鑫一伙人多，第一枪没有打中，这个叛徒拔腿就跑，企图夺路逃命。保镖韩云秀拔枪还击，枪弹尚未射出，已被红队队员打中，子弹由右太阳穴射入，洞穿脑际，立即倒地毙命。其余的人争相逃命，在乱枪中，范争波连中三枪，其中两枪，一系由背后穿透前胸，一系由腰部打入，重伤倒地；范的弟弟范争洛身中六弹，弹中腹部，当场毙命；王容川左足中弹，倒在地下装死。这时看门巡捕林汉臣、王定元赶来阻拦，林捕当场被红队队员击毙，王捕抱头鼠窜。白鑫这时拼命向北狂奔，同时拔出手枪顽抗。红队队员跟踪紧追，终于把这个罪大恶极的叛徒打死在七十一号门根下，弹由前额洞穿后脑，"脑浆迸裂"，登时仆地死掉。打死白鑫以后，红队马上撤离现场。这场战斗历时颇久，红队共计射出九十多发子弹。但据上海报纸报道："肇事后约一小时，捕房始派探前往查勘。"（1929年11月13日《时报》）及至巡捕、包探赶来，红队早已远走高飞，无影无踪了。11月12日上海英文《大陆报》在显著位置报道这次"巷战"的经过说：进行袭击的人"全部逃脱，他们的活动并未留下一丝痕迹"。

这时距离彭湃同志等遇害约有两个多月。这件大快人心的镇压叛徒的消息，立即震动了上海。租界当局和国民党反动派为之胆丧。他们先是极力防止消息扩散，禁止报刊发表有关消息，事发的第二天，只有租界的外文报纸对此有强烈反应，而所有"报道此项消息的中国报纸都开了天窗，保留的只有标题一条而已"。（1929年11月13日英文《字林西报》）然而，纸岂能够包得住火，国民党自难一手遮天，到第三天（11月13日），上海出版的几十种中外文报纸，就像一股洪流终于冲垮了闸门，全都详细报道了叛徒白鑫被镇压的经过，许多报纸上写得有声有色，把有关此案的消息放在显著地位。有的报纸用红色大标题发表此案消息，说是"东方唯一的大暗杀案"。

国民党报纸虽然对这个案件连篇累牍，在细节上写得有声有色，但都不敢吐露这一案件的政治性质。只是11月13日出版的《时报》所发表的《前晚霞飞路暗杀案真相》，透露了一点此案的"政治背景"。该报记者写道：

> 前晚十点钟许，法租界霞飞路和合坊内发生暗杀案，先后死者五人，重伤者一人，轻伤者二人。兹将探访所得，分志于后：
>
> 霞飞路和合坊四弄四十三号，住有上海特别市党部常务委员范争波（今年念八岁），每日往市党部办事，自己备有汽车。范在党部工作十分努力，对于共产党等之破坏革命，时常加以严重处置。以是大遭怨恨，时有不利消息加于范身，范一笑置之。前晚十时许范在家晚膳后，有客白某（闻系白鑫）、王某等二人来访，畅谈甚欢。至十一时许，客均告辞。范乃偕胞弟争洛（今年念二岁）等送出门外。
>
> 范、白等一行共七人，王最先，范之保镖次之，次为白。出门后

行至东五弄口，忽由对弄黑暗中蹿出刺客七八人，出枪轰击，范之保镖韩云秀拔枪还击，弹尚未出，即中匪枪，弹中脑际，立时倒地毙命。范氏昆仲亦相继中弹，应声而倒，弹粒均中胸腹部。友人王某（闻名容川）弹中左足，尚无大碍。时该弄看门捕林汉臣、王宝元闻声赶至，林捕亦被击毙于西五弄南墙根，王幸闪避一旁。诸人中弹倒地后，范友白某即向北突围飞奔，并拔出自卫手枪还击，不料寡不敌众，遂被匪徒击毙于七十一号门根下，弹由前额洞穿后脑，脑浆迸裂，登时倒地毙命。总计匪徒共开枪九十余响之多。……

肇事后约一小时，捕房始派探赶往查勘，探将伤人分送医院。范争波送广慈医院，范争洛及林捕、王某等送仁济医院。林捕因弹中头部，抵院即毙命（前文讲"林捕亦被击毙于西五弄南墙根"，前后不一），范争洛伤势甚重，周身共中六枪，延至昨晨亦在院中身死。

昨晨张市长、潘局长、陈局长暨朱应鹏等党委赴广慈医院（探视范争波），当为院中医生婉词拒绝。据医生云:范共中三枪，其中二枪，一系由背后穿出前胸，一系由腰部旁打入，弹尚未取出，伤势颇重，在此三四日内，倘胸旁内部不发炎，或有希望。目前唯一方法使范静卧，勿使移动，因范流血甚多，温度亦不甚高。

捕房人员一方将各死者车送同仁辅元堂验尸所，于昨日下午由法捕房刑事科报请法公堂聂承审官、会同法领事杜辫菘所验明，当由市党部、公安局派员将白、范两尸领去。

记者于闻耗后，趋（驱）车而往，见范争波之保镖韩云秀仰卧东五弄口，其弹由右太阳穴入、左端出，创痕大如钱，赤血泊然流，右目掩闭而睡，左眼微启，因身肥胖，腹部隆起如阜，身衣灰部之中山装，头戴呢帽，足蹬皮鞋。……白鑫则在七十一号门口，侧身蜷卧，背傍门榜，而其右手执有手枪，其食指犹伸入于扳机之上，做射人势。身衣灰哔叽之衬绒袍子，藏青丝品西装裤，黑色皮鞋，其创在后脑，子弹出处白脑赤血，殷然而流，厥状甚惨。

这则消息还照敌人散布的白鑫是去南京的说法，补述"暗杀之前"的有关情况："白某得南京某机关之电，赴京任事。白寓在范家，范争波弟兄二人，居于二楼，白则居三楼（前文曾说范"晚膳后有客白某……来访"）。动身之时，恐范自车祇能载人，不能载物，于是在出门数分钟前，乃命范之保镖韩云秀往霞飞路苏州汽车公司雇得一辆汽车，车之号码为六七三〇号。车停于蒲石路和合坊后里门口，当由范之仆与一保镖者搬运行李上车。迩时，据云：里内寂然，人影稀少，迨范、白等来，而凶手突起狙击。据见者云有七八人，有去十余人。是则若侪之来，早为潜入，而预伏于暗陬内旁间。惟最可疑（者），暴徒何以知白于是晚动身赴京？且何以知范争波诸人之偕行耶？"这个报道虽未真正揭示此案的"真相"，却提出了一个耐人寻味的疑问让读者去猜。

外文报纸，则大都认为这是一场"政治谋杀案"，"可能系共党报复所致"。11月13日，上海《字林西报》在显著位置报道："法租界巡捕房目前正调查一桩空前谋杀案。该案发生于星期一晚十时许，于霞飞路一弄堂内，地处东方孔雀大戏院附近。4人当即身亡，3人受伤。此案系一伙身份不明者所为。3名嫌疑犯已遭逮捕。8小时内将继续搜捕。据说此案系属政治性。死者中有重要人物白鑫，此人系上海—吴淞—龙华宪兵司令部侦缉局局长，兼任反共办事处（华人区）主任。事情发生于和合坊弄。该弄一头通霞飞路，一头通蒲石路。白鑫住43号，他正离家搭乘特别快车去南京之际，一阵弹雨袭来。在场尚有其家属、秘书和保镖。开枪者系一些不明身份者，他们隐蔽在阴暗处，射出两排子弹后，随即逸去，踪迹毫无。……受伤者有国民党上海市党部的范争波先生及其兄弟、秘书。……搜查昨日仍继续进行。嫌疑犯已受审讯，以便发现更多线索。警方认为，凶手受共党雇用，对白先生采取报复。白先生于最近数月曾逮捕为数众多的共党分子。"

国民党反动派对白鑫等人被我方处决极为震惊。租界当局绞尽了脑汁也未能侦破此案。国民党政府对租界深表不满，由此引起了一阵狗咬狗的争吵。11月19日，国民党办的《上海民国日报》曾经发表吴开先的报告，公开指责：对于这个案件"事先租界当局竟一无所闻，事后租界当局又不能在很短的期间缉拿凶手，岂非怪事"。

敌人为了对付红队（当时被人们称作"打狗队"）的袭击，法租界、公共租界和华界的巡捕、特务，立即从500人骤增至1700多人，仍感束手无策。美国情报局也极重视这个案件，马上派一个叫罗斯（Ross）的特务头子到上海公共租界巡捕房来"加强指导"。但这些措施并无多大作用，罗斯身边有个亲信，就是同我们有联系的人物。他曾供给一些很有价值的情报，每月接受我方500元的津贴。

## 令敌人胆丧的"红队"

这次出动镇压白鑫的红队在上海曾很出名。开头一个时期，国民党特务警宪和外国的包探巡捕都晓得共产党有4条枪。他们从历次在上海发生的案件分析，认为当时"打狗队"所有的武器就是4条手枪。但是，这4条枪可以横冲直撞，在上海打遍天下。由于大革命时期上海工人阶级的余威还在，红队镇压叛徒特务得心应手，战果辉煌，造成敌人的震惊惶恐。在红队成立后的一段时间内，党在社会上的活动几乎是半公开的，巡捕、警察都不敢动；有时发现传单，他们也不敢干预。直到党的活动有人告发，巡捕方敢破案。他们出动捕人的时候，也是吵吵嚷嚷，把人轰走。

但在红队建立初期，因为尚未建立起反间谍的情报工作系统，不能事前制止敌人的破坏，只能在事后查明叛徒的活动，予以镇压。由于初期缺乏工作经验，也曾在行动中发生过这样那样的偏差。中央特科成立情报科后，红队的工作起了很大的变化。因为陈赓迅速地在敌人侦探机关内部建立了杨登瀛这样一个反间谍关系，使得敌人在上海的专业反共侦探机关，一开始就在中央特科的"指挥"下进行工作；同时，特科又派出优秀的共产党员李克农、钱壮飞、胡底打进南京国民党最高特务机关——国民党中央组织部调查科，掌握国民党全国特务机关的全盘活动和全部机密。红队通过情报工作，可以及时从敌人内部得到叛徒奸细活动的情报，不必太费周折，就能准确及时地镇压叛徒。有时还能事先发现敌人的阴谋，做到先发制人，防患于未然。这样等于红队长了耳目，工作更加主动，执行任务也更加顺利。

到1929年下半年，在镇压叛徒白鑫事件前后，红队的力量发展到了顶点，人员共有40多名，主要武器有勃朗宁、左轮、驳壳枪，另有一批化学手榴弹，能使敌人流泪，大家管它叫"流泪弹"。每次行动以后，遇有敌人追捕，就扔出去，迟滞敌人（自己戴上特制的眼镜，不受影响）。当时中央特科的第三科能从外面随时调动枪支，甚至能够调来机枪（这个时期，特科还在国民党军队驻浦东的炮兵营中建立了联系）。还能随时从洋行里买枪，并由洋行派人送来。遇到重要行动的时候，一科派人到米店购买成批大米，把米袋装上卡车，作为红队队员射击的掩体，搞成一个"活动堡垒"开到现场，射击敌人。特科的交通工具，有小型汽车、摩托车，主要是靠自行车活动。这些自行车都是不登记的，没有牌照号码，紧急关头就扔掉了。

红队这时已归顾顺章负责的行动科（三科）领导，在工作中除同负责反间谍工作的二科紧密联系外，还同负责总务方面工作的一科密切配合。每逢召开重要的会议，先由一科从安全着眼选定会场，然后即由红队派人携带武器前往卫护，有的骑自行车在附近巡逻，有的化装成小商贩在房前、房后和里弄口观风，有的在会场警戒。万一发生危险的时候，外围人员发出报警的信号，在会场的人员分头行动：一部分抵抗敌人，一部分保护负责同志转移。1930年9月24日至28日在上海召开的六届三中全会，会场设在麦特赫斯脱路（现泰兴路）一所洋房里。会议开了三天、参加者数十人。开会期间，第三科"红队"全体出动做保卫工作，第一科派人在场照料。

这次会议前在瞿秋白、周恩来等主持下，根据共产国际的指示，已纠正了部分"左"倾错误。这次全会进一步批评了以李立三为代表的"左"倾错误，停止了李立三等组织全国总起义和集中全国红军进攻中心城市的冒险行动。1931年1月召开四中全会的会场，布置在法租界一幢公馆里。楼上开会，楼下由二科的女同志打牌，开留声机掩护。三科派来的红队队员，穿上厨师的衣服负责保卫会场安全，准备随时投入战斗。又如1930年5月，中华苏维埃区域代表大会预备会议的会场是由一科布置的。这次会议参加人数多，开会时间长，工作量较大。当时，会场准备了两处，以防一处发生问题时可以转移到另一处。一处在卡尔登戏院（现长江剧场）后面白克路（现凤阳路）上的一排洋式楼房，另一处即在爱文义路卡德路口（现北京西路石门二路口）的一幢洋房里。实际上两处会场先后都用上了。当时一科还为参加会议的同志租了很多旅馆，预备了许多阔气的衣服给他们换上，然后进入会议地点。这次会议规定，代表进入会场后不可以出来，就地寝食，以资安全。伙食由一科专派邹志淑带两个同志负责备办。会议期间，一科的同志以及红队都出动，担任警戒保卫工作。同时，陈赓叫刘鼎出面，在近邻处另租一间房子住下，布设机关，成为与会人员迅速转移的通道，遇事可以从红楼楼顶转到刘鼎住房顶上，再经他的住房走出大门转移。一科请李一氓当房主人，另有专人当帐房。负责应付查电表、收水电费和收房租等，不使外人进入会议的正楼。三科还派出红队在这座楼房的周围进行警戒，准备一旦被敌人发觉，遇有巡捕前来搜捕的时候，红队立即持枪抵抗；同时指定专人负责引路，带领参加会议的代表，穿过刘鼎的住房转移出去。

红队的主要任务是镇压叛徒。陈赓和顾顺章根据周恩来的指示，指挥红队镇压出卖罗亦农的叛徒何家兴夫妇一事，也在上海引起过极大的震动。罗亦农，1901年生于湖南湘潭。他在1919年受到五四运动的影响，从家乡跑到上海，开始接触马克思主义，认识到这是解放人类的唯一正确学说。1920年中国社会主义青年团开始成立的时候，他就立即参加。1921年中国共产党成立后,被派往莫斯科东方劳动大学学习。1925年春回国,先后曾在广州、北京负责党的重要工作。1926年1月,调任上海区委书记(当时区委兼任上海市党的工作),曾经领导上海工人举行两次武装起义。两次起义都失败了,又以更大的革命勇气和毅力,准备举行更大规模的第三次武装起义。这个时候——1927年3月,周恩来肩负中央的重托,已从广州到上海,担任中共中央军事委员会书记和中共上海区委军事委员会书记。3月21日,罗亦农与上海区委组织部长赵世炎、上海总工会委员长汪寿华共同协助武装起义总指挥周恩来,领导上海工人第三次武装起义取得伟大胜利。"四一二"事变后,敌人向共产党和工人阶级疯狂进攻,工会和群众团体都遭封闭,许多优秀的共产党员、共青团员英勇牺牲。罗亦农和赵世炎领导党组织迅速转入地下活动,同志们怀着悲愤的心情,英勇走上烈士遗下的岗位,前仆后继,继续战斗。同年7月,在党的第五次全国代表大会上,罗亦农当选中央委员,旋即被派往南昌任江西省委书记。同年11月中央扩大会议上,被选为中央政治局委员、中央组织局主任。1928年4月15日,罗亦农出巡两湖工作回到上海不久,即遭叛徒出卖被捕。

出卖罗亦农的叛徒何家兴夫妇,也在莫斯科东方大学读过书,从苏联回来,何家兴就给罗亦农当秘书。他们知道许多党的机密,掌握许多中央负责同志的地址,即以奇货自居,要同敌人做一桩肮脏买卖。他们去找公共租界静安寺路巡捕房的一个帮办,想用他们所知道的数以百计的秘密地址,换取敌人两万美元和出国护照,逃到外国去过淫靡堕落的生活。为了取得敌人的相信,他们首先出卖了罗亦农。

4月15日这天上午10时,罗亦农是从上海英租界戈登路何家兴家里(这里是党的机关)一走出来就被捕的。事后查明,此事出于叛徒何家兴夫妇共谋:他们事先同英国巡捕房勾结好了,约定等罗亦农到他们家里来的时候,就派娘姨给站岗的巡捕送信,捕房随即赶来逮捕。罗亦农原是敌人悬赏追捕的中共中央领导同志,被捕后,上海中外报纸传出消息,帝国主义者和国民党军阀莫不额手称庆，喊叫"首要已擒，共祸可熄"。这个时候，特科曾经利用各种关系了解罗亦农在狱中的情况，想尽办法营救；以后又曾设法探听到罗亦农被引渡去淞沪警备司令部的时间，准备在押解途中进行武装劫救。上海广大革命工人和市民群众，也都万分愤慨，群起营救。帝国主义分子和反革命头子蒋介石等恐生意外，提前于4月18日引渡，21日未经任何审问即下令将罗亦农枪杀于上海西郊。营救没有成功。

特科通过巡捕房的内线关系很快查清：出卖罗亦农的奸细是何家兴夫妇。党组织为了进一步掌握这两个叛徒出卖罗亦农的真凭实据，曾经暂时把他们安置在一家小旅馆里。在取得确凿证据后，决定予以镇压。周恩来遂令顾顺章、陈赓带领一组红色战士，采取迅雷不及掩耳的手段，凌晨冲进他们寄居的旅馆里面，立即结果了何家兴的狗命；他的老婆钻进床下躲藏起来，也受重伤并被打瞎一只眼睛。他们在旅馆里面开枪的时候，同时在旅馆外面燃起响声震耳的鞭炮，掩护红色英雄们在完成任务以后全部安全离开现场。

到了后期，即从1929年底到1931年4月，特科在敌人侦探机关内建立的第一个反间谍关系杨登瀛，日益得到国民党特务头子陈立夫、徐恩曾的重用，又同英国巡捕房建立了密切关系；再加上我方派人打进了南京和上海的敌人特务机关，就有可能在事前粉碎敌人的阴谋，避免重大的损失。南京国民党特务机关和上海租界巡捕房准备破坏党的计划、命令，我方都能经过杨登瀛的关系及时得到。这个时期，敌人虽然获知不少我党机关的住地，都因事先得到情报，在敌人动手以前转移，"化险为夷"。临时遇到有人告密，敌人准备抓人的时候，打入敌人内部的关系也都能够事先通知我方，然后才叫巡捕警探出动，结果大多能够逃脱。其中最突出的一个例子，就是对向敌人自首告密的叛徒黄第洪的秘密镇压：这个事件发生在1930年10月。黄第洪是黄埔军校第一期学生，当时刚从莫斯科回来。他到上海不久就秘密写信给蒋介石，信中捧蒋介石为"蒋校长"，说他在共产党内"不得意",要求同蒋介石面谈,但不要让旁人知道;还向蒋介石密告周恩来准备同他会面的地址。他在信中附有通信地址,让敌人来找他接头。首先看到这类自首信件的,照例是蒋介石的特务头子陈立夫。蒋介石把这封信批给陈立夫办,陈立夫批给徐恩曾办,徐恩曾交给杨登瀛去同黄第洪接头,并且告知接头的办法:地点在南京路邮局,双方手里拿着皮包和报纸。于是,这个叛徒在他的罪行未得实现之前就落在我方手里。杨登瀛把黄第洪秘密自首的情况报告刘鼎,刘鼎一面要杨登瀛把这个案子暂时压一压,一面报告陈赓转报周恩来。周恩来指示先要将黄第洪隔离,同时指示特科继续进行调查核实。虽然这个叛徒十分狡猾,杨登瀛两次约他到指定地点见面,他都没有去。但是特科经过周密调查,证明黄第洪写信向蒋介石自首,企图勾结敌人对党进行大破坏,完全属实。陈赓就和顾顺章指挥红队出动,迅速将叛徒黄第洪秘密逮捕镇压,为党除了一个大害,保护了周恩来和党中央的安全,使敌人的阴谋未能得逞。

1928年春,中央特科为了训练秘密工作干部,适应新环境中对敌斗争的需要,开办了为期20天的训练班。当时中央特科的绝大多数工作人员和红队队员都参加了,恽代英、周恩来向学员作了多次政治报告。同时进行了秘密工作技术和秘密工作纪律的训练。1930年,中央特科又在卡德路专为红队举办一个短期训练班。训练项目是:熟悉敌人警宪特务机关和流氓帮会等情况;学习化装术,以便能够切实有效地隐蔽自己和对敌人进行侦察、监视;学习猜破敌人密码、隐显墨水书写密函以及自己被捕后打开镣铐、在汽油里掺糖以破坏敌人汽车等的技术;学习射击术……每次学习射击技术,都是租船驶出长江口,到海上去操练的。

在周恩来直接领导下,陈赓、李强等和中央特科的同志们,带领红队在中外强大敌人严密统治的上海创造了无数可歌可泣的英雄事迹,在上海劳动人民的心里留下了深刻的记忆。

## ★ 二 关乎党的生死存亡的一场斗争

——周恩来领导扑灭顾顺章叛变引起的灾祸

在周恩来饶富传奇色彩的一生中，曾经冲破无数惊涛骇浪。依靠他的大智大勇，无不化险为夷。1931年顾顺章被捕叛变后，严重威胁在上海的中共中央领导机关的安全，关系着全党的生死存亡和中国革命的命运。周恩来领导中央特科对叛徒顾顺章及其主子蒋介石展开的短兵相接的拼搏，就是一场空前险恶、惊心动魄的战斗。在周恩来沉着机智的指挥和周密细致的部署下，在极端危急的情况下，妥善地保卫了中共中央的安全，避免了一次后果极端严重的大破坏。

## 顾顺章何许人也

1931年4月，发生了在中共中央特科工作的顾顺章被捕叛变的事件。这件事，严重地威胁着党在上海的领导机关的安全。

顾顺章是何许人？

顾顺章原名顾凤鸣，江苏省宝山县白杨人。他曾在上海杨树浦的英商南洋兄弟烟草公司做工七年，开始在修机间做钳工，最后几年当"拿莫温"(工头)。对他比较熟悉的人说：顾顺章身矮体胖，圆面孔，比较黑，鼻子先凹后又凸出来，眼睛凶恶，满脸杀气。为人阴险、诡诈。他在厂里参加过工会，也进过青帮；他是工会活动的积极分子，也是秘密社会的活跃人物。自幼闯荡江湖，在他身上有许多流氓无产者的弱点，沾染不少流氓习气。他受教育很少，喜欢耍枪弄棒，打架斗殴，能够双手打枪，会耍魔术。曾以"魔术大师化广奇"的艺名，在上海大世界游艺场以及许多次堂会中公开表演，还在斜桥路二十二号开过"奇星魔术社"，专门出售玩魔术时用的小玩意儿。

1924年他在罢工中参加中国共产党，入党后担任这个厂的工人支部书记，曾领导过几次南洋兄弟烟草公司工人的罢工。以后担任上海区委的工作。1925年"五卅"运动期间，他和烟厂工会带领工人罢工比较勇敢。其后调上海总工会工作,担任码头工会主席,还曾负责训练武装工人的工作。1926年秋,他与陈赓、陆留一起被派往苏联学习政治保卫工作,1927年2月从苏联回国后,参加周恩来等领导的上海工人武装起义,任工人武装纠察队总队长。"四一二"后转往武汉,任中共中央军委特务科科长。中共"五大""六大"被选为中央委员,"八七"会议被选为临时中央政治局委员,六届三中全会、四中全会均被选为中央政治局候补委员。

"八七"会议以后,中共中央从武汉迁回上海。面对严重的白色恐怖,保证中共中央安全是当时极其严重的课题。1927年底在上海建立特科。1928年11月14日中共中央常委会议,决定成立由向忠发、周恩来、顾顺章组成的特别委员会,领导中央特科的工作。中央特科日常工作由顾顺章主持。周恩来花费不少心血领导中央特科,从各方面加强了党的情报、保卫工作,他是我党情报工作的开创者和奠基人。

顾顺章负责主持中央特科日常工作,并兼管上海与苏区的交通线。在他负责特科的这段时间,因他热衷于进行恐怖行动,无视秘密工作的政治方向,在行动中忘记党的政策;而把严肃的政治斗争变做单纯的恐怖行动,时常在工作上造成严重损害。特科成立初期,尽管白色恐怖十分严峻,但由于上海是座具有革命传统的城市,是全国工人阶级最集中、最强大的地方,大革命时代的历次斗争风暴,给予帝国主义、封建军阀的反动势力极其沉重的打击,直到1929年,大革命的影响还在,工人和革命力量还很强大,反动势力不敢轻举妄动,因此党的隐蔽斗争发展比较顺利,那个时候,顾顺章可以临时调动许多枪支,机枪也可调来;可以公开找洋行去买枪,还可请洋行运枪械来;可从粮店运粮,车上放置机枪,能够随便开到一个地方开火。那一套恐怖行动,在特定条件下还可以取得胜利,因为敌人的确害怕,叛徒在上海待不住。

随着胜利形势的发展,顾顺章的错误思想日益严重地暴露出来。他被一时的胜利冲昏头脑,得意忘形,对于恐怖行动自我陶醉。他简直杀红了眼,被人看作"杀人魔王"。

这种做法，显然和党的长远利益格格不入，是和党的秘密工作的方针政策背道而驰的。任其发展下去，势将造成严重恶果，丧失社会人士的同情，党有陷于孤立的危险。而且自从处决叛徒白鑫以后，敌人增加了力量，改变了策略，客观形势的急骤变化，逼迫我们必须改弦更张。周恩来极力纠正顾顺章的恐怖行动，把党的隐蔽斗争扭转到政治斗争的轨道上来。有个时期，租界包打听的总机关，每周在"一品香"饭店集中二三十个包打听头目开会。顾顺章想用恐怖手段把这些家伙一起炸死，曾经准备了几只大皮箱的炸药、定时炸弹。这些炸药，是他通过特情关系从日本兵营里搞到的。如照他的计划行事，这所饭店的大楼就会炸毁，"一品香"就会变成废墟，周围居民也会遭到极大的损害。其时周恩来进行了干预，阻止了这些恐怖行动。

顾顺章个人品德方面的恶劣倾向，这时也迅速发展，日益暴露出他狂妄的个人野心。他在同党的关系上，骄傲蛮横，飞扬跋扈，已发展到不可容忍的程度。他腐化堕落，生活糜烂，还抽鸦片，甚至找"星相家"看相算命，吹嘘他有"福相"，将来会做皇帝。顾顺章在英租界威海路八〇五号石库门设有"公馆"，家具陈设相当讲究。借口"工作需要"，他在生活上追求豪华。当时摩托车还不多见，他已拥有一辆摩托车代步。他的家里只有陈赓和李强能去。陈赓去过几次，回来对柯麟说过："我们两人如果不死的话，准能见到顾顺章叛变！"周恩来曾经多次严厉批评过他。向他指出：私生活的腐化堕落完全违背共产主义道德的准则。因他阳奉阴违，屡教不改，1930年夏天，中央根据周恩来的提议，为防意外，采取断然措施，将顾顺章派往武汉工作，去布置白区与苏区的交通路线，特科工作改由陈赓主持。陈赓坚决贯彻执行周恩来制定的方针政策，极力端正政治方向，摆脱恐怖行动，对社会各阶层进行调查研究；着力与政治人物建立关系；并在包打听、巡捕警察中发展关系，把党的秘密工作扭转到政治斗争的轨道上来。因而迅速、广泛地打开工作局面，接连取得许多胜利，上海党的机关因此能在极端险恶的白色恐怖下得到保护。

1931年4月，顾顺章在汉口被捕。他在被捕后当天叛变。

## 倾筐倒箧的叛卖

顾顺章是4月24日在武汉被捕后叛变的。

这年4月初，张国焘、陈昌浩到鄂豫皖苏区去工作的时候，中共中央派顾顺章护送他们由上海经武汉前往。4月8日，鄂豫皖苏区派来的交通员抵达武汉，顾顺章与他们接上头，即由他们护送张、陈向目的地进发。这时顾顺章借口搞交通线，滞留在汉口，住在汉口离大智门车站不远法租界的德明饭店，进行个人活动。他擅自用"魔术家化广奇"的艺名，在新市场游艺场公开表演魔术。并在街头大贴广告，以广招徕。这样一个不寻常的人物在汉口出现，立刻引起了国民党特务的注意。这时武汉有个被捕后叛变的王竹樵，国民党特务机关限他必须在一星期内找出共产党，否则就要枪毙。可是当地党组织得知他叛变以后，和他接触过的共产党员迅速地作了转移。这个叛徒天天在武汉街上东窜西逛，急得像一条疯狗似的伸着鼻子到处搜寻。此人原是武汉纱厂工人，曾经参加过工人武装纠察队，还进武汉时代中央军委特务工作科工作过，和当时在特务工作科负责的顾顺章相识。4月24日这天，王竹樵眼看特务给他的限期就要到了，正愁着无法交账，来到江岸徘徊，不料中午时分，在江汉关门口撞见了顾顺章。他就暗中跟踪盯梢，一直盯到顾顺章的住处，随即报告了徐恩曾在汉口新建立的特务机关——武汉行营侦缉处。敌人一听，立即行动，马上逮捕了顾顺章。

国民党武汉行营侦缉处长杨庆山（洪门头子），副处长蔡孟坚，亲自审讯顾顺章。主要审讯顾顺章的蔡孟坚是徐恩曾任用的武汉特派员。他们为着软化诱叛，特地对他"敬酒敬茶。开始，顾一言不发。后来蔡对顾说：'我们虽未见过面,但是我知道你,你也一定知道我,一切用不着多说。先生,便说你所知道的一切;否则,只有死。'最后蔡对顾说:'我决定送你去南京,你自己好好地考虑考虑,选择自己的前途。'"(《中统头子徐恩曾》,中国文史出版社,第9页)顾顺章立即叛变,还无耻地对特务说:"我去年就在找机会,愿意转变。"原来顾顺章早就包藏祸心,写好了一封给蒋介石的自首书,藏在家里备用,他曾嘱咐其妻说:"我如被捕不能回来,可将此信交给蒋介石。"后来党组织在他家里搜出了这封信。

第二天——4月25日清晨,国民党武汉行营主任何成浚提审顾顺章。他供出了我党驻武汉交通机关、鄂西联县苏维埃政府及红军二方面军驻武汉办事处。因此,这些机关均遭破坏,十余人被捕。顾顺章认为,他是中共中央政治局候补委员,又担任过特科具体工作的负责人,不仅知道党的许多重要机密,而且知道党中央机关和许多中央领导同志的地址,还知道蒋介石的身边有钱壮飞……以此作为资本,可以向蒋介石邀功请赏。因此,他向何成浚提出三点要求:一,将他立即解往南京,说有特别紧急的机密情报当面向蒋介石报告;二,要求保密,在他到南京前,不要就他被捕的事向南京发电报,以免走漏消息;三,保障他的安全。何成浚和在汉口的国民党特务黄凯、蔡孟坚等,捕到顾顺章当成至宝,邀功心切,根本不买叛徒的账,没有理睬他的要求,立即给徐恩曾、陈立夫打了电报。当他得知何成浚和特务机关已经给陈立夫、徐恩曾打了电报的时候,急得顿足哀叹:"这就糟了,抓不住周恩来了!"特务问:为什么?他回答说:共产党有人在蒋介石那里当机要秘书。

这个时候,共产党员钱壮飞确实正在南京担任中统特务头子徐恩曾的机要秘书。

钱壮飞是根据周恩来的指示,经由陈赓派遣钻进敌人心脏进行反间谍工作的共产党员。在顾顺章被捕叛党的时候,钱壮飞和他的亲密战友李克农、胡底等,已经打进敌人的要害部门——国民党中央组织部党务调查科一年多，他们就像孙大圣钻进牛魔王的肚子里"兴妖作怪"那样，隐蔽在蒋介石的这个致命的要害部门，依靠着他们的沉着、机智和勇敢，进行着不屈不挠的斗争。

原来，早在1927年12月党中央就曾规定：经过党支部决议，得派遣一两位忠实的同志，到国民党党部以及某种反动机关，做侦探和破坏工作。但必须限于有这两种作用方可派遣。因此，在陈赓负责的中央特科二科成立以后，周恩来根据中央的这个文件的精神，指示陈赓选派一批忠诚勇敢的党员打进敌人内部，从各方面向国民党侦探机关进攻。

从1929年起，二科先后派遣钱壮飞、李克农、胡底打进国民党最高特务机关，掌握国民党全国特务机关的全盘活动。他们深入龙潭虎穴，在这场隐蔽的斗争中，演出了最为惊心动魄的一幕。在一年多的时间里，给党提供了许多重要情报，对于保卫党中央和地下组织的安全，作出了卓越的贡献，得到中央的嘉奖。

他们是通过国民党特务头子徐恩曾打进敌人内部的。徐恩曾是大特务头子陈立夫的表兄弟，早年在上海交通大学毕业，曾经留学美国学习电气工程，1928年初开始在陈立夫把持下的建设委员会无线电管理处做事。陈立夫原来是浙江省电报局长，利用电报局征收报务员、机务员等手段，招兵买马，依此基础逐步扩大势力。在他爬上国民党的高位后，仍然操纵无线电事业。1928年夏，徐恩曾办无线电训练班招生的时候，陈赓帮助钱壮飞通过人事关系和考试被录用。钱壮飞，浙江湖州人，1925年参加中国共产党。他是一个博学多才的人，擅长书法、绘画、文学、电影以及无线电技术。钱壮飞考进这个无线电训练班后，因他很有本事，善于结交朋友，而且多才多艺，与徐恩曾又是小同乡，深得徐的信任。不久徐恩曾当上了上海无线电管理局局长，钱壮飞就被任命为无线电管理局秘书。

陈立夫主管的国民党特务机构——中央组织部党务调查科，自1928年2月建立起来，到1929年冬，起了一个大的变化。在此以前，党务调查科的工作对象,限制在国民党内部的派系调查和党务调查上面;到了这个时候,各红色区域的红军运动已成为国内政治活动的重要因素,我党在国民党统治区的组织和工作也有了相当的恢复,蒋介石将共产党认作心目中的头号敌人,企图全力进攻红军和加紧破坏白区共产党的组织。陈立夫为了迎合蒋介石破坏共产党的需要,乘机扩大自己的势力,积极筹划在这个党务调查科的基础上建立一个进行秘密侦察、审讯的特务机关。那个时候陈立夫对于此道还是个外行,就找他的亲信徐恩曾来办,徐恩曾当时也很不内行,又找钱壮飞来帮助。

这个时候,李克农正在上海。早在"五四"运动时代,李克农就已参加进步活动,1926年在芜湖加入中国共产党。他曾长期做党的地下工作,有丰富的对敌斗争经验。1928年,李克农摆脱了敌人的追捕,从芜湖来到上海。1929年11月间,他正担任党的沪中区委宣传委员的时候,在上海一家影片公司的摄影棚里遇见了胡底,经过胡底介绍又认识了钱壮飞。钱壮飞希望李克农打入上海无线电管理局,准备介绍他去担任广播新闻编辑。但这要经过正式考试手续,李克农通过沪中区委向中央请示。中央特委很重视钱壮飞在敌人那里已经取得的地位,遂批准李克农离开区委工作,打入上海无线电管理局,以加强党在敌人内部的工作。李克农经过一番认真的准备,考试成绩良好,就在敌人那里站住了脚。这已是1929年12月间的事。

钱壮飞与李克农相结合,得到党的领导,就发挥了很大的作用。这个时候,陈立夫、徐恩曾正在着手扩大特务组织。1929年12月初,国民党政府公布了《共产党人自首法》和《反省院条例》,作为实行"自首政策"的一项措施。12月下旬,任命徐恩曾为国民党中央组织部总务科主任,实际上做党务调查科主任,原调查科主任叶秀峰调到国民党中央工作。就在这个时候,徐恩曾便把由他担任党务调查科主任、着手扩大特务组织的事情告诉钱壮飞,要钱壮飞帮助他。徐恩曾还透露:陈立夫和他准备对我党的动摇分子实行软化,利用我党的叛徒作他们的侦探奸细,潜伏在我们党内部进行秘密活动。这就是说，敌人要在调查科的基础上，建立一个领导这种罪恶活动的反共特务机构。怎么办？钱壮飞和李克农及时把这个情况报告了党。

这个时候，中央特委关于是否打入国民党特务组织的问题，曾有两种意见：一种主张派遣我们的同志打进去，钻进敌人的心脏去同它进行斗争；另一种意见，反对进去。周恩来指示："你们把它拿过来！"于是，决定派李克农、钱壮飞、胡底打入敌人最高特务组织。当时李克农、钱壮飞还在上海，他们党的关系还在地方支部，此后转到陈赓手上。

徐恩曾在南京一上任，就立即扩充人员，增加经费，扩大训练机构，充实内部，并派特务打入国民党的军警机关活动。当时，徐恩曾最关心的机密大事就是：在蒋介石势力所能达到的地区，如长江沿岸各地，准备建立基层秘密机关，进行侦察活动。同时，在南京建立秘密指挥机关和秘密电台，以便指挥他们在全国的特务活动。徐恩曾委托钱壮飞以机要秘书名义，组织这个秘密指挥机关，建立各地基层机构。陈立夫、徐恩曾进一步提出，除了搜集反共的情报，还要搜罗有关其他党派的情报，钱壮飞等就又"帮助"他们建立起公开的以通讯社形式出现的情报机关。

从此，钱壮飞掌握国民党全国最高特务指挥机关，李克农掌握国民党在上海的情报机关，胡底先在南京主持"民智通讯社"。以后又成立了这一套情报机构的指导机关，叫做"长江通讯社"，设在南京中央饭店四楼（中山东路五号隔壁），负责人是钱壮飞。"民智通讯社"归属"长江通讯社"管理，社长也由钱壮飞兼任；而将胡底调到天津创办"长城通讯社"。为了保证党的领导，中央特派陈赓同李克农保持经常联系。南京有什么情况，由李克农及时反映给陈赓转报中央。这样，国民党的最高特务组织的机密，都为我们有领导有计划地及时掌握了。

徐恩曾做了党务调查科主任，首先提出来要办的事情，就是建立国民党特务组织的最高秘密指挥机关和秘密电台。

党务调查科的办公地址原在南京丁家桥国民党中央党部内。徐恩曾感到那里乱，不容易保密。他便选定中山东路五号，建立一个以他和机要秘书钱壮飞为中心的秘密机关，把这里搞成自己的"大本营"。实际上，这里的人手并不很多，钱壮飞只配备了少数机要人员管理电台、秘书、会计等事务，作为李克农和钱壮飞联系的秘密交通（其中就有钱壮飞的女婿刘杞夫等）。徐恩曾是个纨绔子弟，经常在舞场妓院里混日子。他把许多事情都推给钱壮飞办理。调查科迁到新址后，凡是送给徐恩曾的文件、电报，都由中央党部转送到这里来。首先看到这些文电的就是钱壮飞。蒋介石对红色区域进行第一、第二次"围剿"的时候，钱壮飞在这里获得许多有用的军事情报，经李克农送到陈赓那里转报中央。这些情报准确及时，中央转发到红色区域，对于红军作战起了重大作用。

徐恩曾的秘密电台也设立在这里，派到汉口、九江、安庆等地的调查员，都同这里的电台通讯。凡是给徐恩曾的电报、报告和各种情报，都是首先经过钱壮飞，由他审阅并提出处理意见。徐恩曾只在上面签个字，就由钱壮飞办了。这样，钱壮飞就掌握了这里的全部机密。

徐恩曾虽然对钱壮飞越来越信任，可是有一件事，他却紧紧抓住一直不放手，就是他同国民党高级官员通报用的密码本。这东西就像徐恩曾的护身符，每次外出的时候，总是把它带在身上，珍藏在贴身衣服口袋里面。没有这个密码本，国民党最高统治集团的核心机密就搞不到。钱壮飞早就想搞这个密码本，一直到不了手。徐恩曾的致命弱点，就是腐化堕落，好色喜嫖。针对徐恩曾的这个弱点，李克农和钱壮飞设下一计：有一次徐恩曾到上海开会，就告诉他说哪儿哪儿有漂亮姑娘，他一听便动了心，马上要去。李克农却故意说："你不能去，你带这么个东西去怎么行？"徐恩曾马上就从小褂里掏出密码本交给李克农。有了这个密码本，许多极机密、最重要的尖端情报也就落到我们手里了。

就是这样，李克农、钱壮飞、胡底三位同志，在党的领导下，在敌人致命的要害地方，夺取了极其重要的阵地。从1929年底到1931年4月，在一年多的时间里，他们钻在敌人心脏里，机智善谋，英勇奋战，成天同敌人细心周旋，成天在那里研究斗争策略，因为政策对头，办法又多，就作出了这样惊人的成绩，极其出色地完成了党交付给他们的，把国民党特务组织"拿过来"的这个艰巨而光荣的任务。

那个时候，对于隐蔽斗争，我们党同国民党一样，也还缺乏实际经验。但是双方较量的结果，在这条战线上的斗争，也同其他战线上的斗争一样，我们比敌人更坚强。我们党所以能够在这场斗争中打败敌人，取得胜利的根本原因，正像李克农所指出的那样：当时国民党是统治阶级，是公开暴露的，反动的；而我们则是处于地下，处于非法的隐蔽状态，又是进步的，有广大群众的拥护，敌人很难防范。敌人的种种弱点，总要暴露在人民面前，这是我们进攻敌人的有利条件。只要我们善于利用敌人的弱点，采取正确的斗争策略，就能够在这场异常复杂的隐蔽斗争中获取胜利。

顾顺章叛变这天——1931年4月25日，是星期六。何成浚和武汉特务机关报告顾顺章被捕的电报到达南京的时刻，已是这天的夜晚，徐恩曾早已跳舞、玩女人度周末去了。

这天夜里，钱壮飞一直坐在南京中山东路五号——徐恩曾的特务机关"大本营"里，接连收到了从武汉来的六封特急绝密电报，电报上都写着"徐恩曾亲译"的字样。钱壮飞想：是什么事情这样急呢？这时候，他手里已经有了徐恩曾和国民党高级官员通报用的密码本的副本，他就偷偷地把电报译出来。发现原来是顾顺章被捕叛变，要和敌人勾结起来破坏我们上海整个党中央机关。情况万分紧急，钱壮飞的心情也很紧张。但他非常沉着，仔细地看了电报的内容，记下电文：

何成浚发给国民党中央党部徐恩曾转秘书长陈立夫（当时陈立夫任国民党常务委员会秘书长）的第一封电报，说黎明（顾顺章的化名）被捕，并已自首，如能迅速解至南京，三天之内可以将中共中央机关全部肃清；

第二封电报,说将用军舰把黎明解送南京;

第三封电报,说改用飞机解送南京,因为据黎明供,用军舰太慢了。这个电报还讲,无论如何,这个消息不可让徐恩曾左右的人知道。如让他们知道了,那么把上海中共中央机关一网打尽的计划就完全落空了。

……

钱壮飞看完这些密电,将译文揣在口袋里面,就把密电原封装好,暂时扣压起来。他经过周密思考,翻开京沪铁路行车时刻表一看,决定先派他的女婿刘杞夫连夜坐特快列车到上海,把这个情报报告李克农转报党中央。他把刘杞夫打发走了以后,先将银钱账目清理好,放在钱柜子里;还到"民智通讯社"去通知他安置在那里的一位同志,但没有见到人。他就拿起桌上一张地图,用刀子在地图中间划了一道缝,发出了今后要"切断"联络的暗号。这天夜里,他虽然想到了自己要不要离开南京的问题,但是由于当时秘密工作条件的限制,他对顾顺章这个人的整个情况并不了解,要他把自己与战友们打入敌人心脏,在南京、上海含辛茹苦,历尽艰险所创造的整个局面,顷刻间让敌人全部毁掉,的确是很难下决心的。可是经过冷静的思考,全面的分析,最后还是下决心迅速离开。第二天(4月26日)清晨,他把电报放在徐恩曾的办公桌上,并且留下一封信,信中警告对方,如果徐恩曾胆敢陷害他的子女,他就要把徐恩曾的所有秘密全部公布于世。接着,他赶乘火车逃回上海。为了防止出事,他到真如就下了火车,徒步进入市区。

刘杞夫于26日凌晨到达上海,在一家旅馆里找到李克农,便把顾顺章在武汉被捕叛变的情况,详细地向他报告。李克农见他神色有点紧张,极力使他冷静下来,劝慰他说:"你为什么沉不住气,这么不沉着!"李克农也确实感到问题严重。他虽然为钱壮飞的安全担心,但他坚信钱壮飞能够作出正确的判断,采取果断的措施。可是要不要让刘杞夫仍旧回南京呢?他十分犹豫,流露出"难下决心"的心情,这时刘杞夫自己提出要马上回南京去接他的妻子钱椒椒，李克农只好应允。分手之时，李克农紧紧地握住刘杞夫的手，非常关切地说道："此行可能凶多吉少，遇事要英勇沉着！"这天不是他和陈赓预定碰头的日子，李克农怀揣着这个十万火急的情报，即以高度负责精神，千方百计找到江苏省委，通过江苏省委迅速找到了陈赓，马上报告周恩来。

周恩来即向党中央报告此事，中央委托他全权处理这一紧急事变。面对着这种险恶的形势，周恩来立即同陈云等商定对策，并立即召集陈赓、李强等有关人员举行紧急会议采取了一系列措施：第一，销毁大量机密文件，对党的主要负责人加强了保卫并立即转移，把顾顺章所能侦察到的或熟识的负责同志的秘书迅速调用新手；第二，对一切可以成为顾顺章侦察目标的干部，尽快地有计划地转移到安全地带或调离上海；第三，审慎而又果断地处理了顾顺章在上海所能利用的重要关系；第四，废止顾顺章所知道的一切秘密工作方法，由各部门负责实现紧急改变。根据周恩来的指示，迅即把警报分送，各中央负责同志立即搬家，有关人员立刻转移，不准外出，要提高警惕。在这分秒必争的紧急关头，到4月27日傍晚为止，中共中央机关、江苏省委以及共产国际的派驻机关，全部抢在敌人行动之前搬了家；同时命令陈赓带领二科全体同志从各方面进行调查，以便及时采取措施，准备反击。

钱壮飞到达上海后，陈赓当即将他安置在李宇超家里，从他的安全到生活都作了周密的安排，对他的家属也作了妥善的安置。同时，李克农还用"克潮病笃"的暗语，给天津的胡底发去电报，暗示事态严重，速返上海。胡底接到电报后，立即离开天津，安全到达上海，由中共闸北支部负责人，把他送到一个白俄家里隐蔽（刘杞夫回到南京后曾经被捕。可是，钱壮飞留下的那封信却使徐恩曾有所顾虑：当时国民党特务组织内部不同派系之间互相倾轧，矛盾尖锐，争斗激烈，徐恩曾惟恐钱壮飞公布了他那些见不得人的秽行对他不利，因而未敢杀害钱椒椒和刘杞夫，他们被关了三四个月，就被释放出来)。

在关系着我党命运的这个千钧一发的紧要关头,周恩来领导同志们粉碎了顾顺章及其主子蒋介石的阴谋诡计,人们怀着无限崇敬的心情赞颂他的不朽功勋:"一生机智一身胆,周公谈笑破敌谋。"钱壮飞、李克农、胡底同志对保卫党中央作出的这一卓越贡献,得到了中央的嘉奖。1962年2月,李克农同志因病在北京逝世。在追悼会的悼词中,遵照周恩来同志的意见,写上了这样一段话:"在大革命失败后,在严重的白色恐怖下,坚强勇敢地同敌人进行斗争。同为革命而牺牲了的钱壮飞、胡底同志一起,对保卫党中央领导机关的安全,作出了卓越的贡献。"1969年5月8日,周恩来又在中央一次会议上说:"在1931年,顾顺章叛变,幸而有钱壮飞同志在中统徐恩曾处得讯最快,所以中央机关才得免遭破坏。钱壮飞、李克农、胡底他们是在一起的,因此才派往中央苏区。后来,钱壮飞在长征中躲飞机时死去,胡底在与张国焘会合时被杀了,因为张国焘在四方面军讲演,胡底在台下说张像法西斯蒂,被张国焘的卫士报告张,后来就给杀了。……"周恩来的回忆和表彰,表现了对他们无限眷念的深情。

## "一网打尽"的阴谋彻底破产

4月27日,叛徒顾顺章被何成浚用军舰解到南京。蒋介石立即召见了他。顾顺章无耻地出卖党的机密,倾筐倾箧,把知道的事情全部招供:供出了中共中央负责人周恩来、瞿秋白、李维汉、秦邦宪、陈绍禹和向忠发的住址和中央秘书处、中央特科机关的住处;供出打入敌人内部工作的钱壮飞等人的情况。他说:"徐恩曾的公事包经常交给钱壮飞,电报、密件多由钱先看,国民党军队的调动情况,很多是钱供给中共的。我被捕一事,千万不能让钱壮飞知道,他知道一切都完了。"蒋介石听了大发雷霆,当场命令徐恩曾:"快把钱壮飞抓起来!"徐恩曾丧气地回答:"钱壮飞昨天就跑了。"

据当时一个在徐恩曾手下当差的调查科助理干事张文（张国栋）记述："在顾顺章到达南京前十数小时，徐恩曾的私人秘书钱壮飞突然失踪了。当时我们看得出，开始，徐表现得紧张而不愉快。他来到调查科与总干事张冲、干事顾建中悄悄说上几句话，便又匆匆忙忙地离去。在发觉钱壮飞失踪后，徐十分紧张，简直到了惊恐的程度。调查科人员虽然都不知道究竟发生了什么事，但是从徐的行动和神色上，已经知道必有重大事件发生。"（《中统头子徐恩曾》，第9页）——这件事确实使徐恩曾异常紧张、吃惊。钱壮飞打进敌人内部以后，一直采取革命的两面政策，伪装自己取得敌人的信任，伪装得特别成功。过了25年以后，徐恩曾提起对钱壮飞的印象时还说："他是一个埋头工作，忠诚老实，而且很有才能的青年人。他不多说话，也不多问他工作范围以外的任何问题。他熟练地执行我的命令"；"我真不相信这样一个模范工作人员是共产党员。"（徐恩曾：The Invisible Conflict，1957）

蒋介石得到顾顺章的口供，立即布置了一个企图将上海中共中央的机关、领导人员一网打尽的行动计划。徐恩曾亲自带领调查科总干事张冲、党派组组长顾建中和大批军警特务，连夜赶到上海，会同英、法租界捕房执行这个罪恶计划，于28日早上开始了大搜捕行动。事后敌人曾吹嘘说：顾顺章到达南京后，中统即派人去上海抓周恩来，七小时后到达上海。当即兵分两路：一路去接顾顺章的家属；一路去搜查共产党中央、江苏省委和共产国际驻沪代表处。但是他们的如意算盘全部落空。当时看到：已经搬了家但留下人在附近看望的电台被敌人抄走了；接着周恩来原来的住处也被搜查。事实证明钱壮飞、李克农提供的情报完全正确，党中央的对策是英明的。据张文记述："上海当时是共产党中央的所在地，单位很多，在顾顺章供出他们的具体地址后，徐恩曾亲自率领调查科总干事张冲、干事顾建中等立即赶到上海。据顾建中事后对我说，当时徐一连三天三夜不眠不休，徐的母亲、第一个老婆和女儿当时都住上海，徐几次从南京到上海，都不曾回家一次……由于共产党中央得知顾顺章被捕叛变后，对各方面作了紧急处理，迁移了各个地下秘密机关，只有少数一时迁移不及的机关，如赤旗报社、保卫组办公处、北四川路接头处等，遭到了中统特务的破坏。周恩来原来常到的办公处所，也遭到破坏……"（《中统头子徐恩曾》，第12页）

顾顺章想要向主子邀功请赏，除将党中央的组织情况和主要负责人住址向敌人告密，还到监狱里认人。他被押解到南京的第二天——4月28日，就出卖了被关押在南京江东门中央军人监狱里的恽代英。恽代英（1895-1931）是我国早期的马克思主义者之一，也是中国共产党的一位优秀领导者。他是《中国青年》杂志的创办人，也是中国青年运动的一位杰出领袖。中国共产党成立以后，恽代英随即加入。1926年担任广州黄埔军官学校政治总教官，1927年主持武汉军事政治学校。1927年4月在党的第五次全国代表大会上当选为中央委员。他参加了"八一"南昌起义，是领导这次起义的负责人之一；广州起义的时候，他是总指挥部和工农兵苏维埃政府的秘书长。1928年后在中共中央宣传部工作。1930年5月6日下午，他在杨树浦老怡和纱厂门前等候人来联系工作时被捕，先被押送巡捕房，后以共产党嫌疑被引渡到国民党上海市公安局，复又转押到龙华国民党淞沪警备司令部。1931年2月被押往南京中央军人监狱。他在被捕时机智地抓毁自己的面容，装作工人，化名王作林，关在狱中一年多没有暴露真实身份。敌人虽未认出他是恽代英，但仍以"工人擅自开会，也有罪"为由，判处他5年有期徒刑。他在狱中写过一首正气磅礴的七绝，表现了一名共产党员对革命的坚强信念和将生死置之度外的大无畏英雄气概："浪迹江湖忆旧游，故人生死各千秋，已摈忧患寻常事，留得豪情作楚囚。"恽代英被捕后不久，周恩来、瞿秋白从莫斯科回来后，就要特科多方设法营救。本来已由陈赓通过党同国民党高等法院法官的地下关系，讲定提前释放，组织上也已通知恽代英准备提前出狱，不幸突被顾顺章出卖。顾顺章晓得中央特科营救恽代英的事，告诉敌人恽在狱中用的化名及被关押的监号。蒋介石得知，大吃一惊，急令其军法司司长王震南当天即到狱中查对。王震南拿着恽代英在黄埔军校的照片来到狱中,并在查实以后向他劝降。恽代英凛然回答说:"我就是恽代英!"始终坚贞不屈。蒋介石劝降失败,亲下手令将他处决。次日——1931年4月29日,敌人就将恽代英在监狱操场上杀害。临刑时恽代英拒不下跪,挺着胸膛,屹立在刑场上高唱《国际歌》,侃谈爱国真理。敌人大恐,第一个刽子手两手发抖,多时扳不动扳机,伪执刑官不得不另换了一名看守开枪。恽代英临危不惧,身中数弹犹振臂高呼:"打倒蒋介石!""中国共产党万岁!"(参看任武雄、李良明、田子渝:《恽代英》,《中共党史人物传》,陕西人民出版社1982年版,第五卷,第45—47页)

在上海至武汉间长江航线上,有一条武汉英商祥泰木行运输木材的轮船,挂英国国旗,专门由上海运木材去武汉,不搭客人。船上有个姓陈的舵手是共产党员,经常带我们党的负责人往返于上海、武汉之间,也曾为党转运过不少文件和武器。顾顺章也多次坐过这条船,这次他从上海护送了张国焘、陈昌浩到武汉,就是坐这条船,在他叛变后这个同志很快就被捕了。顾顺章还出卖了党在两湖的白军中的重要同志和负责同志。

顾顺章供出了当时中国共产党总书记向忠发的地址和右食指断缺半截的特征,使他被捕。向忠发虽身任党的总书记,生活上却腐化堕落,包了一个叫杨秀贞的妓女住在一起。顾顺章介绍一个妇女给她当娘姨。这时向忠发已经搬到周恩来那里去住,并准备前去中央苏区工作;杨秀贞也由党组织派陈琮英同志陪同,搬到一个小旅馆里去住,并在搬家前将娘姨解雇。国民党特务根据顾顺章提供的地址,没有抓到向忠发。后来又照顾顺章的口供,找到那个娘姨,指使她跟踪盯梢向忠发。她了解到杨秀贞在一家裁缝店做的衣服尚未取走,每天就到那里守候。一天杨秀贞去取衣服,被她暗中盯上,一直跟到她的新居。幸好这次跟踪已被党组织发觉,才未出事。(参看逊实:《向忠发被捕叛变的经过》,上海《党史资料》丛刊,1982年第3辑)

为了甩掉这个女佣的跟踪,组织上又将杨秀贞搬到静安寺路一个新建的大旅馆里。向忠发这时隐蔽在周恩来寓所,中央已决定将向忠发立即转移到中央苏区。向忠发向周恩来提出要去和杨秀贞见面，周恩来严厉阻止，劝他为党的利益着想，遵守党的纪律，叮嘱他不要随便外出。6月21日晚上，周恩来与邓颖超有事需要外出，再三叮嘱他绝对不要出去。但等周、邓一走，他就迫不及待地擅自溜走，偷偷跑到旅馆里去与杨秀贞会面，在那里住了一夜。静安寺路有家英商"探勒"汽车洋行，过去是党组织经常利用的关系。向忠发也常去叫车，汽车行里的人都认识他。车行有个叫叶荣生的会计，曾参加共青团，也认识向忠发。这是一个见利忘义的无耻之徒，自从顾顺章叛变以后，他见报纸上经常刊登有检举共产党"立功"受奖的消息，便和国民党淞沪警备司令部的特务勾结，充当他们的眼线，准备出卖共产党人发财。21日夜，叶荣生得知向忠发的行踪，就向淞沪警备司令部的特务告密。第二天一早，向忠发离开旅馆去叫汽车，就被预伏的特务围住。他们根据顾顺章的口供，验明他的右手食指确实断缺半截，就将他抓走。

　　周恩来闻知向忠发被捕，立即组织营救。很快获悉向忠发被捕后就叛变了，他即亲往寓所附近观察暗号，查实后迅速隐蔽，同中共中央其他领导人停止联系。向忠发叛变后，首先出卖了同杨秀贞住在一起的任弼时的夫人陈琮英（她是周恩来调来照看杨秀贞、以免出岔子的）；继又供出戈登路恒吉里一一四号中央机关，使那里的工作人员被捕；他还供出周恩来在小沙渡路的住处，当天深夜带引特务搜查周恩来和瞿秋白的寓所，幸好他们早已撤离，敌人一无所获。对方还不死心，派人在周恩来家里等候。再说淞沪警备司令熊式辉一抓到向忠发，就发电报给正在庐山避暑的蒋介石。蒋介石接到电报，立即电令熊式辉：就地秘密枪决；及至收到熊式辉关于向忠发已经叛变的电报，蒋介石马上改变主意，但在电报到达时向忠发已被处决。

　　顾顺章还出卖了蔡和森，并且带领国民党特务到香港追捕。蔡和森（1895-1931）是中国共产党早期卓越的领导人，杰出的马克思主义理论家和宣传家。1918年和毛泽东等组织新民学会。1920年赴法勤工俭学，1921年回国后参加中国共产党，中共第二至第六届中央委员会委员。1922-1925

年主编《向导》周刊。1925年任中共驻共产国际代表。1927年回国后党的五大当选为中央政治局常委,任中央宣传部长。1928年六大继续当选为中央常委,任中宣部长。1929年任中共驻共产国际代表团成员。1931年初回国,因广东党组织遭破坏,中央派他任中央代表到香港指导广东工作。1931年6月10日中午,在香港海员一次会议上,他一出场,即被顾顺章和四个便衣特务抓捕。党中央决定全力营救,周恩来通知李少石在香港筹措巨款,争取把蔡和森从英国人的监狱中保释出来。但被港英当局将他引渡给广东军阀陈济棠。蔡和森在狱中惨遭酷刑,英勇刚烈。最后敌人将他钉在墙上,蔡和森至死不屈,直至刺刀刺进他的胸膛,鲜血喷涌而亡。牺牲时36岁。

中央特科在上海最重要的情报关系杨登瀛,也被顾顺章出卖。杨登瀛原名鲍君甫,是中央特科在敌人侦探机关中发展的第一个反间谍关系。杨登瀛所主持的国民党在上海的专业反共侦探机关,一开始就在中央特科指挥下进行工作。杨登瀛早就是国民党特务头子徐恩曾的亲信,在上海负责情报工作,向为陈立夫等人所器重,他与陈立夫、张道藩等人都有较深的私谊。陈立夫、张道藩每次来上海,都由杨登瀛张罗,常在一起吃喝玩乐,无话不谈。他与张道藩更有一层暧昧的特殊关系,曾帮助张道藩除掉一个政敌,使他得以爬上国民党的高位,张道藩自那以后就成为他在国民党内的靠山和庇护者。1928年10月,由蒋介石签署任命为国民党中央驻沪特派员,"在沪协助办理重要案件并处理之"。他同国民党中央党部调查科关系密切,还同国民党上海市党部、市政府、淞沪警备司令部以及英、法租界巡捕房的西探特务有密切联系。1928–1931年间,中央特科通过杨登瀛的关系,派人打入敌人的要害部门,控制上海敌人的侦探机关,获得许多极其重要的情报,掌握了敌人的行动规律,控制了敌人许多重要的具体活动,冲破了敌人的阴谋,为保卫党中央机关和领导人的安全提供了有利条件。这些情况,都是顾顺章所熟悉的。在顾顺章叛变的消息刚刚传到上海的时候,陈赓根据周恩来的指示,就派陈养山去看杨登瀛,通知他迅速转移。杨登瀛考虑到他和陈立夫、张道藩那些人的特殊关系，决定不去躲避。陈养山认为他说得有道理，便对他说："只要你矢口不讲，国民党不敢对你怎样。"还对杨登瀛的家属作了妥善安置。4月底，杨登瀛终被敌人逮捕，在监狱里始终没有供出他和中央特科的工作来往情况。敌人审问他的时候，他总是说："我的事情顾顺章完全知道，我没有什么讲的。"正是因为杨登瀛与张道藩有特殊关系，被关了半年多，就由张道藩保他出来。

顾顺章死心塌地依附敌人，猖狂地破坏上海和各地党组织，对党的危害极大，1931年5月21日，中共中央专为此事发出第二二三号《通知》。《通知》指出，顾顺章是最可耻的叛徒，中央决定永远开除他的党籍；同时号召全党加强群众工作，一致起来消灭中国工农群众的敌人顾顺章以及一切共产主义的叛徒。

## 周恩来安抵中央苏区

和周恩来住在一起的临时中央总书记向忠发，因被顾顺章出卖而于6月22日被捕后，就把周恩来和他在小沙渡路的住处供出。敌人派人前去搜捕时，周恩来和邓颖超都已撤离。但是敌人仍不死心，一直派特务在他家守候，同时四处加紧侦察追捕，周恩来只得更加谨慎小心地隐蔽起来，在敌人视线中无踪无影。他和邓颖超与邓颖超的母亲杨振德老人住到靠近苏州河的海宁路、山西路转角处一家烟纸杂货小店里，3口人挤住在一间10平方米的小阁楼上。他的住处只有党内极少几个人知道，同其他领导人互不往来。由于敌人到处搜捕，他在上海很难继续存身。不久，中央就决定他暂时停止工作，准备转移到中央苏区去。

尽管这时周恩来的处境极端险恶，但在离开上海之前，他并没有停止工作，依旧听取重要汇报，为中央草拟文件。这时发生了日本侵占东北的"九一八事变"。蒋介石下令"不抵抗"，国民党政府的军队不战而退，中国面临空前严重的民族危机。他虽处在严格隐蔽、准备转移的情况，仍然密切注视着形势的发展，还写过几篇有关"九一八事变"的文章。

自从顾顺章叛变后，周恩来陆续已将不宜再在上海工作的中央机关和中央特科的一些同志分别转移到各地，同时也对自己向中央苏区转移有所考虑。那时从国民党统治区进入中央革命根据地有一条主要交通线：从汕头出发，经大埔，越过国民党封锁线，进入福建永定的游击区，再经长汀转往赣南。三四个月前，周恩来就通知大埔交通站站长卢伟良到上海汇报工作，向他详细询问了这条交通线的沿途情况，做了准备。

12月上旬，周恩来离开上海前往中央苏区。中央派从苏联回国不久的黄平来护送他。黄平后来忆述当时离沪的情形：

> 恩来同志是1931年11月离开上海的。在这之前，由于白色恐怖猖獗，党中央决定他暂时停止工作，等候转移，待准备工作做好以后前往苏区。9月间，我因工作关系访问过李富春、蔡畅、聂荣臻夫妇。他们住在今长乐路庆余里，等候去苏区。我是下午到的，看见恩来也在，除他们之外，中央交通贡慕华（?）也在。他们正在打麻将，这当然是一种掩护手段。天黑了，恩来才走，他是一清早来的，这样危险小些。等到天黑再走，也是由于同样原因。显然恩来有什么要紧话对他们讲，才冒险到来的。
>
> 同年10月底，我带了一封入苏区的介绍信到恩来同志家。他当时住海宁路与山西路转角处的一家小店（大概是烟纸杂货店，夜晚看不清楚）楼上，恩来夫妇和丈母娘3人住在一间约10平方米的小房间里，点的是一盏15支光的电灯。房内光线昏暗。当时张闻天住的是一幢二层楼的洋房，赵云（康生）住的也是一间敞亮的二楼统厢房，至于秦邦宪，凭他穿的高级西服也可以断定过的生活不会差，而劳苦功高的恩来却住在这样一间幽暗拥挤的小屋里！无非是尽量为党节省一些开

支罢了！恩来一生俭朴，数十年如一日，难怪人民至今如此爱戴他，如此怀念他！

我把介绍信交给了他。信一开头是："敬启者，无别……"总理不懂"无别"是什么意思，请教邓颖超，她也看不懂。老丈母娘听了就说，这是生意人的话，意思是说：信里没有什么别的事，不过要说下面一桩事。恩来说：既然我们会发生疑问，敌人也可能产生疑问，那就不好了，还是改了好。我按照他的意思，把信拿回去改了。第二天夜晚再拿去交给他。

恩来离沪那天，我是晚上八时许到他家的。当时他穿着对襟蓝哔叽中式短上衣和一条蓝哔叽中式裤子。这是广东熟练工人的打扮。房里昏暗，我看不见他穿的是什么鞋。他叫我去买顶便帽。我到附近的北四川路上找了家店给他买了一顶蓝色便帽，他戴上觉得还合适。化装就绪，他拿了一只小手提箱，我们两人就一起下楼，雇了两辆人力车就动身了。为避免引人注意，邓颖超也未下楼送行。到了十六铺，我们立即就上了一艘太古洋行或怡和洋行的轮船，经过香港或直放汕头，我不能确定，但决不会冒被捕的危险，在香港上岸。在统舱里找到绰号叫"小广东"的交通员，恩来认识他。我把恩来交给了"小广东"，就告别下船。（黄平：《往事回忆》，人民出版社1981年12月版，第78—80页）

他乘坐的轮船，在海上航行两天两夜到达汕头。"小广东"与大埔交通站的秘密交通员黄华接上头，黄华和"小广东"领着周恩来，准备到预先安排好的金陵旅社下榻。不料刚一进门，就看到旅社客厅里挂着一张1925年黄埔学生军东征时，汕头各界欢迎大会上，周恩来坐在中间的照片。害怕被人认出，他们立刻转移到棉安街上一家小旅馆里过了一夜。周恩来在这里重新改装，装扮成一个相面先生。第二天清晨，他们冒着浓雾离开小旅馆,坐上从汕头开往潮安的火车。下午两点到达潮安后,他们下车换乘轮船溯江而上前往大埔。他们在半路上又下船,改乘开往虎头沙的小轮船。天刚亮时行经清溪,他们就在这里上岸,到大埔交通站所在地。

　　从这里到进入苏区,是全程中关键性的一段路。在这中间有国民党军队和民团的严密封锁线,筑有碉堡、碉楼,还有许多关卡、岗哨。要偷渡,不能走大路,只能走罕见人迹的山路或山沟;不能在白天行走,只能在夜间摸黑行进。大埔交通站站长卢伟良早就做了准备,派6名交通员武装护送周恩来通过封锁线。他们在黑夜中翻山越岭,攀藤附葛,越过封锁线,在12月中旬到达永定境内的乌石下村。由永定交通站的交通员继续护送,在两天后到合溪。然后,进入上杭县境。

　　一进入苏区,周围的一切对周恩来都是那样新鲜,使他十分兴奋。他沿途利用休息时间,同农民和乡、区干部谈话,向他们了解苏区工作的实际情况。12月22日到达长汀(旧称汀州),这里是中共闽粤赣边区省委和省苏维埃的所在地。周恩来在给中央政治局的信中高兴地写道:"汀州的繁盛,简直为全国苏区之冠(中央区虽有9个城市,但无有如汀州的。其他苏区尚无固定城市)。"他在长汀召集省委、省苏维埃和长汀县委的领导人员开会,作了8个小时的报告,对当前形势和党的任务作了详细的阐述。

　　1931年12月底,周恩来到达这次旅程的终点——中央革命根据地的首府瑞金,会见了早在这里的毛泽东、朱德以及先期到达的任弼时、项英、王稼祥等,并就任中共苏区中央局书记。(《周恩来传》,中央文献出版社1998年版,第一卷,第296—297页)

# "伍豪启事"出笼后的启事大战

敌人在上海始终没有找到周恩来的踪影,"悬赏缉拿"的阴谋也失败了。就在周恩来离开上海已经安全进入中央苏区,到达红色首都瑞金以后,敌人再度使用造谣诬蔑的贯伎,自1932年2月16日至21日,先后在上海《申报》《新闻报》《时报》《时事新报》连续刊登所谓《伍豪等脱离共党启事》:

敝人等深信中国共产党目前所取之手段,所谓发展红军牵制现政府者,无异消杀中国抗日之力量,其结果必为日本之傀儡,而陷于中国民族于万劫不回之境地,有违本人从事革命之初衷。况该党所采之国际路线,乃苏联利己之政策。苏联声声口口之要反对帝国主义而自己却与帝国主义妥协。试观目前日本侵略中国,苏联不但不严守中立,而且将中东路借日运兵,且与日本订立互不侵犯条约,以助长其侵略之气焰。平时所谓扶助弱小民族者,皆为欺骗国人之口号。敝人本良心之觉悟,特此退出国际指导之中国共产党。

伍豪等二百四十三人启赴史量才寓

"伍豪"是周恩来的笔名。敌人深知他是我党中央的主要领导人之一,在党内享有崇高威信。他们采取这种无耻手段,是想以此造成我们党内的混乱。可是这则伪造的启事有着明显的漏洞,一眼就看出是敌人在故弄玄虚:先不说它内容的荒谬、措词的拙劣,单讲它的下款是伍豪等243人,如果是真的,为什么只写出"伍豪"一个名字,其他都不写?

当然,敌人这一手也很毒辣。他们认为,当时白色恐怖极端严重,这个闷棍打来,我们根本无法还手,如果我们在报纸上公开辟谣,无异自投罗网。可是,共产党不信邪。上海中共临时中央针对敌人的阴谋,还是立即以当时所可能采用的公开办法,非常巧妙地在上海《申报》发表一则实际上是辟谣的启事:"伍豪先生鉴,承于本月18日送来广告启事一则,因福昌床公司否认担保，手续不合，致未刊出。申报广告处启。"——这则启事虽然没有正面讲述什么事情，却非常清楚地告诉读者，"伍豪"要登而"未刊出"的"广告"，是为否认《伍豪等脱离共党启事》而来的。而且时间安排得也很微妙：伍豪要登而未登出的启事是2月18日送给申报馆的，而国民党2月16日开始在《时报》刊登造谣启事，18日这天《新闻报》也刊出造谣启事。许多年后，周恩来赞扬这则巧妙的启事的发表，认为"这是当时所能做到的公开否认伪造启事的办法"。

可是，当时能够刊出这么一则只有44个字的广告，却是费尽周折，大为不易的。据曾在《申报》工作过的马荫良、储玉坤说："1932年2月15日上午《申报》广告门市部收到《伍豪等脱离共党启事》广告一则，铺保是与当时国民党上海市党部执行委员、上海市商会理事王延松有密切关系的某钱庄（已忘其字号），盖有该钱庄的印鉴，手续完备无缺。当即由《申报》广告处职员黄品堂律师审阅广告内容，黄认为脱离共党的有243人，而具名的只有'伍豪'一人，其中必有问题，决定16日暂不刊出。"16–18日，上海《时报》《新闻报》先后刊出了这个"脱党启事"。2月18日，"《申报》广告处于上午接到'伍豪声明'广告一则，否认上海《时报》和《新闻报》所载《伍豪等243人脱离共党启事》之广告。经黄品堂律师审阅后，告诉送登广告的同志说，《申报》没有刊登'伍豪等脱离共党启事'，不便刊登'伍豪声明'。2月19日，国民党设在上海的新闻检查处派员前来《申报》广告处交涉，质问《申报》为何不刊登'伍豪启事'广告。黄品堂律师认为《时报》和《新闻报》均已刊出，《申报》已无理由可以拒绝刊登。因此答应于明后两日（即20日和21日）予以刊登。2月20日，《申报》广告栏内刊出'伍豪启事'广告。上午9时许，又有同志前来《申报》门市部，询问为何不刊登'伍豪声明'。黄品堂告以《申报》的广告刊例，应先核实铺保。广告处立即派人去福昌床公司对保，该公司否认作保。下午，这位同志又来《申报》询问，仍由黄接待，告以手续不合，福昌床公司否认担保，因此不能刊出。

这位同志听毕，即要求《申报》用书面答复。黄婉言拒绝，并说明《申报》广告刊例，对手续不合的广告，不予刊登，向不专函答复。这位同志几经请求，广告处主任王尧钦与经理马荫良商量，决定用广告处名义，写信说明不刊登的原因。这位同志才携信而去。2月21日，《申报》继续刊出'伍豪启事'广告。上午这位同志又来门市部，仍由黄品堂接待，他要求《申报》将昨日广告处的复信作为广告刊出，广告费由他付给。黄对他说，《申报》从未刊出这一类的广告，即使刊出，也不能收取广告费。但这位同志再三要求《申报》予以考虑。黄又对他说：能否刊出，广告处和经理部均无权处理，必须请示总经理史量才，才能作最后决定。下午，马荫良与设计部副主任戈公振商量后，用电话向史量才汇报，并请示如何处理，史答应考虑后再说。至6时许，马荫良接到史的电话，同意刊登这则广告，并指示，不收取广告费。马即通知广告处，将这则广告发排。晚上9时许，马荫良照常赴史量才寓所汇报《申报》工作。史告诉马说：'陶先生已来。'（陶先生系指陶行知）还说：关于'脱党'一类的启事广告和新闻报道，都要慎重处理。并要马回《申报》馆后，将此意转告广告处主任王尧钦和编辑部总编辑张蕴和。2月22日，《申报》广告栏内刊出该报广告处启事广告一则。由上所述，可知《申报》广告处启事所以能刊出，关键在于史量才本人，是他亲自决定刊登的。……其次，史量才决定刊登广告处启事，也是受到他的顾问陶行知影响的结果。陶行知于1930年被蒋介石下令通缉之后，即逃亡日本，但在日本亲眼目睹日本军阀的跋扈飞扬，积极准备用武力侵略中国，忍无可忍，乃于1931年初潜回上海，任《申报》总管理处顾问。史量才为了遮掩国民党的耳目，未将陶名列入《申报》职员名单内，外界知陶在《申报》任职者不多。平时陶不到《申报》办公，但每周必有一两次秘密到史量才寓所，和史商谈《申报》的革新计划。……"（马荫良、储玉坤：《上海〈申报〉刊登所谓"伍豪启事"的来龙去脉》，《党史研究》1980年第5期）

2月27日，我党又在上海临时中央出版的机关刊物《斗争》第4期（用《实报》

名义公开发行）登出《伍豪启事》和以《国民党造谣污蔑的又一标本》为题的文章，驳斥国民党的造谣诽谤，在党内说明了事实真相。党刊上发表的《伍豪启事》全文是：

### 伍豪启事

最近在各报上看到："伍豪等脱离共党启事"一则，说了许多国民党走狗所说的话，这当然又是国民党造谣污蔑的新把戏！国民党的投降帝国主义，出卖中国民族利益的事实，这是全中国以至全世界劳苦民众所共见。把东三省出卖给日本帝国主义的，把中俄合办的中东路双手奉给日本帝国主义的，使日本帝国主义以至一切帝国主义得以利用东三省与中东路以进攻苏联的是国民党政府；在上海事变中，在英勇的十九路军士兵背后，同帝国主义做买卖的也是国民党政府！所以不打倒国民党在中国的统治，不创造数万万中国工农群众自己的苏维埃政府与自己的武装力量工农红军，打倒日本帝国主义与一切帝国主义，进行革命的民族战争，是不可能的。我们现在正在共产国际与中国共产党的领导之下，为了打倒帝国主义与国民党，争取中国民族独立解放而斗争！一切国民党对共产国际、中国共产党与我个人自己的造谣污蔑，绝对不能挽救国民党于灭亡的！

二月二十日

配合这篇《伍豪启事》的发表，2月27日《实报》发表的评论文章《国民党造谣污蔑的又一标本》，剖析了敌人抛出伪造启事的政治背景和惯用的造谣诬陷伎俩，深刻地揭露了敌人的虚弱本质和凶残狡诈的狰狞面目：

### 国民党造谣污蔑的又一标本

国民党反革命派，在与中国共产党及苏维埃运动斗争中，不论在政治上、军事上、理论上，都受到可怜的悲惨的失败之后，却企图以造谣中伤伪造文件来破坏共产党在群众中的影响，欺骗蒙蔽和愚弄劳苦群众！

……

这类"聊以自慰""并以惑众"的无耻的造谣之一,便是本月十六日后,《时报》《新闻报》《申报》那批反革命报纸上所刊登的下列广告:

"伍豪等脱离共党启事"这个文件是敌人在反对自己的政敌之中,所用的最无耻与卑鄙手段的模范之一!

疯狂的白色恐怖,以卑鄙的造谣,假借刑事犯的罪名追逐与通缉伍豪同志(即所谓爱棠村案)。现在却又假借伍豪同志的名义来污蔑伍豪同志(共产党的领袖之一),污蔑中国共产党,污蔑共产国际。难道天地间更有卑鄙与无耻甚于国民党反革命派的么?

中国无产阶级及劳苦群众,坚决的知道:唯一的真正能解放中国民族脱离帝国主义羁绊与压迫的道路,是中国共产党所指的道路:民众武装进行坚决勇敢的民族革命战争,打倒日本帝国主义,打倒一切帝国主义。而推翻国民党——投降帝国主义、出卖中国、污辱中国的国民党政权,是中国民族革命战争胜利的先决条件。他们坚决相信,在民族解放与社会解放的斗争中,只有苏联是唯一的盟友与兄弟的国家。

伍豪同志将与中国共产党全党党员都一致地像一个人一样团结在共产国际及中共领导之下,以坚决英勇的打倒国民党的国内战争及反帝国主义的民族战争来回答敌人的污蔑与造谣!

如果谣言能救国民党于死亡,则国民党这类混蛋可以不朽,可惜谣言只能证明反革命派之无力与破产,而不能挽救国民党之死亡!

国民党反动派伪造的这个所谓"伍豪等脱离共党启事"传到中央苏区,为揭穿敌人的无耻阴谋,1932年2月,毛泽东又以中华苏维埃共和国临时中央政府主席的名义,签发《中央政府布告》。布告指出:"上海《时事新报》《时报》《申报》等于1932年2月20日左右连日登载'伍豪等二百四十三人'的冒名启事,宣称脱离共产党,而事实上伍豪同志正在苏维埃中央政府担任军委会的职务,不但绝对没有脱离共产党的事实,而且更不会发表那个启事里的荒谬反动的言论,这显然是屠杀工农兵士而出卖中国于帝国主义的国民党党徒的造谣污蔑。"

在上海,临时中央由于用伍豪名义代登启事辟谣的计划无法实现,便又想出一个请律师代登广告的办法。但是当时国民党白色恐怖统治严酷,中国律师都不敢承担风险,只好设法去找租界里的外国律师。这些律师大都不怕事,只要有钱就行。于是在中央特科工作的潘汉年、李一氓一起先找党领导的"互济会"特别营救部部长黄慕兰,由她出面通过上海著名的中国律师陈志皋,找到法国律师巴和。巴和在上海开户营业,又任《申报》常年法律顾问。当时送给巴和一百两银子,由他在1932年3月4日的《申报》上,以醒目的大字标题登出了《巴和律师代表周少山紧要启事》(周少山是党内熟知的周恩来的别名):

### 巴和律师代表周少山紧要启事

兹据周少山君来所声称:渠撰投文稿曾用别名伍豪二字;近日报载伍豪等二百四十三人脱离共党启事一则,辱劳国内外亲戚友好函电存问;惟渠伍豪之名除撰述文字外,绝未用作对外活动,是该伍豪君定系另有其人;所谓二百四十三人同时脱离共党之事,实与渠无关;事关个人名誉,易滋误会;更恐有不肖之徒颠倒是非藉端生事;用特委请贵律师代为声明,并答谢戚友之函电存问者云云前来。据此,合行代为登报如左。

事务所　法大马路四十一号六楼五号

这则启事设计严密,措词奇妙,从形式到内容都考虑周到,无懈可击。巴和律师是《申报》的常年法律顾问,由他代表周少山发表声明,手续齐全,又合乎国民党政府的法律,使敌人抓不住把柄。这则启事一经刊出,伪造《伍豪启事》的真相就大白于天下,国民党的阴谋彻底破产,使党在这场斗争中获得全胜。敌人弄巧成拙,徒呼奈何,不但丝毫未曾损伤周恩来的威望,反而使得他的英名更加誉满中外。

前引马荫良、储玉坤的文章中,也讲到这篇巴和律师代表周少山声明刊出的有关情况:

> 巴和律师是法国人。他的出身和经历,我们不甚了解,只知道他在上海执行律师业务,事务所设在法大马路(就是现在的金陵东路)四十一号,曾任法租界公董局董事。为人正直,有正义感,在公董局内有一定的声望和地位。从他平时的言谈中,可知他主张民主自由,对国民党实行独裁,镇压人民,深表不满。他虽站在法帝国主义立场上,为殖民主义者效劳,但有时也为中国人民民主行动表示同情和支持。《申报》因上海租界情况复杂,华洋杂处,加以政客、官僚、军阀、买办、财阀、学棍、流氓帮会以及帝国主义分子,聚集一地,经常利用上海报纸,互相攻击,造谣中伤,无所不用其极。《申报》处于夹缝中,左右为难,稍一不慎,就有危险。因此《申报》不得不延聘中外律师担任常年法律顾问,以保障自身的利益。万一涉及诉讼,就委托他们代表《申报》出庭辩护。《申报》的外籍律师就是法国大律师巴和。《申报》付给他的常年法律顾问费,起先是每年白银500两,后来改为国币700元。如《申报》与外人涉讼,就请巴和律师出庭,每次给出庭费70元,这些酬金都由《申报》经理亲自送去,彼此相处极为融洽。1932年3月3日,《申报》广告处接到巴和律师事务所送来《巴和律师代表周少山紧要启事》广告一则,因巴和律师是《申报》的常年法律顾问,由他代表周少山发表的声明,不仅手续齐全,而且完全合法,万无不登之理,当即于3月4日刊出。这则广告一经刊出,"伍豪启事"的真相大白于天下,国民党造谣诬陷的阴谋遭到了可耻的破产,使党在反诬陷的斗争中取得决定性的胜利。

1950年大张旗鼓地镇压反革命运动中，在南京逮捕了两个当年曾经参与炮制伪造冒名启事的国民党特务。当年在中央特科工作过的南京市公安局长陈养山，曾经亲自审讯这两个特务。在审讯中，陈养山突然问道："你们伪造《伍豪脱党启事》是怎么回事？"特务回答：是故意制造混乱。特务黄凯供称：国民党中央调查科总干事"张冲来沪主持（顾顺章亲属的）丧事善后，和我谈起C.P.（当时国民党对共产党〈Communist Party〉的简称）经济困难，可能有许多党员动摇，我们用周恩来的化名，冒充启事脱党，由张起草，列为200余人，由我送登新申各报。哪知道毫无反响，好久并无人来向各机关秘密自首。……"1953年6月7日，黄凯写的《坦白材料》又说：伪造的冒名启事"用头号大字标题，遍登中外各大报一星期……丝毫未达预期的效果"。这篇供词更彻底揭穿了这场骗局。

## 叛徒顾顺章的可耻下场

顾顺章刚叛变的时候，由于当时他在共产党内的身份，曾被视为奇货。蒋介石为此曾经召见徐恩曾倍加奖勉；办案有功的蔡孟坚、黄凯等大小特务都加官晋爵，蔡孟坚又获得了国民党中央党部的"特别奖状"，还被蒋介石召去"受训"；黄凯也由中统驻武汉特派员调升驻上海特派员；此案成为徐恩曾中统发家的关键性案件，也是它和戴笠军统较劲争宠的本钱。

起始顾顺章虽被敌人视作宝贝，但是对他并不放心，一直把他关押在南京。过了很长时间，才对他解除关押（暗中依然严密监视）。徐恩曾扔给他一笔赏钱，还找了一个叫张萍的女人给他。同时任命他为中统调查科行动队长，又在南京细柳巷租了一处院落，作为他的办公处所和私人住宅。

取得了国民党特务组织的信任后，顾顺章有过一阵"春风得意"的日子。为表"归顺"的忠心，他出卖党的机密，疯狂地搜捕共产党员，还为国民党出坏点子，编写讲义，办训练班，传授特务技术，颇得徐恩曾赏识。

《徐恩曾回忆录》中还曾夸奖顾顺章"说话风趣,处世经验丰富老到,很富人情味,善于揣摩人的心理,对人乐于亲近……"

可是,顾顺章"得意"的日子并不长久,1935年即因在国民党特务集团内拉山头而被国民党当局处决。亲自下令处决顾顺章的中统头子徐恩曾写的《徐恩曾回忆录》中,为了掩盖国民党特务组织内部的矛盾,则对他们处决顾顺章的情况捏造了一篇鬼话欺哄世人。他竟说顾顺章"1935年春,因和敌人(指共产党)勾结而被处刑"。还说什么"我们遗憾的是这位具有特殊贡献的朋友,不曾和我们合作到底"。"由于他不安分的本性……我只好对他放弃了……"徐恩曾这样说,自然是弥天大谎,无稽之谈。他所以要撒谎,还想要遮掩他们一旦挤干了叛徒身上的油水,就会像扔掉一只破鞋子一样将他"放弃"的事实。凡属无耻叛徒,不管他在敌人面前如何卑躬屈膝地奉迎,死心塌地地效劳,大都难以逃脱这种可耻可悲的下场。来头不小的顾顺章如此,来头不大不小的张慕陶也是这样,来头更大一点的张国焘也不例外地被"放弃"了。

关于顾顺章被国民党杀死的情况,说法不一。有个在南京给叛徒顾顺章当过保镖的林金生(自称身份是"国民党中央党部组织部调查科调查员),著文写出顾顺章被杀经过,似可作"一家言"看:"1933年年底的一天,顾顺章对我说:'你是个神枪手,我要配12个人给你,成立一个特务队,由你任队长。'他还说,'我们首先要把陈立夫和徐恩曾干掉。'听了他的话,我心里很害怕,这不是谋反吗?不是自找完蛋吗?我知道这家伙非常歹毒,不敢当面反对,更不敢流露出不满神情。只是从听了这话的那天晚上起,我经常睡不着觉,总担心会发生什么意外。"

"说来也巧,事隔不几天,顾顺章交给我一封信,要我立即送往××旅馆××房间。记得那天天很冷,我穿着大衣,接过信就往大衣口袋里一塞。等我来到旅馆交信时,信突然不见了,翻遍全身也不见踪影。无奈,只好回报顾顺章。顾听后,一脸不高兴,但他并没有骂我,我知道他对我起了疑心，迟早要对我下手。经过反复考虑，决定先他一步。我便找了个借口离开了细柳巷，跑到徐恩曾那里告发了他。徐恩曾对我的行动当然是慰勉有加，并让我回去不要声张，以稳住顾顺章。我哪里还敢回去，就对他说：'徐先生，我不能回去了，即使在南京也很危险。'徐恩曾思索了一下说：'陕西省党部主任委员宋志先正好跟我要个人，你就去那里担任保卫工作吧。'"

"我离开徐恩曾后，当晚就乘夜车赶回丹阳家中，准备料理一下后即去西安。事后知道，我当天没有过江到浦口搭车去西安，竟躲避了一场杀身之祸。原来，顾顺章见我天黑了还不回细柳巷，就知道我已有变，他通过'眼线'得知我已被调往西安，就在当天夜里派心腹到浦口埋伏，准备对我下手，以便杀人灭口。"

"徐恩曾得到我的告密后，并没有立即采取行动，而是不露声色，暗中却进行严密布置，派人把顾顺章监视起来。不久，顾顺章便遭软禁，后来在报请陈立夫、蒋介石批准，并取得确凿证据后，顾顺章才被押往苏州监狱。1935年在苏州监狱被枪决。行刑的执行人叫吕瑞京，是我所认识的，也是他对我说的。"（林金生：《顾顺章被杀真相》，见《中统特工秘录》，江苏文史资料编辑部1991年版，第66—67页）

## 顾顺章叛变的危害和教训

顾顺章叛变及其造成的严重危害，对党是一次重大教训。

1931年6月10日，周恩来主持召开了中共中央政治局会议，通过了由他起草的《中央审查特委工作总结》。总结说：特委工作虽有许多成绩，给予党以不少保护作用，但终因顾顺章一个人的叛变，遂使全部工作发生动摇，这不能不说是特委工作的错误的结果，尤其是特委本身政治教育的缺乏，成为特委基础不能巩固的历史病源。周恩来还在总结中作了自我批评，表示：直接指导这项工作的伍豪同志要负错误的主要责任。并对今后特委的组织、工作方针、纪律等都规定了原则。

许多年后，1950年5月16日，周恩来在中央军委情报部会议上的一次讲话中说：这是一次重大教训。他说："顾顺章的叛变，不是偶然的，当时的立三路线和四中全会都加深了他的动摇，而我们没有预先警惕。""致命的打击是可以避免的，这就要加强教育，内部谨严，内外分清，避免横的关系。"这是周恩来通过顾顺章和类似叛变事件所得出的教训，也是我党情报事业方面重要的经验总结。

周恩来为人一向谦逊严谨，遇事对自己严格要求，勇于承担责任。实际上，他在此期间领导中央特科呕心沥血，作出了重大贡献。

从1928年初到1931年，在周恩来的直接领导下，中央特科在对敌斗争中发挥了重大作用，上海党的机关得到周密保护，未曾遭受大的破坏。上海党的秘密工作，所以能够在千百倍于己的强大敌人控制的上海，接连取得许多惊人的重大胜利，不仅由于这些红色战士们对于党的事业忠心耿耿，对阶级敌人高度憎恨，对敌斗争机动灵活；同时，也是跟党和群众的亲密关系，跟广大劳动人民和进步人士的支持援助分不开的。而周恩来的远见卓识、足智多谋的领导才能，更是取得这些光辉胜利的重要因素。这个时候，周恩来在中国革命的紧急时刻，面对血腥的白色恐怖毫无惧色，勇往直前，坚持战斗。跟他在党所领导的许多斗争领域功绩卓著一样，周恩来在中央特委领导党的隐蔽斗争中表现了杰出的才干。他不仅精通马克思列宁主义，而且经历长期革命实践，具有丰富的斗争经验，对于中国各方面的发展情况都有惊人的丰富知识，高瞻远瞩，多谋善断，总能及时而准确地抓住有利时机采取行动，保证党在隐蔽斗争中经常立于不败之地。周恩来在极端困难条件下表现出来的那种力撑大局的伟大胸怀，他那种夜以继日、不知疲倦的工作精神，那种脚踏实地、事必躬亲的认真作风，他对同志和蔼可亲、体贴入微的细心关怀，给大家留下极其深刻的印象，赢得同志们的无限崇敬和衷心爱戴。

当年在上海参加特科工作，曾同陈赓同志长期共事的陈养山同志，回忆这段峥嵘岁月的时候说道："周恩来同志当时在党中央担负着多方面的领导工作。他在极其繁忙中，亲自创设特科，并经常决定各种重大方针措施。从实践证明，特科对保卫党中央和其他党组织，对打击敌人的阴谋活动，作出了伟大的功绩。同时，我们还应指出：1927年到1931年，正是瞿秋白、李立三、王明'左'倾机会主义路线相继统治全党的时期。他们不顾客观条件，在城市里经常进行所谓'总同盟罢工'，要求全国各地大搞暴动、工人在城市举行起义，要求城乡配合夺取大城市，所谓'争取一省和数省的首先胜利'，并指挥红军进攻长沙、南昌、武汉等城市，把从大革命失败后重新发展起来的大好形势和革命力量，竟作孤注一掷。在城市，特别是上海，每年到革命纪念日，如'五一''五三''五四''五七''五九''五卅'等所谓'红五月'纪念日，就号召所有同志到南京路上搞示威活动；在工人集中地区和工厂放工的时候，经常搞公开宣传和飞行集会。这样，严重地暴露了党的组织，导致大批同志被捕坐牢，有的同志竟然因此牺牲。即使在这种情况下，从1927年到1931年，上海党中央和其他领导机关没有受到重大的破坏。这同1934年以后，上海党的领导机关和基层组织几乎被一网打尽的情况相比较，更可知道，在周恩来同志领导下的特科，为保卫和巩固党的方面，作出了多么伟大的贡献！在中国党的历史上，是何等辉煌的一章！"

事实确是这样，上海党的秘密工作所取得的巨大胜利，乃是周恩来亲手制定的方针政策的成功。从中央特科筹建的时候开始，直到周恩来1931年底离开上海，进入中央红色区域的时候为止，党在白区进行的隐蔽斗争一直在他直接领导下顺利进行，他对特科的工作呕心沥血，运筹帷幄，倾注无限精力。他对地下党的活动确定一套原则，制定了一系列的制度、纪律以及活动方法等等，都对党的胜利发展起了决定作用。如在组织方面，要求精干、隐蔽，纪律严格，没有工作关系的人不许往来。以此杜绝因为一个地方的破坏，而招致几个地方遭受损失的情况发生。特别是在内部严防出叛徒，采取了很多有效的措施。在活动中，则尽量职业化、社会化、以公开身份掩盖秘密工作，同时提醒所有人员要密切联系群众，注意搞好与各方面的关系，特别是与左邻右舍周围群众的关系，以免引起怀疑、遭受破坏、给工作带来损失。而把顾顺章所热衷的恐怖行动转向隐蔽的政治斗争，由联系利用个别包打听转为建立整个的反间谍系统，从表面的轰轰烈烈转变为细针密缕的调查研究工作，正是陈赓、李强等在具体工作当中坚决执行周恩来指示，同顾顺章的错误倾向进行了长期不懈斗争的结果。

## 斩断江青射出的毒箭

本来，顾顺章连同他所投靠的主子国民党以及他们制造的那个"伍豪启事"，早已统统见鬼去了。不料，过了将近四十年后，在"文化大革命"中，林彪、江青反革命集团，把周恩来视为他们篡夺党和国家最高权力的巨大障碍。他们又拿这个伪造的"伍豪启事"兴风作浪，妄图以此陷害周恩来。他们怀着极其恶毒的狼子野心，故意利用此事炮制所谓"伍豪事件"，在社会上掀起反对周恩来的恶浪，制造混乱，以便他们浑水摸鱼，在乱中窃国夺权。

1967年5月，天津的红卫兵把一份从上海报纸上查到的《伍豪等脱离共党启事》的复印件送给江青。江青拿到这个根本一文不值的伪造"启事"，妄图大做文章，对周恩来进行突然袭击。5月17日，江青写信给林彪、周恩来、康生，附寄这个"启事"。她说："他们查到了一个反共启事，为首的是伍豪（周××），要求同我面谈。"

周恩来一眼看穿了江青的阴谋，5月19日愤怒地在江青的这封信上批示："伍豪等脱离共党启事，纯属敌人伪造。只举出二百四十三人，无另一姓名一事，便知为伪造无疑。我当时已在中央苏区，在上海的康生、陈云等同志均知为敌人所为，故采取了措施。"同一天，周恩来放下其他事情，调来当年上海所有这个时期的主要报纸，仔细查阅后亲笔给毛泽东写了一封信，还将1931年至1932年的有关事件编成《大事记》，一并送去。他在致毛泽东的信中写道：

主席：

连日因忙于四川和内蒙问题，并同内蒙军区请愿战士分批谈话，直至今天才抽出一天工夫翻阅上海各报，江青同志也于昨日转来各件，现在弄清楚了所谓"伍豪等启事"，就是一九三二年二月十八日的伪造启事，它是先在《新闻报》二月十八日登出的。登后，同天，上海临时中央方面就向申报馆设法，结果，《申报》二十日，二十一日登出伪造的启事，二十二日登了广告处给伍豪先生另一广告启事的拒登回答，大概这是当时所能做到的公开否认伪造启事的办法。我在记忆中，有通过申报馆设法否认的处置，但结果不明，十六日午间已向主席这样说了。不过我原来将伪造的伍豪启事记在通缉杀人凶犯周恩来，赵容（即康生）之前，现在证明是我记错了，查遍一九三一年顾顺章、向忠发相继叛变后的上海各报，并无另一个所谓伍豪启事，而红卫兵也未发现另一启事。可见在我记忆中的伪造启事和通过申报馆设法的处置，均在我到江西后发生的，所以我只能从电报和来信中知道，也就不全了然了。

现在，把四中全会后与此有关的编为大事记送阅，同时，送上报道最详的上海《时报》一九三一年十月十二月合订本一册，《申报》一九三二年一月二月合订本两册，请翻阅。

此事需否专写一报告，待主席、林彪、康生、江青各同志传阅送上各件后，请再约谈一次，好作定夺。

敬礼！

周恩来
五月十九日夜

毛泽东看过周恩来的信后，作了如下批示："送林彪同志阅后，交文革小组各同志阅，存。"

江青及其一伙不顾事实，仍然就此问题煽风点火，通过红卫兵做手脚。这年10月一天上午10时左右，林彪、江青反革命集团主犯吴法宪在钓鱼台10号楼见到江青时，她手里拿一个大塑料口袋给他看，指着口袋说："我这里什么人的材料都有，到处给我送来，这一口袋是周总理的材料。"10月10日，江青反革命集团主犯张春桥、姚文元担任正副主任的上海革命委员会材料组，又把这个敌人伪造的"伍豪启事"编进《"抓叛徒"简报》第55期。

周恩来深知江青心毒手狠，对此事不会甘心。1967年10月和11月，曾让工作人员将登载有伪造启事的报纸和他写给毛泽东的信，以及毛泽东的批示等材料拍照存档。12月22日，北京大学"六四〇六"信箱历史系学生范××给中央写信，重提"伍豪启事"的事。1968年1月10日，周恩来又写信给江青说：

此事在1931年、1932年，凡熟悉上海政情和共运的，均知其为伪造。我在1942年延安整风、下半年开的中央座谈会上已原原本本谈过，今年有暇，我当在小碰头会上再谈此事，并予录音，记入中央档案。

毛泽东对于"伍豪启事"的真相自然是清楚的。前述1932年2月由他签署的那个揭露国民党造谣的《中华苏维埃临时中央政府布告》中，就曾对这个"伍豪启事"严正驳斥："事实上伍豪同志正在苏维埃中央政府担任军委会的职务，不但绝对没有脱离共产党的事实，而且更不会发表那个启事里的荒谬反动的言论，这显然是屠杀工农兵士而出卖中国于帝国主义的国民党徒的造谣污蔑。"

因此，1968年1月16日，毛泽东在北京大学"六四〇六"信箱某学生来的那封信上明确批示：

此事早已弄清，是国民党造谣污蔑。

毛泽东

一九六八年一月十六日

既然毛泽东作了如此明确的批示，一直借此兴妖作怪的江青只好暂时闭起嘴巴。康生、谢富治也都对此事表态，讲了话。

对于这个所谓"伍豪启事"的真相，康生本来是一清二楚的。因为他当时就在上海，又是参与处理此事的中央特科负责人之一。他还参与处决顾顺章家属的行动，并曾协助陈云设法对付顾顺章勾结国民党特务伪造的这个"伍豪启事"。1931年12月29日起上海各报连续刊载的《顾顺章悬赏缉拿杀人凶手周恩来等紧急启事》里两处说到"共党首要周恩来、赵容等"中的"赵容"，就是康生那时的化名。对于这件事，康生在"文化大革命"前还曾不止一次地谈到过。1962年10月31日，康生曾在一份涉及"伍豪等脱离共党启事"的材料上亲笔写过："这完全是造谣诬蔑，与敌人完全站在一起的说法。事实真相是：顾顺章叛变后，全家被我们干掉了，敌人为了报复，用特务机关造了那个谣。实际上，当时周恩来同志早已到苏区去了，根本不存在这样的事。"1963年12月27日，康生在另一份有关材料上再次批写道："当时在上海的同志都知道这样的事。"可是，只过了三年，"文化大革命"开始后，在林彪、江青两个反革命集团利用当年国民党特务伪造的这个"启事"掀起陷害周恩来的恶浪时，康生一直装聋作哑，对此默不作声。直到毛泽东作了明确的批示之后，康生才在1972年2月18日口授一份材料："所谓'伍豪启事'完全是国民党特务的伪造，用来攻击诬蔑我们党和周总理的。当时总理在苏区，事实就彻底粉碎了敌人的伪造阴谋。"

谢富治是掌管政法大权的国务院副总理兼公安部部长，则在1971年9月20日病重期间（他于1972年3月26日病死）对其家属说："所谓'伍豪启事'是国民党伪造的，毛主席讲过这启事是假的，毛主席和康生同志早就知道这件事的真相。"

毛泽东在 1968 年 1 月作了前述批示后，同年 5 月 8 日，毛泽东又在接见一批在京参加会议代表的间歇，同参加接见的中央文革碰头会成员和几位副总理、元帅谈话时说：敌伪的报纸也不能全信。像许世友这样六十多岁的人，他都不知道"伍豪启事"是敌人伪造的，可见了解当时的历史情况很不容易。这个"启事"下款是伍豪等 243 人，如果是真的，为什么只写出一个人的名字，其他都不写？有些干部对历史不清楚，一看大吃一惊。因此，毛泽东除了两次亲自澄清这个伪造启事的真相外，还曾嘱请周恩来在适当的会议上，把这一事件前后的情况给同志们讲一讲。当场周恩来简要地谈了"伍豪启事"的原委。他说：我是 1931 年 12 月中到了中央苏区的。我到福建永定的时候，正好碰上宁都暴动。当时康生等在上海，他们看了这个敌人伪造的假启事，很快就由申报馆广告部在广告栏登了一条揭露性的启事，说"伍豪先生鉴……"这就证明前一个"伍豪启事"是伪造的了。周恩来又说：在 1931 年，顾顺章叛变，幸而有钱壮飞同志在中统徐恩曾处得讯最快，所以中央机关才得免遭破坏。钱壮飞、李克农、胡底他们是在一起的，因此才派往中央苏区。后来，钱壮飞在长征中躲飞机时死去；胡底在与张国焘会合时被杀了，因为张国焘在四方面军讲演，胡底在台下说张国焘像法西斯蒂，被张国焘的卫士听到报告了张，后来就给杀了。当时上海还有公共租界，专管引渡共产党案件的鲍君甫，对我们通风报信，得帮助不少……最后他说：我已将那件事的报纸和我的报告影印了，还要写一个材料。在座的聂荣臻也说：有机会谈一谈好，免得将来更没有人知道了。

1972 年 6 月，中共中央在北京召开批林整风汇报会。毛泽东请周恩来在会上讲一讲"伍豪启事"问题的来龙去脉。这时，自从 1969 年起就被林彪、江青一伙"下放"到江西这年 4 月下旬才回到北京的陈云参加了会议。6 月 13 日，陈云在会上说："我当时在上海临时中央。知道这件事的是康生同志和我。对这样历史上的重要问题，共产党员要负责任，需要对全党、全世界共产主义运动采取负责的态度，讲清楚。这件事完全记得是国民党的阴谋。伍豪等二百四十几人的脱党声明，是在恩来同志已经到达中央苏区之后。"当天，陈云还写了书面证明："我现再书面说明，这件事我完全记得，这是国民党的阴谋。"

6月23日，在中央批林整风汇报会最后一次全体会议上，周恩来作了《关于国民党造谣诬蔑地登载所谓"伍豪启事"问题的报告》。对1932年国民党特务伪造"伍豪启事"的情况作了详细说明。他在讲话中说："这个问题，是在'文化大革命'初期，有人提出来的。当时已向主席报告了，并且主席有过批示。后头因为没有机会，没有向更多的同志来说这个问题。这一次开会，开始主席就嘱咐我，要我讲一讲，给三百多位同志讲一讲，录音下来，将来成为党的档案，保存起来。因为这个诬蔑的性质，它是直接用我的笔名'伍豪'，必须要说清楚。……"他还讲述了1967年5月19日就此事写给毛泽东的报告，公布了毛泽东1968年1月16日为此写的批示。——整理讲话录音时，邓颖超亲自拟定了题目：《关于国民党造谣诬蔑地登载所谓"伍豪启事"问题的报告——周恩来同志1972年6月23日晚在批林整风汇报会议上的报告》，地点：北京人民大会堂东大厅。

会上根据中央政治局的决定和毛泽东的意见宣布：周恩来的讲话录音和根据录音整理的记录稿以及有关文献材料，都作为档案，保存在中央档案处。同时由各省、市、自治区党委各保存一份，以便党内都知道这个问题的真相，避免今后有人利用它制造事端。

但是，"四人帮"采取拖延的手段，拒不执行中央政治局的决定和毛泽东的意见，将此事搁置起来不办，继续指令他们在上海的同伙寻找所谓"伍豪启事"的材料。就在这个中央召开的"批林整风汇报会"刚刚结束，1972年7月，王洪文即叫人到上海档案馆寻找"伍豪的材料"。上海档案馆"查到了一份'伍豪等人的启事'"，于7月17日报王洪文。王洪文竟然批道："此件先存敬标同志处，再等一个时期处理，可能中央有指示。"1972

年11月初，上海季楚书写了一份证明1932年为驳斥国民党特务伪造的"伍豪等人启事"而设法刊登党组织所写的"伍豪启事"有关情况。其中谈到：伍豪是周总理当年在党内所用的姓名。当时叛徒供出总理，国民党搜捕总理未遂，反动报纸亦造谣中伤。原稿是中国左翼文化总同盟领导潘梓年交给他的，他当时是这个同盟的秘书。启事原文简短，只说"报载与事实不符，谣传不足凭信"。……这份材料当时经徐景贤交给王洪文，王洪文带到北京，张春桥、姚文元和王洪文圈阅后加以扣压，不向中央报告。1972年12月初，王洪文又将这份材料退给徐景贤。徐景贤在1978年9月交待说："这份材料就由我交给张永龙保存。由于张春桥和我的扣压，季楚书的书面材料最后并未送中央办公厅。"可见江青一伙对周恩来蓄意陷害之心不死。

周恩来对党无限忠诚，大公无私，从不计较个人的荣辱得失。他一生忍辱负重，顾全大局，严于律己，忍受过许多常人难以容忍的恶意攻击，却不能容忍对他政治生命的践踏。1975年9月20日，周恩来病危，需要进行手术治疗。他在进入手术室之前，特地拿来他在批林整风汇报会上作的关于所谓"伍豪启事"问题真相的报告录音记录稿，用很长时间仔细地看了一遍，即用他由于病重而颤抖不已的手，签上自己的名字和报告日期，同时注明了签字的环境和时间："于进入手术室（前），1975年9月20日。"了却了一件最大的心愿。进入手术室时，周恩来大声说道："我是忠于党、忠于人民的！我不是投降派！"在场的邓颖超要汪东兴将此情况报告毛泽东。

历史再次证明了周恩来的卓识远见，1976年1月9日，饱受"四人帮"折磨陷害的周恩来含愤离开人间。噩耗传出，举世震惊，全国人民哀痛欲绝："顿时九州寂，无语皆泪水。相告不成声，欲言泪复垂。听时不相信，信时心已碎！"可是，周总理的遗骨未寒，亿万人民还沉浸于无比哀痛的时刻，"四人帮"及其同伙就迫不及待地跳出来，利用他们控制的舆论工具，连续发表反动文章，肆意中伤和攻击周总理。他们处心积虑地要在党心军心民心中抹掉周恩来的光辉形象，妄图摧毁这座牢牢树立在全国人民心坎上的丰碑。

1976年2月6日，周恩来逝世不到一个月，国民党特务头子徐恩曾的干儿子——文痞姚文元，就又秉承江青的旨意，利用篡夺的权力，强令新华社出版的《参考资料》转载一篇香港报刊的反动文章《国共和谈之我见》，一方面为独夫民贼蒋介石制造"四一二"反革命政变、血腥屠杀中国共产党人开脱罪责；另一方面捏造谎言，恶毒地诬蔑周恩来。这篇文章颠倒黑白，歪曲历史，说什么"四一二"事件，"周恩来先生传闻以伍豪之名，幕后操纵"。同时竟把那个双手沾满共产党员鲜血、参与炮制"伍豪启事"陷害周恩来的叛徒顾顺章，宣扬为"四一二"事变中"殉难"的"可敬可佩之青年"。接着，又在"四人帮"在上海办的帮刊《学习与批判》1976年第三期上刊登《蒋介石是怎样起家的？》的反动文章中含沙射影，恶毒攻击周恩来。这篇反动文章采取了反革命的两面手法，一面不得不说周恩来、罗亦农、赵世炎等同志领导了上海工人武装起义，一面说什么"四一二"事件后，"优秀的共产党员陈延年、赵世炎、汪寿华等同志都惨遭杀害"，表示三个同志都牺牲了，而周恩来、罗亦农则活着，故意不提周恩来在上海领导广大工人群众与蒋介石进行针锋相对的斗争，对周恩来进行影射攻击。他们采取这种无耻手段，故意捏造事实，歪曲历史，混淆是非，叫人去猜测、怀疑，损害周恩来的名声。

与此同时，"四人帮"又在当时他们直接控制的上海《文汇报》上，连续制造了"三五""三二五"事件，反对和中伤周恩来：1976年3月5日，《文汇报》在刊登新华社向全国播发的一则学习雷锋精神的新闻时，悍然删掉周恩来总理1963年为雷锋所做的四句题词："憎爱分明的阶级立场，言行一致的革命精神，公而忘私的共产主义风格，奋不顾身的无产阶级斗志。"同年3月25日，这个报纸又在头版发表了一篇题为《走资派还在走，我们就要同他斗》的新闻，里面用了"党内那个走资派要把被打倒的不肯改悔的走资派推上台"的句子。这句反动黑话，把矛头指向周恩来和邓小平，是人们一看就明白的。

这两次事件公开暴露了"四人帮"反对周恩来的大阴谋，立刻激起全国人民的极大愤怒。《文汇报》在短短的十几天中，收到抗议信420余件、抗议电话一千多个。《文汇报》遭到全国人民的怒斥！南京、杭州等地的群众，义愤填膺，把这两天的《文汇报》贴在街头，还刷出大幅标语："《文汇报》反对周总理罪责难逃！""警告赫鲁晓夫式的野心家、阴谋家篡夺党和国家的最高领导权！"群众强烈要求"揪出《文汇报》的黑后台"。有的群众还把反对"四人帮"的标语贴到开往北京的火车车皮上！群众的愤怒使"四人帮"震惊，当时这个报纸正被他们直接控制，群众正义的鞭子打下来的时候，真像"打在儿身，痛在娘心"，他们恼羞成怒，不禁大放厥词。狗头军师张春桥猖猖狂吠："你们为什么唯独查《文汇报》？"王洪文一副流氓腔："删掉总理题词算个屁事！"文痞姚文元则阴阳怪气地狡辩："编辑不删稿子，那就不要办报嘛！"有了"四人帮"撑腰，他们在上海的余党马天水、王秀珍等也反动气焰高涨。"1976年4月1日下午，徐景贤、朱永嘉专门赶到《文汇报》报社，'代表市委''慰问'、'致敬'，表彰头头'经受了两条路线斗争风浪的考验'，并布置'该删的稿子还是要删！'徐景贤还指令报社把人民群众的抗议信和电报全部集中起来，转报给'四人帮'，伺机镇压。"（司马东去著：《浩劫上海滩》，中央党校出版社1999年1月版，第119页）

试看这个时候"四人帮"反对周恩来的气焰何等嚣张！但是，一切居心邪恶的野心家总要"搬起石头砸自己的脚"。他们竟敢如此放肆地制造弥天大谎来诬蔑周恩来，严重伤害8亿人民的感情，必然激起广大群众的愤慨，点燃全国人民的怒火，进而引发埋葬"四人帮"的天安门事件。仅在几个月后，"四人帮"这伙窃国大盗，就统统被革命人民的铁扫帚扫进历史垃圾堆。

★三　周恩来在西战场

# 三大战略部队在山西展开

1937年"七七事变"揭开了抗日战争的帷幕,"八一三"日本侵略者又大举进攻上海,全国掀起了抗战高潮。以山西为中心的华北战场,当时正是这场关系民族存亡的伟大战争中最主要的战场,也是我军战略上最机动的战场。关于山西所具有的重要战略地位,周恩来这年9月曾在一份电报中说:"山西素为华北屋脊,东可瞰制平汉,远达伪满国境,既可阻断关东军与华北派遣军之联系,又可威胁平津;太行向东越平汉,跨津浦迄达渤海之滨;南出豫北,跨陇海,驰骋黄淮江汉;北出平绥,挺进蒙古草原,可打通国际援助路线;西向连接陕甘。若突破三晋范围,由山地推向平原,由晋进而冀、察、绥、鲁、豫,再与山东、华中、华南连结,而成抗日战争的重心。山西群众基础好,人口稠密,物产丰盛,有红军主力,阎与我合作抗日,将可造成数百万人民的游击战争。"毛泽东也在这时发出的一份电报中指出:"山西将成为华北的特殊局面。这根本的是因为有红军,其次则是阎锡山与我们结合起来。由于这两个力量的结合,将造成数百万人民的游击战争。我们应坚持这一方针,部署全省的游击战,坚持废除苛捐杂税,减租减息,人民参政及改造晋军的基本方针。"

自从全面抗战开始,中共中央一直密切注视着山西战场的局势。1937年8月25日,在洛川举行的中共中央政治局扩大会议结束。周恩来于8月29日到达西安,原来准备和博古、彭德怀一起去南京同国民党继续谈判。8月30日、31日,毛泽东两次致电说:周恩来宜即赴太原、大同晤阎锡山;商量八路军入晋后的活动地区、作战原则、指挥关系、补充计划等事。关于作战问题,准备在谈判中提出:八路军拟在恒山山脉以涞源、阜平、灵丘三县为中心根据地,东到宛平、涞水、唐县,西到五台、繁峙,南抵盂县、平山,北达阳原、涿鹿的区域布防活动,创造抗日游击根据地。9月3日夜晚,周恩来乘坐国民党陕西省政府主席蒋鼎文派的专列火车离开西安，以中共中央代表身份前往山西。同行的有八路军副总司令彭德怀，第一一五师师长林彪、副师长聂荣臻，第一二〇师副师长萧克，第一二九师副师长徐向前等；还有国民党政府的代表张治中，他也到太原去。这时由红军改编的八路军三大主力部队，已开始从陕北渡越黄河，开赴山西前线。专车到达山西侯马车站的时候，刚从黄河西岸过来的第一一五师第二梯队——师司令部和第三四四旅正停留在那里，聂荣臻等下了火车，率领部队北上。

这个时候，平绥线上的日军已经攻破了南口、张家口，正向晋北地区进犯，企图乘势攻破长城各口，逼取太原，敌人在平汉线上也正积极进攻保定，期与平绥线的敌人相互呼应，进而夺取石家庄，西图井陉、娘子关。如果敌计得逞，太原有失，将会影响整个华北的战局。面对长驱直入晋北的日军，阎锡山的晋绥军和入晋增援的蒋系中央军，少数进行了顽强的抵抗，遭受了惨重的损失，大部则是一遇日军便望风而逃，犹如退潮一样溃败下来。阎锡山为推卸失败责任，平息人民的愤怒，挽回溃退的局势，开了杀戒（如后来枪毙了他的第六十一军军长李服膺），但仍然未能压住阵脚，无法阻止山西旧军溃退的局势。那些平日骑在人民头上作威作福，惯会搜刮民脂民膏的旧政府官员，绝大部分也都在敌人还没有到达的时候就席卷而逃。人民在遭受日军屠杀的苦难中，还要经受这些溃兵和逃官们的洗劫和伤害。山西危殆，大祸临头，阎锡山主观上有了进一步同共产党合作的愿望。尽管他仍然心怀鬼胎，疑虑重重，但是他对于周恩来的到来，也像对于八路军入晋一样，还是表示欢迎的。正如同行的聂荣臻所说："由于晋北战局吃紧，阎锡山处于不打一仗就不能向山西人民交代，打又没有把握的矛盾中，愿意八路军早点开上去，好给他顶住。所以，在迎接我们的安排上，表现是积极的。"（《聂荣臻回忆录》中卷，解放军出版社1984年出版，第345页）

第二战区司令长官阎锡山对周恩来隆重接待。周恩来一行从潼关渡过黄河到达风陵渡的时候，阎锡山派来他的亲信梁化之和专列火车，已在那里等候。周恩来和梁化之略事寒暄，就乘火车续行。火车开到临汾，停下来住了一夜，于9月5日下午抵达太原。他们受到山西省政府主席赵戴文和秘书长贾景德等人的迎接。梁化之安排周恩来、彭德怀、徐向前等一行在太原绥靖公署的高级宾馆下榻。这里设备豪华，盛情款待。但周恩来说："这里出出进进都是阎锡山的人，我们内部谈事情不方便，还是搬到雪枫那里住吧！"大家表示赞成。第二天，就搬到东坝陵桥成成中学内八路军驻晋办事处（办事处主任是彭雪枫）。

当时阎锡山已到晋北代县雁门山麓太和岭口行营，指挥前方战事。1937年9月6日，周恩来等在太原先同赵戴文、贾景德、梁化之谈话。他们对周恩来热情欢迎，但在谈到各种急需解决的问题时，不能做主，说概须由阎锡山拍板。周恩来看到"山西一切事无阎做主不能做"，为抢时间同阎锡山会谈，当天晚上就偕同彭德怀、徐向前、南汉宸离开太原，于7日凌晨到达太和岭口行营指挥部，直接和阎锡山谈判。阎锡山正在部署大同会战，见周恩来一行到来，满面春风，热烈欢迎。这时身任第二战区高级参议的爱国将领续范亭正在行营，他也参加了这次会谈。

周恩来首先谈到坚持国共合作，共同抗日。他对阎锡山的"联共"态度及"守土抗战"主张，给予积极的评价，希望他能不负国人期望，履行诺言，与我们合作到底。周恩来说："我们共产党主张建立各党各派各军各界人士的共同联盟，要使山西同胞不当亡国奴，只有联合起来，发动民众，共同抗战。"关于八路军进入山西后的作战部署、方针问题，周恩来指出，我党根据自己的兵力及战术特长，开赴冀、察、晋、绥四省交界的地区，以山地战、游击战侧击西进和南下的日军，配合友军正面作战。八路军拟以太行山脉和太行山北端为根据地，进行独立自主的游击运动战，主要依托的恒山山脉地跨山西和河北两省边境。阎锡山在谈判中表示：同意八路军在太行山北端进行游击运动战。他说：凡二战区我管的地方，在前线地区可以按你们所说的办；至于河北等地的事，需要去找刘峙、徐永昌他们谈。双方还商谈了平型关、雁门关防御问题。周恩来提出：拟将第一一五师前出五台、灵丘地区，配合友军在平型关翼侧待机歼敌。阎锡山表示同意。这次还曾提出八路军入晋部队的薪饷短缺，装备很差，要同强敌作战，必须解决后勤供应问题。我军急需补充的物资，包括枪炮、子弹、炮弹、炸药、刺刀、手榴弹、军毯、皮衣、棉衣、通信器材及医药卫生材料等数十项，应在部队路过太原时，予以解决。薪饷问题，应与第二战区的友军同等待遇，不能厚此薄彼。阎锡山答应得满干脆。他说，先给你们30门炮、4000发炮弹，我下令由兵站运输给你们。但是后来只给了点棉衣和弹药，别的均未兑现。

周恩来这时还向阎锡山提出开放民运，发动群众，实现战争的全面动员问题。周恩来说：要保卫山西，保卫华北，就要动员广大群众，使得这次抗战真正成为全面的全民的战争。山西已有牺牲救国同盟会等群众团体，更应扩大做动员工作。如再不动员民众，军队就无法补充，作战将无人援助，民众武装将无法建立，强悍者将受敌人的屠杀，懦弱者将变为日本顺民，狡黠者将变为汉奸，奸商将首先悬挂日旗担任维持。我们如不愿意这样，只有毫不迟疑地教育民众，发动民众，组织民众，武装民众，起来共同担当山西和华北的持久游击战。当时在座的彭德怀、徐向前、南汉宸和续范亭等，都对动员民众问题发表意见，进行了热烈的商谈。

阎锡山当场也说：我早已知道这是重要的工作，前在南京开会时，我首先提出的就是武装民众500万，到现在尚未得到具体指示。在这紧急的时候，我们可以在第二战区首先试行。

经过商谈，阎锡山同意在察哈尔、绥远两省及晋北沦陷区成立第二战区民族革命战争战地总动员委员会（简称战动总会，其下属分支机构简称动委会），其任务是实施战争全面动员及组织游击战争。委员会由中国共产党、八路军、晋察绥三省政府、战地各军及牺盟会等群众团体代表共同组成；中国共产党和八路军派代表公开参加领导；其工作纲领由周恩来主持拟定，经阎锡山同意后实行。在商谈过程中，阎锡山感到需要发动群众进行抗战，但又不肯给群众以实际利益。他对中国共产党和八路军代表公开参加领导动委会，表现出明显的疑虑和戒心（以后经过折冲樽俎，迫于当时形势，阎锡山只得无可奈何地接受下来）。在商谈中，阎锡山希望八路军在山西省内不更换县长。周恩来表示：八路军在山西只动员群众，不干涉县政。——9月14日，周恩来致电洛甫、毛泽东，提出八路军在第二战区驻地即成为政权力量，因此以八路军代表参加和领导战区动委会最适宜，这样可使新政权组织逐渐替代旧行政机关。

当时刘峙任第一战区司令长官，徐永昌是河北省政府主席，均在保定。徐永昌过去长期在山西军政界做事，曾任山西省政府主席，他是续范亭的崞县同乡，国民联军时代又曾同在第三军共事，两人是多年的朋友。因此当周恩来决定前往保定时，南汉宸建议请续范亭一同前去。

这时阎锡山正在部署大同会战，他以李服膺第六十一军镇守晋东北的天镇、阳高，屏障大同。赵承绶骑兵军及傅作义部第三十五军、王靖国第十九军，都集中在大同附近。傅作义是绥远省政府主席、第七集团军总司令，当时曾以绥远省主席名义电阎锡山请求回绥守土抗战，阎却令其守护山西。阎锡山对他吃不透，不放心，希望周恩来等去见见傅作义，疏通关系，与晋军共同准备大同会战。周恩来原就准备同傅作义商谈，当即表示同意。9月8日，在同阎锡山的谈判告一段落时，周恩来一行由续范亭陪同前往大同、雁门关地区勘察，在大同见到傅作义。傅作义负责守大同，他的部队在雁门关以南，他自己对作战没有信心。雁门关的地形很好，但是修的国防工事不能打仗：有炮掩体，没有道路，炮运不上去；都是在城墙上挖了三层射孔，没有遮蔽。看来雁门关是守不住的。以后徐向前在回忆录中记述这次的大同之行说："当晚我们即赶到大同，与傅作义谈了两三个钟头。他给我的印象，忠厚，谦虚，友好，对我党很尊重，表示拥护民族统一战线主张，坚决抗战，服从阎锡山的统一调度。因国民党害怕发动群众抗日，恩来同志特别强调抗击日本侵略者，不能单靠正规军，一定要把民众发动起来，武装起来，与正规军共同作战。恩来精力旺盛，思想敏捷，很善于谈判，讲话能打动人。傅作义对他很佩服。当晚，我们返回雁门关，在火车站过夜，第二天即回太原。"（徐向前：《历史的回顾》下卷，解放军出版社1987年出版，第577页）

周恩来和彭德怀9月9日回到太原。当天电告朱德、任弼时并报毛泽东：关于雁北13县发动群众的工作，阎锡山答应同八路军合作。同时，根据这次在行营协商结果，领导起草战动总会《工作纲领》。《工作纲领》的核心内容是：一，积极组织、训练、武装民众；二，实行减租减息，合理负担，改善人民生活；三，实行民主政治；等。还提出，战动总会应由各省政府代表、各地军队代表以及各有关民众团体代表组成。县区一级动委会应有县政府、区公所的代表，民众团体代表。村动委会中应有民众选举的过半数代表参加。

这时，周恩来曾多次和中共中央北方局书记刘少奇及北方局委员交谈，确定参加政权的原则。并且商定北方局的工作以争取山西为华北抗战根据地为中心，同时加紧布置绥、冀、察的游击战。在河北南部、山东南部及山西应以武装民众进行战争动员为中心，而尤以汾河流域及河北南部、太行山脉为最急，"以吕梁山脉为后路"（见1937年9月14日周恩来致毛泽东、洛甫电）。

9月13日，周恩来派南汉宸到太和岭口见阎锡山，向阎指出时局的危急，建议迅速输送八路军到涞源、灵丘一带，以巩固恒山山脉；不应死守雁门关，宜实行出击，以侧击和抗击的方式作战。同时建议：应扩大战动总会为晋、绥、察三省战区动员委员会，中心应放在雁门关以内，不应再事迟疑；立即开始建立政治工作，改造部队，特别是依靠国民兵军官教导团9000人为干部，组织新的部队。并向阎锡山提交战动总会《工作纲领》。阎锡山亲自对《工作纲领》作了几点修改，批准了这个纲领。同日，周恩来、彭德怀打电报将同阎锡山谈判的情况电告毛泽东、洛甫，提出八路军两个师迅速集中涞源、灵丘、阜平地区，依傍太行山发展游击运动战；目前或将来万一处于不利情况，可依山西向南发展；"阎欢迎我们派队伍到绥远发展游击战争"，建议调游击干部到绥远发展游击战争。并说拟由聂荣臻或邓小平代表八路军方面主持战动总会的工作，请各民众团体代表参加，成立政府组织等。

9月16日至19日，周恩来和彭德怀、续范亭到河北省保定、石家庄，会见国民党在第一战区指挥作战的刘峙、徐永昌、程潜、冯治安等人，商谈八路军准备入河北境内作战的有关事宜。他们到达保定后，即与刘峙、徐永昌等商谈八路军依恒山山脉展开活动问题。徐、刘都表示同意。其时日军正向保定逼近，保定秩序很乱。徐永昌请周恩来等吃饭，敌机来了，有人就在他们吃饭的地点周围打信号弹。接着，周恩来一行又经石家庄到娘子关勘察，随后返回太原。此行所得的印象是：徐永昌、刘峙也和傅作义一样，对抗日信心不足，兵力部署松散，河北军队主力布防在石家庄以南地区；傅作义主力远离大同，都在雁门关内外，雁门关、娘子关的国防工事都不坚固，看来石家庄、太原难保。

周恩来等人于9月19日回到太原。这个时候，同阎锡山几经磋商，终于就组建战动总会的有关问题达成协议。对于安排委员会的各个职位的问题，双方也经过多次协商才定下来。阎锡山当然不会同意共产党人担任常务委员会的主任委员，共产党方面也不会同意由阎锡山随便安排一个旧官僚来担任这个职位。因此，周恩来建议由老同盟会员、国民党左派续范亭担任这个职务。他是全国闻名的爱国将领，在第二战区任高级参议，这时已是共产党的诚挚的朋友，确是理想的人选。阎锡山对于这一提议不好反对，尽管非常勉强。在讨论安排各部部长职位时，阎锡山想派他的亲信担任人民武装部部长。对此周恩来坚决反对。他说，到战区和敌后主要是打游击的，你们的人员缺少这方面的经验，应由八路军方面人员担任。阎锡山难以提出不同意见，便确定由程子华担任人民武装部部长。关于战动总会活动地区的规定，根据同阎锡山达成的协议，最初以雁门关长城内外18县、察南

5县、绥远全省为战动总会管辖地域和活动范围（以后又将辖区扩展到绥远、察哈尔全省，山西另增12县，总计达69个县）。

9月20日，第二战区民族革命战争战地总动员委员会在太原正式宣告成立。中国共产党派出邓小平、彭雪枫、程子华、南汉宸参加领导战动总会。这一天，在山西大学礼堂召开了山西各界参加的群众性大会。周恩来在会上作报告，许多国民党的高级将领都参加了。周恩来语调高亢，声音清晰，精神焕发，一连讲了两三个钟头。他就当前政治军事形势，作了精辟的分析，指出了抗战的前途和各方面必须努力奋斗的一些问题，并对战动总会的成立，给予了有力的支持。那些参加会议的国民党高级将领听了这个内容丰富，很有说服力的报告之后，不得不惊奇地说：共产党真不简单，没有讲稿，却能讲得如此生动深刻，头头是道，佩服！佩服！

同日，周恩来、刘少奇致电朱德、彭德怀、任弼时、邓小平并报毛泽东、洛甫，就山西统一战线的策略问题，提出有关的方针：一，向阎锡山提出彻底工作办法，在任何地区任何问题上，均以统一战线的政策打破其公开对立的阴谋，并纠正我们包办一切与不发动群众的倾向。二，我们要以左派出现，来巩固左派，联合中派，孤立右派。不论战委会、动员实施会、牺盟会、教导团中，我们党员除八路军外，应尽量用左派面目团结左派，发展左派，以树立山西及阎锡山的左派力量，便利统一战线发展。三，动员工作，我们要避名取实，尽可能地发动群众，推动左派、教导团、牺盟会及好的县长、特派员出头来，以便于改革县政并领导筹款。其后，周恩来又和杨尚昆于10月18日致电朱德、彭德怀等并毛泽东：请注意支持与发展晋军中的左派力量，凡在八路军驻地及其附近如有决死队、教导团驻扎，不管他们有无中共党组织的关系，应积极争取和影响他们，同他们密切合作；有时用他们的名义帮助其发展，如此方能推动阎锡山的进步。同日，周恩来在另一电报中指出，在友军中，中共党的组织要保持极端秘密，采取垂直线的个别领导，不宜发生多方面横的关系。

9月21日，朱德和任弼时、邓小平、左权等，率八路军总部进抵太原。第二天，周恩来又偕同朱德前去太和岭口会见阎锡山，商谈八路军的游击地区、军队驻扎和兵力使用等问题。这时大同已于9月12日失陷，日军主力正由冀晋边境的天镇、广灵向平型关扑来，以抄袭雁门关后方。由于晋北前线与平汉路前线战局的迅速恶化，9月初旬曾同阎锡山商谈过的、原先决定八路军主力全部在恒山山脉创造游击根据地的计划已不适用。正如毛泽东在9月17日打给八路军总部和各师首长的一份电报中指出的那样："此时如依原计划执行，将全部处于敌之战略大迂回中，即使第二步撤向太行山脉，亦在其大迂回中（设想敌占太原之情况下），将完全陷入被动地位。"这份电报提出了新的部署计划。

根据山西战场的形势变化和毛泽东提出的新部署计划，周恩来和阎锡山重新商谈了八路军三大主力部队的部署问题，并且取得了阎锡山的同意。

谈判开始时，阎锡山有意要八路军打正面，即正面堵击日军，这样，既可阻滞日军的进攻，又可消耗八路军的兵力，这是他的如意算盘。对于国民党方面想把我军推到前线正面，借日军的手来"消灭异己"的可能性，中共中央在洛川会议上已经预料到了。周恩来听见阎锡山这样讲，当即严肃地指出：进行独立自主的山地游击战，是我军不可动摇的基本作战原则。因此，我们不能，而且不赞成打正面，只能在敌后侧协同游击。我军有着长期进行运动战的素养，将要发挥这方面的特长来协同友军，发动群众。我军主要的活动地区在敌后，我们要深入敌后，武装民众，开展游击战，截断敌人大道交通，夺取敌人辎重弹药，使它既没有一个安全的后方，又没有一条保险的后方运输线。我们这样做，比那种不顾客观条件，在阵地上与敌人拼消耗的做法更有利于抗战，更有利于配合友军作战，也更有利于敌后的人民群众。

朱德说，当然，在有利条件下，我们也同意我军配合友军进行运动战，以主力部队在山地寻求敌人一部而消灭之。

阎锡山不好再说什么，沉默一阵又说，目前日军已经逼近内长城防线，希望贵我双方的军队紧密配合，在这里挡住敌人。

周恩来说，是的，我一一五师现已赶到灵丘一带，准备于侧翼待机歼敌，配合友军防守平型关一线；至于我一二〇师，是否开到晋西地区，向进攻雁门关之敌的后方出击，配合友军防守雁门关？

阎锡山点头答道：就依周先生意见，请将部队迅速开进预定地区。雁门关方面的具体事宜可与杨爱源联系（杨任第六集团军总司令，当时负责指挥晋北战事）。

这次会商至此结束。9月23日，周恩来返回太原，朱德则于同日抵达五台县南茹村总部指挥作战。两天以后——9月25日，一一五师主力在平型关一带设伏，经一天激战，歼灭由灵丘西犯的日军第五师团（板垣师团）第二十一旅团1000多人，取得了全国抗战以来第一个大胜利。身处第一线、作为中共中央代表的周恩来，对平型关战役的策划和发动起了重要作用。战前，他和朱德同阎锡山研究平型关战役的计划。这次会商第二天，即9月23日，八路军总部向一一五师下达侧击进犯平型关日军的作战命令。24日，周恩来电告毛泽东、洛甫：八路军主力在灵（丘）、广（灵）待机，宋时轮支队出雁北游击。25日，平型关就打响了。平型关大捷对于抗战局势的发展具有重要意义。当时华北国民党军队虽有部分进行英勇抵抗，但因实行片面抗战、消极防御的方针，70万军队抵挡不住日军30万人的进攻。在国民党军队一败涂地的混乱局面下，八路军开赴前线能不能改变这种局势，已成为举国瞩目的问题。因此，这次平型关大捷在全国引起强烈反响。它不仅打破了"皇军"不可战胜的神话，大大增强了全国人民抗战的信心和决心，而且使全国人民看到，中国共产党领导的人民军队，确有战胜任何敌人的勇气和力量；从它身上看到了民族希望的所在。

周恩来每次会见阎锡山的时候都与他进行长谈，向他分析战争形势特点及可能的发展趋势，说明我党中央对于各种重大问题的观点、方针，以及八路军的战略、战术等。这时由于山西战局更加危殆，在晋绥军的高级将领中笼罩着悲观失望情绪。阎锡山原就怯懦成性，临敌惊慌，此刻在思想上也充满了失败情绪。鉴于这种情况，周恩来这次会商时又同阎锡山进行了较长时间的谈话。向他分析形势，说明日本侵略者是可以打败的。他列举了许多事实，说明尽管暂时还是敌强我弱，但只要坚持抗战，必然是敌人逐渐地削弱下去，我们会一天天强大起来。

经过几次谈判，周恩来的谈吐、作风，都给阎锡山留下了深刻的印象。在私下里，他对周恩来的政治家风度和伟大人格，对周恩来过人的才智和惊人的精力，无不表示钦佩。初次见面以后，阎锡山就在他的亲信面前说过："我最近见了周恩来，这个人很聪明，很灵活。"

9月7日，第一次谈判时，阎锡山曾要求周恩来给他写一个第二战区的作战计划，周恩来很快就把这个计划写好了。阎锡山看了非常吃惊，连说："写得这样好，这样快！如能这样打，中国必胜。"他感叹："周先生的确是个大人才。国民党是没有这样的人才的。"9月13日，周恩来给毛泽东的电报中曾谈到此事："阎同意我们对日作战的战略、战术原则（写给他十数条），我们参观雁门关工事及对大同作战的建议亦采纳。但恐部下未必能做，阎亦无决心。"其后，有一次阎锡山还当众说过："要是我们有周恩来这样一个把式就好了，可惜我们没有。"（侯外庐：《韧的追求》，三联书店出版，第80页）周恩来还向阎锡山介绍了八路军的作战方法，阎锡山很佩服，曾通令晋绥军各部向八路军学习战法。

周恩来跟阎锡山的谈判终于取得了成功，使得八路军在战局危急的时刻，能够顺利地开赴华北前线，迅速地扭转了山西前线以至整个华北战场的战争局面。——1936年春，红军渡河东征的时候，周恩来曾经亲临山西前线；这时候，周恩来再次来到山西，为我党同阎锡山合作抗日而奔忙，并在谈判桌上挫败了阎锡山一切危害团结抗战的计谋。周恩来不愧为我党一位智勇兼备、文武双全的杰出领袖。

这时八路军三个师的主力陆续开进山西战场，许多八路军的高级将领都汇集到太原。周恩来是中共中央军委副主席，在这里除了同阎锡山进行谈判，跟开进山西战场的国民党各派军事将领周旋外，还根据中共中央、毛泽东的整个战略部署，指导八路军三大主力部队迅速展开，指导山西和整个华北的抗战工作。同时，他代表中共中央和军委一再指示各地方的党组织及八路军各师政治部："要以自己公开面目和主张动员群众，扩大抗日民族统一战线运动，要使自己成为统一战线的领导者和组织者。"在此期间，八路军第一一五师、一二〇师、一二九师主力相继进入以恒山山脉为中心的晋东北，以管涔山脉为中心的晋西北，以太行山脉为中心的晋东南，开始了创建抗日游击根据地的斗争。山西的抗战形势，从此发生了决定性的改变。

## 折冲樽俎，力挽狂澜

1937年9月23日，周恩来从行营回到太原的时候，山西的战局更加危殆，悲观失望的情绪正在统治阶级中间广泛蔓延，也在人民群众心灵上投下疑虑的阴影。不久，晋北正面战场全线败退，阎锡山和他的行营也撤回太原。这时统治阶级惊慌失措，手忙脚乱，只想用"重典"来煞住逃风，挽回溃败的颓势。10月3日，阎锡山以"抗拒命令"和"不战而逃"为由，将第六十一军军长李服膺判处死刑。太原城内，处决李服膺的大布告贴满街头，旁边还有许多枪毙逃兵的小布告，联在一起，花花绿绿，令人目眩。面对这种触目惊心的景象，周恩来一针见血地指出："拿死来吓人不是最好的办法。为几块钱甚至几角钱而打仗，绝不是任何容易的事。"当然，他并不只是单纯地指责，而是从大局出发，积极地帮助阎锡山和其他国民党高级将领正视现实，耐心地分析山西以及整个华北局势的症结所在，指出片面抗战、消极防御已经无力持久，出路在于开放民运、武装民众，尽快地转向全面抗战,同时帮助他们摆脱失败主义的桎梏,直起腰杆来与八路军一起战斗。周恩来到太和岭口行营的时候,就曾接触过不少晋绥军的高级将领。阎军第六十一军继任军长陈长捷,就经过续范亭介绍,在那里见过周恩来。他说:"他为我们讲授了运动战和游击战的要旨,并一再指示我们,必须发动群众,才能取得抗战的伟大效果。"(陈长捷:《平型关战役中蒋、阎军对日作战及撤退情况》,《山西文史资料》第14辑,1980年出版)

在山西同阎锡山相周旋时,周恩来坚持党在统一战线中的独立自主原则,对阎锡山又团结又斗争,诚心支持他有利于团结抗战的措施,同时批评他对抗战的动摇妥协和危害团结的言行。随着抗战形势的发展,八路军和共产党的影响迅速增长,战动总会的各级组织也在晋北各县普遍建立起来。但是,当时一些中共地方组织的急躁情绪仍没有完全克服。有些人只愿单干,不善于团结党外左派和中派人士,不善于和友军、同盟者合作;不善于采取灵活的策略,运用动委会名义开展工作,处处想以八路军面目出现。阎锡山本来对共产党的影响忧心忡忡,担心群众倾向共产党,而进入山西作战的中央军又有倒阎的动作,因此他对战动总会和进步力量逐渐采取消极态度。针对这种情况,周恩来于10月14日致电洛甫、毛泽东、朱德、彭德怀。他认为,从大局看,要推动阎锡山前进。在共产党方面,要以团结反对分裂,以信任反对挑拨,以争取合法,反对取消。策略是,巩固左派,联合中派,孤立右派。具体办法是:凡是可为阎锡山接受者,尽量向他建议,由他出头去办,影响他周围的人,以改变其内部成分;战动总会的活动范围可暂限定于指定县份,不必再求扩大;对民众的动员名义一律通过战动总会,密切同牺盟会、教导团等的合作。他还表示:要同阎锡山、梁化之作进一步的恳切谈话,提出双方的共同前途,祛除他们的怀疑与恐惧,改变他们的一些不正确观念,以取得彼此信任,推诚合作。19日,洛甫、毛泽东复电:山西须坚持与阎锡山合作,不参加任何倒阎阴谋;按照一定政治原则与阎锡山及其部下合作,对原则绝不让步,对执行此原则的方法必须十分讲究，不可锋芒太露，引起晋军分裂。

阎锡山虽然同意成立战动总会，但是始终对它存有戒心，千方百计地限制它的活动，可又对它控制不了，限制也无能为力。及至太原失守前夕，阎锡山竟将他派到战动总会的工作人员撤走，企图使它失掉统一战线的合法名义而自行解散。这时，周恩来及时告诉代表中国共产党和八路军参加战动总会领导工作的程子华说："阎锡山撤走他的干部，要拆台，我们不要上当。战地动委会的组织形式还需要，我们要继续坚持下去。战地动委会顾名思义，就要活动在敌人占领的'战地'，开展游击战争。他撤走干部也好，便于我们更好地发展。你们要放手发动群众，组织武装群众，扩大抗日武装，开展游击战争，创造抗日根据地。"由于周恩来和程子华的影响，战动总会主任续范亭态度坚决，坚持打游击，坚持战动总会的工作要搞下去。他和在那里工作的共产党人亲密团结，并且一起团结了国民党和阎锡山方面一些赞成战动总会在战地打游击的人，共同斗争，使这个统一战线的组织得以保留下来。战动总会从日军逼近的太原撤出后，先到汾阳、离石等地，继而北上岚县，深入晋西北敌后，向八路军第一二〇师靠拢，摆脱了阎锡山集团的影响，随着战局的变化，在晋西北、雁北及绥远、察南广大地区开展工作。

这个时候，根据蒋介石的命令，已有国民党嫡系中央军及四川、云南、陕西等各省的杂牌军队10万多人进入山西。国民党军许多高级将领，如第二战区副司令长官黄绍竑、第十四集团军总司令（以后是第二战区副司令长官）卫立煌、第三军军长曾万钟、十四军军长李默庵、十七军军长高桂滋、四十七军军长李家钰都来到太原。周恩来和他们中间的许多人都有来往，其中接触较多的是卫立煌。卫立煌是蒋介石嫡系中央军中一员得力的战将，和刘峙、顾祝同、蒋鼎文、陈诚并称为"五虎将"。1937年10月初旬，卫立煌作为第十四集团军总司令统帅中央军开进山西，就任第二战区前敌总指挥。他到太原与阎锡山商谈军事部署，准备前去指挥忻口作战时，得知周恩来正在太原，就要马上会见周恩来。卫立煌所以急于同周恩来见面，并非偶然。原来，早在北伐战争以前，他在广州就听过周恩来的演说。第二次东征讨伐陈炯明时，周恩来亲自到前线督战，是他所敬重的领导。北伐开始，周恩来是国民革命军第一军政治部主任，卫立煌在第一军第三师当团长。他对周恩来一向敬仰。因此，这一天周恩来来到阎锡山的客厅时，卫立煌站起来恭恭敬敬地行了室内军礼。握手寒暄以后，周恩来热情赞许卫立煌决心去忻口迎敌，并向他扼要介绍共产党的抗日救国立场，分析当前形势、前途和战略战术。周恩来着重向他指出：从整个战略战术来说，应当把主力用于侧面，采取包围迂回的战法，主动地打击敌人。就是在正面作战的军队，也不可使用消极单纯防御的战法。在防御当中，也要好好采取积极的"反突击"。及至忻口会战失利，11月初卫立煌从前方退回太原，再次见面的时候，他向周恩来报告说："八路军把敌人几条后路都截断了，对于我们忻口正面作战的部队帮了大忙，我代表忻口正面作战的将士，向八路军表示感谢。"周恩来还和卫立煌就下一步作战部署交换了意见。当时周恩来有许多事情亟待处理，就跟卫立煌相约：待转移到晋南以后再行细谈。当晚周恩来离开太原，卫立煌也在这天夜里略迟一些时间离开。7天后，他们二人又在临汾见面，这时太原已经失守。卫立煌一开口就说："山西这几仗没有打好，实在可惜。现在许多地方被日本占去了，我们的军队损失惨重，没法反攻，而且日军一定要南下，恐怕晋南也保不住，最后只有依赖黄河天险来阻止敌人了。"针对卫立煌的看法，"周恩来副主席用了较长时间列举了七八项理由，详细地分析了坚持华北抗战的有利条件及其前途，即使敌人继续前进到风陵渡，我们也有办法在山西进行持久战，使日军无法结束战争。……卫立煌仔细地听了这些分析，觉得这些道理都讲得对，符合实际，大大鼓舞起他留在山西坚持华北抗战的决心。"（赵荣声：《回忆卫立煌先生》，文史资料出版社出版，第38—39页）经过多次倾谈，卫立煌在思想上发生了很大的变化，他感到共产党抗日的方针政策确有道理，破除了原先他对共产党的疑虑,增强了他抗日救国的信心。

周恩来同傅作义也接触较多。他们曾在太和岭口、大同、忻口、太原有过多次会晤。周恩来到太和岭口和阎锡山谈判的时候,曾和傅作义两次会晤。初次见面,周恩来称赞傅作义在长城抗战和绥东抗战为国家建立了功勋,并且恳切地向他指出:抗日战争是人民战争,必须发动民众,实行全民抗战,才能取得最后胜利。以后到了太原,见面的机会更多。11月2日,阎锡山召集卫立煌、傅作义、杨爱源、朱绶光等高级将领开会讨论保卫太原的问题,请周恩来参加。阎锡山主张保卫太原,并且提出以太原为据点依城野战,阻敌于太原以北,以掩护大部队及太原市民和物资安全转移的方针。守城部队与城外野战部队,由战区长官部统一指挥。在讨论由谁守太原城时,阎锡山的本意想要卫立煌负责,但又不好明言,想让卫自告奋勇。但卫根本不主张守太原,在会上一言不发。其他将领也都低头不语,谁也不敢承担。这样沉默了好大一阵,经阎锡山一再询问,方才有人提出,要担此项重任,须有崇高的威望和卓越的指挥能力,还得有守城的经验才行,意在推举傅作义,这是与会者都清楚的。阎锡山的目光马上转向傅作义,意在征询他的意见。傅作义这时毅然站起来说:"弃土莫如守土光荣,太原城我守!"这样,守城的任务就交给了傅作义。会后,周恩来对傅作义表示赞赏,同时关切地说:"我愿代表中国共产党,还有全民族,诚恳地对你说一句话:抗日战争胜利的基础,在于广大人民群众之深厚的伟大力量。请你保重。"这番诚恳的谈话,使傅作义深为感动,终生难忘。傅作义回去后,把这句话向他的左右讲了一遍,并说:"把周代表所讲的话记录下来。"(王雷震:《傅(作义)部四二二团在太原守城》,《山西文史资料》第20辑,1981年10月出版,第133页)在多次接触中,傅作义对周恩来的雄才大略,远见卓识,衷心敬佩。周恩来在撤离太原之前,又同傅作义晤谈,向他指出:抗日战争是持久战,在战略上不应计较一城一地的得失,要注意保存有生力量。对于周恩来在历次谈话中所提出的一系列有关抗战的重大问题,傅作义曾进行了认真的思考，认为应向中国共产党靠拢，团结抗战。同时深感过去老一套的战法已经不行，要学八路军的战略战术，学习八路军的优良作风，实行军民合作，发动民众，才能取得抗战的胜利。

周恩来对山西牺牲救国同盟会（简称牺盟会）的工作，对山西新军的创建，也代表党中央作过很多指示，并给予具体指导。周恩来住在太原成成中学（八路军驻晋办事处驻地）的时候，多次听取了牺盟会中党组织负责同志的汇报，给予指示。在政治上，阎锡山的态度始终暧昧，对共产党的活动一直是戒备的。当时共产党的活动依然处在秘密状态，许多同志只能在黑夜里去看望周恩来。有一次，薄一波、牛荫冠去向周恩来汇报牺盟会和山西青年抗敌决死队的工作。到那里时间很晚，周恩来已经睡了，听说他们到来，立刻起来同他们谈了三个多钟头。这次所谈的中心是：全国抗战的形势，日军占领太原的可能，如何通过牺盟会这个统一战线组织在山西进一步发动群众，建立抗日武装，发展敌后游击战争，和建立抗日民主政权等问题。

1937年9月25日至27日，牺盟会在太原召开了第一次全省代表大会。这时周恩来正在太原。起初中共山西省委准备请他给党员作一次报告，但是随后考虑当时太原的政治情况还不宜于这样做，于是中共中央北方局就决定由薄一波出面，趁牺盟会这次代表大会的机会，邀请周恩来在开幕式上讲话。

这次讲话的地点定在原山西国民师范学校礼堂。国民师范的礼堂最多只能容纳1500人，可是这天到了4000多人。人山人海，礼堂里和院子里被挤得水泄不通。周恩来在暴风雨般的掌声中走上讲台，讲了建立抗日民族统一战线的重要性，讲了中国人民抗日战争如何才能取得胜利，讲了目前是战争的开始阶段，敌强我弱，失掉一些城市是不可免的。他接着说：然而，我们的抗日战争不决定于一城一地的得失，而决定于我们能不能持久，能不能坚持到底。只要能坚持下去，就能使敌我力量的对比发生转化，到头来，必然是敌弱我强，直到我们反攻，取得最后胜利。他还号召大家脱下长衫,走上前线,去工作,去战斗,去打击敌人。周恩来在讲话结束时说:"只要我们前方的民众,都能武装起来,不用说敌人打到平型关、雁门关,就是打进关来,打进太原,打到汾河流域,我们也有办法打出关去,打出华北去,打到东三省去。我希望牺盟会成为武装山西民众的领导者、组织者,完成这个神圣的任务,保卫山西,保卫华北,保卫全中国。我代表中国共产党庆祝牺盟代表大会的成功。"

周恩来整整讲了三个钟头。他的声音高昂、洪亮而清晰,连扩音器也没有用,不仅礼堂里的听众听得清清楚楚,院子里的听众也听得清楚。在牺盟会工作的共产党员,都得到通知去听讲。当时中共中央北方局、山西省委决定,将周恩来的报告视为党中央对全体党员的指示,要求所有党员按照党的指示认真讨论,切实执行。所有听报告的同志都十分信服周恩来讲述的道理和主张,牺盟会的工作受到了巨大的鼓舞和推动。

在太原,周恩来先后曾在各种公众场合发表讲话,分析抗战形势,宣传党的抗日主张。9月中旬,他曾经和彭德怀出席过由文化、教育、新闻各界人士召开的欢迎会。他在会上发表讲话,宣传党的抗日民族统一战线政策。他还曾在太原原国民师范学校礼堂向各抗日救国团体成员和群众讲演,号召大家学会打游击战,到敌人后方去发挥作用。他还在10月22日会见英国《曼彻特卫报》记者艾格尼丝·史沫特莱,在10月底会见《大公报》派往山西前线的记者孟秋江等。向他们介绍山西的战局,通过他们宣传中国共产党的战略方针:我军必须变单纯防御为攻势防御,积极消灭敌人有生力量,才能有效地阻止日军前进。

周恩来还经常利用各种机会,广泛接触各方面人士,对他们讲话,同他们座谈,尽力扩大共产党和八路军的政治影响,动员一切力量争取抗战的胜利。有一次,他接受太原女子师范学校的邀请,参加了部分师生举行的座谈会。他在那里亲切地询问这所学校的历史,在校学生的思想情况,热情地鼓励大家关心国家和民族命运,积极参加抗日救国运动,在斗争中经受锻炼，成为对祖国和民族有所作为的人。过了几天，这所学校的十几名学生和几位教师来到八路军驻晋办事处，坚决请求帮助她们上前线打日本。周恩来又在办事处十分高兴地接待她们，认真听取了她们的要求，赞扬了她们的抗日救国热情，鼓励她们到敌后去发动群众，参加战斗，经受锻炼。他的一席语重心长的谈话，极大地鼓舞了在场的师生。经过她们的宣传推动，太原女师及其他学校的一些进步师生，积极参加抗日救国运动，不少学生走上杀敌战场。

自从周恩来到了太原，这里的八路军办事处就热闹起来。每天，都有数不清的各界人士，怀着对他无限崇敬的心情请求会见。他在这里会见山西各界人士，不知疲倦地接待他们，宣传党的抗日主张和各项政策，激发他们抗日救国的热情。有许多青年学生到办事处来寻求革命真理，要求参加抗战工作。来的人非常多，周恩来总是不分昼夜地挤出时间会见他们。有时到午夜十二点，有时到凌晨四点钟，他始终精力充沛地回答他们的各种问题，教给他们斗争的策略、方法，坚定他们抗战必胜的信心。会见的气氛总是异常亲切，扣动被接见者的心弦，使他们感到极为温暖，留下不可磨灭的印象。在这些严峻紧张的日日夜夜，他曾利用一切机会接触群众，亲切交谈。谁也计算不清，他在这里度过多少不眠之夜。他就是这样把毕生的精力，直到生命的最后一息，全部贡献给了人民，贡献给了共产主义事业，为革命者树立了光辉榜样。

由于八路军开进山西前线，在平型关等地接连告捷，山西战场成了举世瞩目的中心，全国各地许多知名人士和外国朋友都到太原参观访问。他们仰慕中国共产党领袖和红军将领的名望，也都亲自来八路军办事处看望，周恩来无不热情接待。著名的东北籍爱国人士杜重远就曾记述过在太原一次会见的印象："我到招待所把名片递入后，即有人请我进去。此时周恩来、彭德怀、林彪、萧克、徐向前诸先生都在内。周君一一介绍。在我未见他们之前，以为众家英雄必是方面大耳，竖眼立眉，牛头的鼻子，火盆的大嘴，或像旧剧里花脸张飞似的。不料相见之下，一个个都是彬彬有礼，状似一群教书的先生。……周恩来浙江人（原文如此），眉清目秀，气宇轩昂，有几分政治家风度。谈起此次抗日的问题来，他们都是喜形于色，抱着极大的乐观。问他们的理由，回答得很简单，说'全在乎组织民众'。周说：'这种长期的斗争，若是不把民众组织起来，纵有优良的武器，都是无用的；何况我们的武器还不如人家呢。'徐说：'组织民众须要深入民间，与老百姓同甘苦，替老百姓解决困难问题，把国家民族的利害打在老百姓的利害一块儿，老百姓才肯拿出力量来，为民族国家而奋斗，而牺牲，所谓效死而去，我们要能把老百姓的力量运用起来；我方到处都是营垒；对方到处都是敌人，我们的物质生活低敌人的物质生活高；长久支持下去，远适敌国的敌军，谁无父母，谁无妻子兄弟，不打而溃了。何况我们有偌大的抵抗力呢？'"
（杜重远：《由大同回太原》，上海《抵抗》三日刊第十四号，1937年10月3日出版）

这个时期，周恩来作为中共中央代表，一方面领导华北党的工作和八路军三大主力部队胜利展开；同时密切注视着山西和整个华北战局的发展变化，和阎锡山、黄绍竑、卫立煌、傅作义等保持联系，协调八路军和国民党军队在作战行动方面的配合，推动国民党军队积极作战。9月下旬，他和阎锡山、黄绍竑等商谈作战动员和山西持久抗战等问题。在作战问题上，双方约定八路军在山西开展独立自主的游击战争，并在有利条件下配合友军作运动战。周恩来指出，必须节节抗击敌人前进，战术上尤重在侧击、伏击与发展在敌人侧后方的游击战争；战动总会是最好最实际的政权组织，它作为统一战线的"初步政权"，能把中国共产党、八路军、群众与地方当局几方面结合起来。为督促上述计划实现，他向中共中央提出自己暂留太原，以便使华北游击战争局面得以开展起来的意见。

10月1日，阎锡山从晋北返回太原。同日，他下令北线阎军从内长城全线撤退。日军跟踪前进，直逼忻口。忻口距太原仅90公里，它的存亡直接关系着太原的安危。10月初，忻口战役前夕，周恩来来到太原会晤阎锡山和卫立煌商谈战局和作战问题。10月4日，又和阎锡山等人分析敌情，制订作战计划。5日，和卫立煌、傅作义等人商谈忻口会战问题。6日，和阎、黄（绍竑）、卫、傅商定，统一指挥参加忻口会战的部队：右翼晋军10个团归朱德、彭德怀指挥；中路归卫立煌指挥；左翼归杨爱源指挥；预备队归傅作义指挥守太原。周恩来同日致电毛泽东、洛甫，说明将率领数人并带一电台随阎锡山行动。中央复电表示同意。18日，他和阎锡山、黄绍竑具体研究在太原不守情况下的分区防卫。10月中、下旬，他曾同彭德怀到忻口前线指挥部会见卫立煌，商谈作战问题；随后又到娘子关会见黄绍竑，对东线作战提出建议。

10月26日，娘子关失守。周恩来和阎、傅、黄共商作战部署和太原城中居民撤退计划以及山西的持久作战问题。27日，他和刘少奇致电聂荣臻、罗荣桓并转中共晋察冀省委及八路军各师政治部，阐明在不同地区处理同阎锡山的关系和开展党的工作的原则：一，在敌占区，公开以共产党和八路军名义直接领导群众。二，在八路军后方，共产党和八路军努力争取公开地位与直接动员群众的权利，各地党部应有公开代表在群众中活动，完全代表党的态度，传布党的主张。三，共产党员在群众运动中依照党的主张领导群众。四，八路军在游击区活动时，要以共产党的代表面目在群众中出现，不要使群众只看见八路军看不见党。五，八路军在各地努力扩军，地方党要动员群众参军。六，在游击区要注意筹措经费。

周恩来在太原一直坚持到最后。可是，负有"守土"之责的"第二战区司令长官"阎锡山，却先悄悄地溜走。当时担任第二战区副司令长官的黄绍竑，后来曾经记下阎锡山和他本人"身先士卒"从太原溜走时的狼狈相：11月4日夜间，由阎锡山主持，在太原"绥靖"公署会议厅召开了一次军事会议。到会的有黄绍竑、卫立煌、孙连仲和晋绥军的高级将领、山西省主席赵戴文、第二战区参谋长朱绶光、参谋处长楚溪春等。阎锡山在会议开始时宣布了保卫太原的作战计划:"以忻口退下来的部队据守太原北郊的既设工事,并派一部守汾河西岸高山的工事;以娘子关撤退的孙连仲部据守太原以东的高山既设工事,以傅作义部死守太原。"黄绍竑、孙连仲、卫立煌等人不同意这个计划("晋绥将领向来对阎的计划不敢表示异议"),当场和阎锡山展开长时间的争论。黄绍竑说:"最后会议上就剩了我同阎锡山相持不下,其余的人都是在战场上多少天未睡的,就在会议厅打起呼来,不用管什么计划不计划、争论不争论了。会议开到午夜一点多钟仍无结果,最后阎锡山说:'军队已经行动了,要改变也无从改变了。'原来阎锡山打电报要我们来开会的同时,已将他的命令下达给各部队总司令了。阎锡山说完上面那两句话之后,就对朱绶光、楚溪春、赵戴文轻轻地说:'咱们走吧!'他们就离开会议厅了。有些人还睡着不知道呢!楚溪春对阎说:'还未宣布散会,会上的将领还不知道呢!'阎说:'不用管了!'不久电灯忽然灭了。不仅太原绥署漆黑一团,整个太原城也没有半点灯光了。这种狼狈情况,是在国内战争和抗日战争中所未见过的。"等黄绍竑从太原"绥署"走出来,连指定给他使用的汽车都"找不见了"。他想找傅作义要车,"但当时满城漆黑,也不知道傅的司令部在哪里。……迟了又怕被封锁在城里不好办。"黄绍竑慌忙带着副官和10多个卫士摸出城外,徒步跑到汾河桥头,才和他的副官、卫士一起"截着一部回空卡车"走了(黄绍竑:《娘子关战役前后》,《文史资料选辑》第54辑,中华书局出版)。

两个司令长官临阵溜走,山西省政府主席也擅离职守,周恩来临危不惧,留在太原坚持工作。太原失守前夕,《大公报》记者孟秋江报道:"阎百川(阎锡山的号)先生这天(11月4日)夜里离开太原了,离开他经营二十余年的太原了!""11月5日天明后,在太原城里的人物,可以数得清,卫立煌、孙连仲、傅作义、周恩来、彭雪枫5位先生以外,还有一个不负军政责任的新闻记者。"(孟秋江:《退出太原城》,《西线风去》,长江编,增订本,大公报馆1937年出版,第280—281页)

阎锡山从民国元年（1912年）以来一直统治着山西。太原是他统治山西将近30年的首府，是他毕生经营的主要工商产业所在地，也是山西统治集团官僚军阀积年搜括人民财富的集中地点。阎锡山不肯轻易放弃，却又没有办法守住这份家当。当太原岌岌可危的时候，山西旧军已经大部垮掉，阎锡山竟然下命令调集新成立的新军决死队"死守太原"，作孤注一掷。周恩来及时向阎锡山提出了建议，向他指出：这些部队都刚刚建立起来，没有经过训练，缺乏实战经验，参加防守太原起不了很大作用。它的成员又大都是青年学生，不如让他们到各地区去，可以起更大的作用，并且太原也是难得守住的。正是经过周恩来这样的劝说，牺盟会也表示不赞成阎锡山的这个打算，阎锡山才打消了这个"馊主意"。因此，当时决死队各总队开到太原后，未在城内停留，连夜撤出城外，分别开往预定地区，在八路军领导下发动游击战争，开辟抗日游击根据地。

当敌人日益逼近太原的时候，周恩来沉着镇定。阎锡山决定将其第二战区总部和山西省政府迁往晋南重镇临汾，周恩来及时向中央汇报工作，同时亲自部署太原八路军办事处南迁。他亲自选定撤退日期，选定撤退路线，还亲自把一批一批的干部和工作人员送走，自己身边只留下少数机要、警卫人员，仍同彭雪枫、边章五等一起从容地在危城中坚持工作。敌机逐日轮番低飞掠过太原市上空，不停地狂轰滥炸。有一天，敌机频繁地临空施虐时，"八路军办事处的招待所和门卫均被炸中，周恩来同志和办事处留守人员，隐蔽在成成中学内预先构筑好了的简易地下防空洞内，门岗均被炸塌，幸无伤亡。"（岳夏：《八路军驻晋办事处的始末》，《山西革命回忆录》第一卷，山西人民出版社出版，第136页）10月31日，阎锡山下令放弃忻口。11月2日，北线数万守军撤离忻口阵地，退守到太原一带。东线敌人也已逼近太原。隆隆的炮声在市区日夜可闻，与敌机投掷的重磅炸弹的巨响交织在一起，震耳欲聋。周恩来不顾个人安危，仍日夜操劳。11月4日，他还曾致电朱德、彭德怀并告毛泽东：东线八路军应以一个支队向山西榆次、太谷之线活动，抗击敌人，以掩护友军侧翼的运输和收容散兵。

11月5日晚上——太原失陷前三天，周恩来才和彭雪枫、边章五等八路军驻晋办事处一批人员撤离太原。这时四面城门都已关闭，只留下南门口有一布雷区的通路。他们从城墙外预留的通路，搬开沙袋、鹿寨出城。这时汾河桥梁被国民党的军用汽车堵塞，争相逃命的人群像潮水般涌来，人喊马嘶，混乱不堪。周恩来看到这种混乱凄惨的景象，马上转身回城，到太原城防司令部找到参谋长，向他提出掩护逃难群众的措施。然后才重又出城，步行过桥，乘坐预先停在汾河对面的八路军驻晋办事处的运输汽车向汾阳前进。

## 开展华北游击战争的巨大贡献

周恩来一行撤离太原，11月6日到达交城，7日到达汾阳栗家庄。周恩来不顾连日奔波的劳顿，一到这里就召集续范亭、程子华、南汉宸等前来座谈战动总会的工作问题，布置了在晋西、晋北地区开展游击战争的工作。

11月8日，太原沦陷。周恩来给战动总会干部及其创办的游击干部训练班全体学员作了《太原失守后的形势和我们的任务》的讲话。他说，太原失守，证明阎锡山的军队是不能打仗的。阎锡山的军队在太原没有怎么打就垮下来了，他的军队一退下来就完了，真是"兵败如山倒"。他们不能在敌后坚持抗战，一直往大后方撤。蒋介石的军队是这样，阎锡山的军队也是这样。他们的军队没有本事在敌后坚持打游击，也不会打游击战。总的形势就是阎锡山一直往后退，日军一直往前追。而我们的任务就是坚持战地，建立抗日民族统一战线。接着，他专门讲述了战动总会这个抗日民族统一战线的组织形式是很需要的。因为日军占领山西以后，第二战区的战地就是同日军打仗的地方，我们就是要在这些地方建立敌后根据地，坚持抗战。阎锡山说，好，我撤走了，就剩下你们共产党一家了，就不是战地总动员委员会了。我们说，尽管阎锡山把他派来的人撤走了，战动总会也不是共产党一家,还是一个统一战线的组织。他想搞垮动委会是办不到的。这只能说明他对抗日战争动摇,妄图破坏统一战线,破坏敌后抗战。阎锡山搞阴谋,把他的人撤走了,如果我们也撤了,那就中了他的阴谋诡计了,所以我们不能撤。我们共产党人就是要团结各阶层爱国人士,建立广泛的抗日民族统一战线。在战地动员人力、物力、财力,组织军队,一方面发展自己的组织,在敌后坚持抗战;一方面为部队输送战士,这对国家,对人民都需要。周恩来这次的讲话,表达了山西和华北广大人民的共同心愿,揭露了阎锡山在抗日民族统一战线中的动摇以至投降活动,对于战动总会的工作以及我军开展华北敌后抗日游击战争,建立抗日根据地,具有十分重要的指导意义。

阎锡山从太原撤出后留在石口镇、隰县,不去临汾,准备再败就退过黄河以西,而把战事的主持推给第二战区的两个副司令长官:黄绍竑和卫立煌。——继续拖了一些时日,他见日军侵陷太原以后没有马上南进,山西战局暂时稳定,方才转往临汾。

周恩来则按照原定计划,于11月9日到达汾阳,11日到达临汾。他在撤出太原后,沿途看到国民党军队溃退时的种种状况。11月8日,他打电报给毛泽东、朱德、彭德怀说:我们各部应迅速派队收集溃兵散枪和一切资材,以发展游击战争。13日,他又打电报给洛甫、毛泽东、朱德、彭德怀、任弼时,提出"反对妥协求和,坚持华北抗战,以此为一切动员的中心,指出凡要退过黄河的都是帮助日寇统治华北"。他强调进行游击战,并争取和影响友军改造,一致行动;广泛发展游击战争,训练干部,以坚持抗战;扩大八路军,以增强主力的决定作用;放手收容溃兵、散枪及资材;加强各军区的工作等。

周恩来到达临汾后,又立即投入紧张的工作中。他在这里接待各界人士的访问,指挥八路军的作战,指导山西群众组织的活动和武装群众的工作。

"周恩来每天在临汾及其周围向民众大会演说。各组织员每天向乡间出发,那里待做的政治动员工作,甚至比旧官僚所留恋的都市中更多。我们能够看到,每个运动正在扩展和推广到辽远的山区,并以比满洲义勇军更优良的组织和准备,一直进展到满洲。在这些区域中,抗战定能继续到底。"这是英国《伦敦先驱日报》记者詹姆斯·贝特兰的记述。他在《华北前线》这本书里,非常生动地写下了在临汾会见周恩来所留下的深刻印象(以下的引文根据《华北前线》,林淡秋译,《外国人看中国抗战》丛书之一,新华出版社1986年出版,个别词句则参照该书另一译本《北线巡回》,方琼凤译,1939年生活书店出版,略作必要的改动):

数天以前,平阳(当地人叫做临汾)还是省政府的所在地。但是现在这省府已搬到南边一个不可知的地方去了。谁也不知道那个老政治家阎锡山到哪里去了,现在他似乎终于遭遇到他的"滑铁卢战役"了。当我到平阳城的时候,全城已经在军队与爱国团体的统治之下。

"你一定愿意看看这里的群众组织,"那个第八路军办事处的青年军官提议说:"我们可以送你到朱德那里去,但是你得见见周恩来。"

我从未见过这位"乱党"(斯诺是这样叫他的),虽然我们以前曾在西安相处过一个月,那时候他的辩才,由共产党新"阵线"拥护着,曾成为搭救蒋委员长的主力。周恩来常在政治紧张关头出现。我知道在过去的数星期中,他在山西的群众中十分活跃。

有一个人活泼地走进房来,他穿着朴素的黑色中山装,确实是一个令人敬畏的人物。短短的头发和胡须使他很像劳伦斯的画像——一种被周恩来的丰富的活力所提高了的印象。这样的人如果不是一个革命家,就一定是一个艺术家。

他的态度活泼、愉快;他的两手演着灵敏急剧的手势。他操着流利的日常英语,但略带法国的语调,或以一个法国字来加重句子的意思。黑色的眼睛充满着生气和活力,每当开始说话,两眼就发出光来。他有一种叫人毫不感觉地受了他的吸引的魔力，和天生来能征服人的演说家的口才。

"政治的动员吗？还好。你知道，我们在晋北曾有过一个在群众中工作的很好的机会。还是常像那样的——当有了真的危险的时候，他们就给予我们以组织民众的自由，但那时候是太迟了——日军就到来，占据我们已在开始工作的区域。现在我们必须把民众运动扩展到整个的山西，这样当日军到来的时候，我们就将有真正的准备。"

"自太原失陷以后，这里的情形如何？"

"是的，这是一个真实的危机——太原的占领，和上海的占领。现在日军希望把华军逐到黄河以南，然后宣称华北的战事已告结束。你知道，他们已经通过德国大使提出了'和平解决'的条件。在中国，看到日本的前进而沮丧的，以及过分依赖英美的助力的某些分子，以为现在我们不能在华北抗日了。"

"在这里继续作战的机会是什么？"

周氏皱了一皱眉头。"当然，我们必须设法在黄河以北保持一些正规的部队；蒋委员长是赞成这一点的——他刚才已派遣了更多的中央军到山西来。但最要紧的却是加强中国的军队，并发展群众运动。这里有些军队是十分沮丧——他们已受了深切的痛苦，而且因为人民不起来支持他们，他们遂有许多人逃跑。

"我们必须改善中国士兵的生活。组织并训练华北民众。这就是政府必须以支持和军火帮助我们的地方，军队埋怨民众不曾起来——但这并不是民众的过失，这是地方当局的过失，不许人民有动员起来的自由。另一方面，这也是旧式军队的军纪太坏。你已经见过这里的某些军队的情形；他们怎能盼望民众来欢迎他们！

"但是在华北抗战有许多有利的地方。例如一般的地形适宜于游击战。还有，即使日本人能够占领这整个的区域，他们也没有足够的军队。

这是一个简单的数学问题。华北有三百以上的县城，日本人即使在每一县城驻一联队军队，也决不能把它们统统占领。而且，他们如果这样做，那倒于我们有利了——我们能够挨次消灭个别的部队。

"正如我所说，我们希望某些中央部队留在黄河以北。这样，北方战事还不致成为单纯的游击战。如果他们留在黄河以北，第八路军就能成为抗战的脊梁。只要我们能够动员并武装民众以和他们合作，日军就将看到，华北的战事决不能在像他们所想的'短期内'结束。"

这是显然的，组织华北民众抗战的主要任务将落在第八路军的身上。但有些事情还有赖于地方政府和省政府。在临汾——留在华人手里的山西省的最大的城市——官方性质的爱国团体正在逐渐取得合作。合作的程度，如周氏已经说过，是和日军前进的危机成正比例的。

稍迟一些时候，贝特兰离开临汾，乘坐同浦铁路的火车北上，前去访问八路军总部，又在三等车厢里遇到周恩来。贝特兰在《华北前线》中继续写道：

周恩来在一条狭窄的走道中不息地来回踱着。这位我曾在临汾见过的，黑胡子的，穿黑色中山装的政治人物，现在是军事委员会的副主席了——胡子修得很光，穿了国民党军队的蓝色的制服。这改变，对于他这样一个机智善变的人，并不值得惊异。周氏看上去更年轻了，或许已少了一些独特的风格，但仍旧不失是一个实行家。

"你觉得这几天来的战事的停顿是什么意思？"我问他说，因为好几天来，日军并未前进，也很少轰炸。

"也许日本人在休息吧！"他评论说，"当然，他们要巩固在太原的地位，而且他们一点不喜欢这寒冷的天气，还有，或许他们的飞机恐惧着华机在西安的新的集中。"

"然则你不以为他们将在太原按兵不进吗？"

"一点也不！他们一待交通稳定，天气晴朗，就要到这里来的。当然，他们自己的军队的内部，或许发生了什么事故。"

对这一点我很惊奇。因为如果有人能知道敌军的情形，这就是第八路军了。周氏对我说，他们已得了某种"发现"。

"在平型关的几具日军尸体的衣袋里，有日本共产党的宣言，叫他们反抗自己的军阀所造成的对华的战争。你知道，我们已从日军那里俘获了许多日记与文件，其中有一些是很明显地把他们反战的情绪都泄露了出来。

"在一些日记中间，我们找到了日军第五师团长板垣将军的卫士的日记。我们到总部的时候，你就能够看到它了。第五师团是他们最优良的部队之一，在山西东北部被我们战败过。这日记有许多地方指出了在华日军的下级军官和士兵的心境。他们并不知道到这里来的缘故。他们恨这地方，讨厌这里的天气。他们吃不下当地的食物；他们无论走到哪里，都是些荒凉的村落。他们曾经历过激烈的战斗——剧烈得出于他们的意外——他们真的不知道这是怎么一回事。"

"你们怎么能和他们的士兵接触呢？"我问。

"我们的方法是先找几个俘虏来，然后，将我们把日本人民当作朋友的政策解释给他们听。我们告诉他们，他们可以自由地回到他们的军队里去。但是他们如果愿意留在我们这里时，他们会得到极良好的待遇。不过要把日本人俘虏过来却不是一件容易的事，因为他们以前听见人家说，中国兵是要把所有的俘虏都杀掉的。因此他们虽受了伤，仍要战到最后，不肯缴枪。但是八路军公开宣布的优待俘虏政策却慢慢见效了。我们政治部有一个科，专门预备日语的材料和口号，向敌军散发。而且现在我们正在开始教士兵唱日语的歌曲！"

我们谈到周氏于十五年前到过的巴黎和伦敦——在这个毫无陈设的三等车厢中，只燃着两支蜡烛。照得见玻璃窗上的浓霜的花样。周氏像他的许多国人一样,喜欢寓居法国而不大喜欢寓居英国。但他对于英国的习俗充满着好奇,而且也彻底了解英国的远东政策——我以为。"即使到现在,"他说,"你的政府尚未看到日本在华的真实的危险。但将来,他们一定会看到。"他对于英国驻华大使受伤的"意外事件",以及日本侵入长江和华南的英国势力范围的"严重威胁"作了一次清楚的分析。

我们最后到达了一个以山为掩护的小镇。这里,除了间或有一个巡逻兵以外,是黑暗而无生气。周氏亲自领路,走到第八路军总部,那是在后街的一个棉商的屋子里……

在这里,贝特兰生动地逼真地描绘出周恩来可亲可敬的高大形象。

太原是华北最后陷落的一座大城市,它的失守标志着华北正规战争的终结。在太原失守后的第五天,11月12日,毛泽东在延安党的活动分子会议上作了《上海太原失陷以后抗日战争的形势和任务》的重要报告(这篇报告的全文见《毛泽东选集》第二卷,人民出版社出版)。他在报告中指出:从此,"在华北,以国民党为主体的正规战争已经结束,以共产党为主体的游击战争进入主要地位"。同时指出:"共产党和八路军决心坚持华北的游击战争,用以捍卫全国,钳制日寇向中原和西北的进攻。"并且,报告在强调"变片面抗战为全面抗战"的紧迫性的同时,还针对党内外开始露头的右倾投降主义,尖锐地提出了"在党内,反对阶级对阶级的投降主义","在全国,反对民族对民族的投降主义"的严重政治任务。

周恩来在11月11日到达临汾,第二天上海失陷。鉴于上海、南京等地对日妥协调停的空气抬头,晋局亦危,周恩来于11月13日分别向中共中央和八路军总部拍发了《反对妥协求和,坚持华北抗战》的电报(此电全文见《周恩来选集》上卷,人民出版社出版),提出了坚持抗战的九项主张:一,反对妥协求和,坚持华北抗战,以此为一切动员的中心;二,强调游击抗战,争取和影响友军改造,一致行动;三,广泛发展游击战争,并训练干部,以坚持抗战;四,扩大红军,以增强主力的决定作用;五,放手收容溃兵、散枪及资财;六,加强各军区的工作;七,实现地方政治民主化,以及于省区;八,实行党的战区政策,并组织民众,发动群众斗争;九,加强反汉奸的斗争。

周恩来到达临汾后,阎锡山仍逗留在隰县、石口地区,未来临汾。13日早晨,周恩来只得先同卫立煌、黄绍竑商谈华北战局及日后作战部署问题。当天晚上,他即将商谈情况电告毛泽东、朱德、彭德怀:"华北正规战转到游击战,我军将取得领导地位。为坚持华北游击抗战,将来转入胜利的反攻,目前仍以〔拟〕取得南京及阎的同意与接济下布置华北游击战。为能易于争取友军、扩大红军与发展游击战争,今早与卫、黄谈下列问题:(一)部队改造;(二)政治工作建立;(三)政权开放;(四)民运开放;(五)战略战术改变;(六)后方补给(经费、人员、械弹、交通、卫生器材)应沿豫、陕黄河右岸分界设备;(七)黄河北岸分北〔区〕指挥,南岸成立预备军区;(八)一切部队留华北(黄主张好的留下),笨重资材及后方移南岸。黄主张一、五、六、七、八各项速做。"

毛泽东收到这份电报后,于15日复电周恩来并告朱德、彭德怀、任弼时。电报指出,在山西统一战线中需进一步执行独立自主原则:"目前山西工作原则是'在统一战线中进一步执行独立自主'。因为国民党及阎、黄、卫在日寇打击之下,已基本上丧失在山西继续支持的精神与能力。我们须自己做主,减少对于他们的希望与依靠,故'独立自主'之实行,须比较过去'进一步',这是完全必要的。但仍然是在统一战线中的独立自主,不是绝对的独立自主。在大的方面仍应与国民党及阎、黄、卫商量,例如周电所述各条及朱、彭要求补充等是完全对的。仅仅不要希望与依靠他们。因为他们答应的东西很多不能兑现。我们计划要放在他们不答应、不兑现、不可靠时我们还是能够干下去这样一个基点上。"

11月16日，周恩来又在临汾党政军民联欢大会上，以《目前抗战危机与坚持华北抗战的任务》为题发表演说（这次演说的全文见《周恩来选集》上卷），分析了当时抗战形势以及存在的危机。他说："这危机的特点是政府军队抗战颇难为继，而全民抗战犹未兴起的青黄不接关头。国外调停的空气相当抬头。"因此，必须"坚决反对投降主义、失败主义及特殊化的倾向"，"坚持抗战到底"，而坚持抗战又"必须以坚持华北战争为中心"。他强调八路军要留在华北坚持抗战，发挥自己的特长"来影响友军，来组织领导广大民众来抗战"。他还号召改造旧军成立新军，建立民主的政权，实施中国共产党提出的《抗日救国十大纲领》，开放民运，组织民众，武装民众。

周恩来根据在山西前线的实践经验，针对全国各地的实际情况，按照党的政策、方针，在动员民众这个关系抗战成败的关键问题上，特别尖锐而沉重地指出："三、四月来，不但政权没有开放，民运也没有开放。直到现在，党部仍固执其统治民运的政策。因此，包而不办是普遍现象。于是，许多大城市民运反不如过去局部抗战时的活跃，前线得不到民众的响应，而后方得不到民众的援助，民众武装不能组织。这是给日本造顺民，给自己造反对者。不怕战争失利，最怕战争失了人心！失掉民众，这是万劫不复的。"他的讲话，道出了华北广大人民的心愿，坚定了大家抗战的决心和信心，极大地鼓舞了前线抗日军民的战斗意志。

这时中共中央已连电催促周恩来速回延安参加中央政治局常委会议。早在11月5日，毛泽东就在电报中说："周须速回延安开会，以便月底赴长江流域活动。"周恩来13日在致毛泽东电报中说："已电催阎（锡山）来商大计，并电话告蒋（介石）取决。因此，我以候阎及彭来速〔再〕走为有利，但不知彭何日能赶到洪洞，常委会能否等至二十日再开，请分别电复。"15日，毛泽东在复电中说："同意与朱、彭、任、阎、黄、卫见面后回延安，回时取道延长为宜。请朱、彭、任快点过汾河会面，以在隰县为宜。"周恩来在分别同阎锡山、黄绍竑、卫立煌和朱德、任弼时等晤谈后，就和彭德怀一起离开临汾，于11月25日回到延安。

这个时候，经过周恩来和中共中央北方局、八路军总部的共同努力，八路军在华北敌后的游击战争不失时机地猛烈发展起来。作为中共中央代表，从9月到11月，在决定整个中华民族命运的关键时刻，周恩来一直在山西前线折冲樽俎，力挽狂澜，领导人民向敌人进行了艰苦卓绝的斗争。他为华北敌后游击战争的发展立了大功，对抗日民族统一战线的巩固发展作出了不可磨灭的巨大贡献。正如续范亭赠给周恩来的一首诗中所赞颂的那样："站正立场理不穷，樽俎折冲难重重。奸雄满腹欺凌意，早在周郎一笑中。"（《续范亭文集》，上海人民出版社1985年版第110页）周恩来在同阎锡山和蒋系将领周旋中，坚持独立自主原则，十分成功地挫败了一切破坏抗战、有碍团结的阴谋，卓有成效地促进了团结抗战的局面。

# ★ 四 中国命运攸关的三次论战

——周恩来领导党报和《大公报》的政治交锋

# 《大公报》何以成为中共党报的劲敌？

抗日战争爆发，标志着中国革命历史发展的伟大转折，也是中国新闻事业史上的伟大转折。新的形势给中国新闻事业带来了巨大的变化，形成人民的新闻事业大发展的新局面。陕甘宁边区和各敌后抗日民主根据地创办了大量报刊。同时中国共产党的机关报《新华日报》和《群众》周刊在武汉公开出版。在国民党统治区公开出版党的机关报，这从1927年国共分裂以来还是第一次。共产党的政治主张和国民党统治区人民直接见面，党的声音能为那里的群众直接听到，造成了巨大的影响。这些报刊是与当权的政党结成统一战线的共同对民族敌人作战的共产党机关报，它同在全国新闻界占据统治地位的国民党嫡系各派报刊有共同一致的对外联合。但是，执政的国民党正处在日益法西斯化的反动集团统治下，它所属的报纸经常或明或暗地发出反共叫嚣。因此，整个新闻界实际上存在着复杂的又联合又斗争的局面。两个阵营报刊上围绕着抗战还是投降、团结还是分裂、进步还是倒退的斗争，贯穿了整个抗战时期。而在抗日战争胜利之后，随着国民党发动反人民内战、强化法西斯专政的"戡乱"政策的实施，双方报刊又在战争与和平、独裁与民主这些中国命运有关的重大问题上，展开了更加激烈的斗争。周恩来曾在抗战初期说过："笔战是枪战的前驱，也是枪战的后盾。"中国共产党的党报和在党影响下的进步报刊，为中国人民抗击日本侵略者的民族解放战争和推翻国民党法西斯暴政的人民解放战争的胜利作出了巨大的贡献。

《新华日报》《群众》周刊创刊以后，在中共中央长江局——南方局领导下，坚持统一战线中独立自主原则，根据不同时期的形势贯彻执行又联合又斗争的方针，宣传党的主张，与国民党嫡系各派党报之间，在一些重大政治问题上进行了坚决而灵活的斗争。当时出现一个引人注意、耐人寻味的奇特现象，其间几次特别尖锐、影响深远的公开论战，都是发生在《新华日报》和中国近代影响较大、以"超党派"相标榜的"民间"报纸《大公报》之间。

早在武汉时期,新闻战线上的斗争就颇不寻常。《新华日报》刚一出版,就有过国民党特务捣毁机器的暴行。尽管当时统一战线的形势还比较好,团结抗战的空气还比较浓,但国民党党报也曾不断地发出反共暗箭。迁到汉口不久的《大公报》虽然与国民党党报的面目不同,手法有别,它对有些反共鼓噪还是密切配合,彼此呼应。这个时期,《大公报》发表了张季鸾连续撰写的社评,高唱拥护蒋介石,宣扬法西斯专政,威胁共产党和民主党派进步人士。它在1938年10月26日社评《全国更需要切实团结》中要求"左翼人士"拥护蒋介石:"我们希望过去组成抗日人民战线最近才与政府合作的一切人士,务必真诚信任政府,信任领袖,不要焦躁或怀疑,更不要倡导异见。我们可以这样说:在这生死存亡的大战中,全国一切都要统制于最高统帅部之下,一切爱国人士都应受统帅部的指挥,凡大家的意见行动不可与统帅部有出入。……我希望一切向称作左翼运动的人士们,把自己心理也都彻底改革过。"11月11日社评《中国民族的严重试验》中叫嚣:"大家要决心援助政府,要信任政府,共同维护国家的中枢,守纪律,受指挥,尽职分。政治上自成党派的人们尤其要注意,现在只有国家利益,没有党派利益。"而在12月13日社评《对于一切爱国者的警告》中,竟公然提出:"中国今后,势不容再谈各党各派,应当只成为一个党,一个派。"(这年7月张季鸾为蒋介石起草的《抗战周年纪念日告全国军民》的文告里,替蒋介石提出了"国家至上、民族至上、军事第一、胜利第一"四个口号)其间,毛泽东在《论持久战》中驳斥"速胜论"时,针对《大公报》1938年4月25、26日两天社评《对抗战前途之一般考察》《这一战》所宣扬的、国民党统治集团内对抗战的侥幸心理,提出了尖锐批评。其后到了重庆,抗战进入相持阶段,国民党越来越露骨地走上"消极抗战、积极反共"的道路,更加放肆地推行"一个党,一个主义,一个领袖"的法西斯主义,舆论界的斗争随之激化。这个时候，亦步亦趋追随蒋介石的《大公报》开始充当反共先锋。每当时局转折的紧要关头，或遇关系到蒋介石政权命运的重大问题，在同中华民族生死攸关的关键时刻，《大公报》就施放毒箭向中国共产党及其党报进行攻击。

其所以会出现这种奇特现象，因为《大公报》虽然实际上奉行拥蒋反共、亲美反苏的政策，一直采取对蒋介石"小骂大帮忙"、对共产党针锋相对的方针，表面上却仍标榜"超党派"、装作第三者的"公正"态度，采取十分高明的编辑手法和非常巧妙的编排技术，显示它与国民党嫡系各派党报不同的面貌。它经常为蒋介石的反动政策帮腔，有时也反映人民的某些呼声，部分地保持某些开明的色彩，以便吸引青年读者和在政治上处于中间状态的人，因此曾经迷惑了一些人，对读者有很大的欺骗作用。蒋介石又常把某些重要消息通过《大公报》，而不经过中央社和《中央日报》发表，以利于自己的宣传。这也增加了它的"权威性"，提高了它在报界的地位。国民党嫡系各派报纸在整个新闻界占有统治地位，尤其在报刊数量上占有压倒优势，但其影响异常微弱，名声很坏。《中央日报》一类报纸的反共滥调，到了不值一驳的程度，早已没人愿意看。暂时尚有某种蛊惑作用的《大公报》，俨然成为《新华日报》的劲敌，也就成为我党党报在舆论斗争中需要认真对待的对手。

主宰《大公报》的吴鼎昌、胡政之、张季鸾"三巨头"，都与蒋介石关系密切。就像张季鸾私下对王芸生说的那样："我和蒋先生有交情，你写社评，只要不碰蒋先生，任何人都可以骂。"（王芸生、曹谷冰：《从1926至1949的旧大公报》。《文史资料选辑》，中华书局1962年1—5月版，第25辑第29页。以下摘录此文的引语，只注明卷辑、页数）吴鼎昌则始终"陪王伴驾"，终于和蒋介石一起被列入头等战犯名单。"社会贤达"胡政之则在1930年第一次见蒋介石就对"剿共"献策。尽管这家报纸一直挂起"不党、不卖、不私、不盲"所谓"四不主义"的招牌，早期也曾有过抨击蒋介石的言论，有些话还说得很刻薄,其实在政治上早已依附国民党。它的领导层自觉地要做蒋介石的喉舌,在关键问题上都是唯蒋介石的马首是瞻的。它以"民间"报的姿态出现,平时常对蒋政府作些指责,但它只是涉及一些枝节问题,针对一些次要人物;从不触及政府的基本政策,对蒋介石本人更是讳莫如深。版面上常出现的这种"小骂",目的在于麻痹读者:蒋政府的基本方针是"对"的,只是某些具体办法错了;蒋介石是"好"的,只是下边的官吏坏。而在每个重大历史关头,一旦蒋介石遇到麻烦,它就千方百计地替蒋介石"帮大忙"。在对待国共两党的态度上,它则采取两面手法,在政治上为蒋介石张目。就像有人指出的那样:对国民党轻轻地推一把,对共产党重重地踢一脚。曾经长期主持该报笔政的王芸生,对于这个报纸"两面手法的表演"有过剖白:"旧大公报的言论,基本上是站在蒋介石政权的立场上的;但它标榜'超党派',不尽同于国民党的《中央日报》或《扫荡报》,有时候也要反映一些人民的意见。到国民党政府的贪污腐败情况搞得太不成话的时候,它也会加以批评;同时又怕使得国民党太难堪了,就使出两面手法,以为掩护。先批评了国民党,紧跟着再找题目批评共产党,以事烘托,以表示自己是'不偏不倚'的。"(《文史资料选辑》,第28辑第155页)既然这样做的目的只在掩盖它的反共反人民的本质,实际上还是有"偏"有"倚":"批评"国民党是虚,攻击共产党是实;"批评"前者往往"含情脉脉",笔下留情;指责后者则常常是绵里藏针,"剔髓挑筋"。它所发表的有些反共言论,"虽未在字面上指明共产党,措词却极恶毒"。蒋介石是一个大独裁者。本来,国民党反动派一切坏事的源头都来自这位"蒋先生",这家报纸既然根本"不碰蒋先生",哪里还会有什么"公道"?

《大公报》"三巨头"追随蒋介石的历史,可以追溯到20世纪20年代末期,其后越来越加亲密。西安事变期间,《大公报》所连续发表的社评,对蒋介石被扣留的事如丧考妣般沉痛,把他吹捧为"实中国近世杰出之领袖人才",肉麻地说"这样人才与资望,决再找不出来,也没有机会再培植"。(《给西安军界的公开信》,《季鸾文存》,大公报馆1937年4月版,第1册第226页)它为西安事变发表的第一篇社评,就开宗明义地说:"解决时局,避免分崩,以恢复蒋委员长自由为第一义。陕事主动者倘拒绝此意,是则须负甘心祸国之完全责任。"继而又声嘶力竭地叫嚷"国家必须统一,统一必须领袖,而中国今日统一之底定及领袖之养成岂易事哉?"(《西安事变之善后》,《季鸾文存》,第221页)1937年6月23日,张季鸾在抗战前夕撰写的社评中曾经指出:"愿一致认识拥护国家中心组织,为建国御侮之前提条件。"(《对于国事之共同认识》,《季鸾文存》,第264页)张季鸾专为拥护蒋介石而造出一套理论:"国家中心论。"他是抱着以拥护蒋介石为"国家中心"的强烈思想进入抗战时期的。抗战开始后他又撰写社评公开宣布这家报纸的政治态度:"精神上将这一张报完全贡献给国家,听其统制使用。"(《抗战与报人》,《季鸾文存》,第2册,第153页)全力支持蒋介石,甘愿充当他的驯服工具。

自《大公报》在政治上依附蒋介石后,对国民党的帮助特别大,所以成为蒋介石每天首要阅看的报纸;许多国民党要员不论是哪一派也都注意阅看这个报纸。它的领导层始终自觉地要它充当蒋介石的喉舌,拥护蒋介石为"国家中心",维护他的独裁统治,支持他的亲美政策,它不仅受到蒋介石的宠幸,还曾获得美国统治者的青睐。1941年5月15日,美国密苏里新闻学院把当年的荣誉奖章颁发给了中国的《大公报》,选作中国新闻界的代表来发展与美国新闻界的关系,表面看虽是两国的民间往来,实际上是当时政治上美蒋结合日趋紧密的象征。个中真情正像王芸生、曹谷冰说的:"这件事是有相当历史意义的。美帝国主义要拉拢中国的报纸,它不选择国民党的中央日报等等,而看中了大公报。因为当时的大公报才真正是代表中国大资产阶级的报纸,张季鸾、胡政之等也才堪称为以后《美国白皮书》中所说的'中国的民主个人主义者'。国民党把这件事当做国家的喜事来办,由蒋介石授意,同日在重庆由国民党中央宣传部主持在上清寺国民党中央党部大厅举行庆祝会。"该报当天发表张季鸾写的社评《本报同人的声明》。张季鸾踌躇满志地作了所谓"文人论政"的标榜，把它作为中国报纸的特色。——"文人论政"的意思是"论政而不参政"，把自己说得很清高。这天庆祝会上，"新华日报赠送一个条幅，题目：'同心协力'。这可见中国共产党对于旧大公报是寄有一定期望的。但是，就在这个庆祝会后的一星期，大公报即徇蒋介石的意旨，就中条山战役问题向中共发动了言论攻击，张季鸾正式抬出所谓'国家中心论'以拥蒋反共"。（《文史资料选辑》第27辑，第230及231页）足见美国佬的奖章并没有白费，使它在拥蒋反共的事业上更加"来劲"了。到了1943年9月，正当国民党掀起第三次反共高潮之际，胡政之索性宣布："本社以不私不盲为社训。"从招牌上擦掉了"不党不卖"。其后，胡政之"在一次蒋介石约见他的时候，袖交蒋介石一封信，请准大公报申请购买20万美元的官价外汇（美汇官价为20：1，市价为3000：1，就是以400万元可兑6亿元外汇）"。（《季鸾文存》，第25辑，第20页）王芸生说："旧大公报早已党于蒋介石了，因此必须删去'不党'"；"胡政之这时大概业已打定主意，要用大公报大大地卖一笔钱，因此也以删去'不卖'为便"。（《季鸾文存》，第27辑，第255页）胡政之曾得意忘形地对同事说："这张报纸的影响不下于一个政党，你看办报是不是很有意义。"（李侠文：《我所认识的张季鸾、胡政之两先生》。《大公报人忆旧》，中国文史出版社1991年6月版，第264页）实际上，《大公报》的领导层对国民党总裁蒋介石俯首帖耳，亦步亦趋，早已显出"不是党报，胜似党报"的势头既然连遮羞布都撕碎了，此后《大公报》拥蒋反共的立场更加坚定，态度更加放肆，腔调也更加恶毒了。

1941-1946年间，中国共产党党报和《大公报》之间，在周恩来直接领导下，有过三次针锋相对的论战。三次争论的问题，都同国家民族的荣辱兴亡攸关，乃是关乎中国命运的大是大非的斗争。在这场大搏斗中，《大公报》领导层死心塌地地追随蒋介石，决心为旧中国陪葬。它在决定中国命运的关键时刻，"螳臂挡车"，妄图扼杀新中国的诞生，结果被人民革命的大潮席卷而去。

## 周恩来《致大公报书》

　　党报同《大公报》的第一次论战是在1941年5月。国民党掀起的第二次反共高潮已被打退，它在政治上极端孤立的处境下，反共活动有所收敛，却加强了对新闻界的控制，报刊上充满反共叫嚣。

　　这个时候，为逼迫国民党投降，日军约五万余人于5月初进攻黄河以北位于晋南、豫北的中条山地区。这一地区集结有国民党军合计25万人。这些国民党军队原以反共为主要任务，对日军缺乏作战准备，在日军进攻时大部分采取避战方针。因此，虽然八路军主动出击，截断了同蒲路、正太路、平汉路、白晋路等日军的交通线，作了积极配合，国民党军仍然全线溃败，不到20天损失兵力7万余人，丧失了中条山附近地区的大片国土。蒋介石不肯动用包围陕甘宁边区的胡宗南集团增援第一战区，第二战区阎锡山为了保存实力也不肯给予支援，此役遂以当地国民党军队被消灭和击溃而结束。敌人在军事进攻的同时发动谣言攻势，大量散布各种反共谣言，如说八路军集中晋北不与中央军配合作战，八路军乘机扩大地盘，打通国际路线，另立中央政府，等等。实际上，谣言是烟幕，吓降诱降是目的。敌人不过是玩弄一打一拉的故伎，以此迫使国民党就范。

　　国民党军队在中条山的严重失利，引起国内舆论的愤懑。蒋介石讳败推过，竟然重复日寇散布的流言，硬说八路军没有配合行动，坐视友军困战。于是，国民党报纸、通讯社和日寇的反共宣传互相呼应，逐字逐句地照抄和散布日本同盟社的广播，掀起新的反共风暴。《大公报》也参加了这次反共合唱："蒋介石的第二侍从室主任陈布雷特为此事嘱托王芸生写了一篇题为《为晋南战事作一种呼吁》的社论。"它一面说：敌方所传"大部出自敌人的捏造",自不能信;同时却又重复"敌方所传",说敌人对八路军捏造的主要谣言"则系事实"。社评照录了日寇对八路军的种种造谣诬蔑。

面对皖南事变后没有多久出现的这场反共风暴,正在重庆的周恩来无比愤慨。他在打给朱德的电报中说:"前方浴血抗战,后方血口喷人,势难使死者瞑目,生者心安。"他在这场风波中坚持党的立场,运用高超的斗争艺术,同蒋介石进行了卓有成效的斗争。5月10日,周恩来与蒋方代表刘斐在张冲寓所会面时,听到对方指责八路军在西北集结重兵,而不配合中条山友军行动,即予反驳说:我军在华北及各地配合友军打击敌人,"即使在皖南事变以后也未停止过"。最近敌人扫荡,我军也在苦战。如敌进攻中条山,我必打无疑。但给我方造的谣言必须揭穿。华北我军作战业绩,妇孺皆知,并为国际人士所称颂,何能叫不打击敌人?至于与日妥协,移兵西北,打通国际等等,均属谣言。反之,半年来,尤其是近四个月来,反共成为高潮,辱骂我党为奸党、我军为匪军,到处打人、骂人、杀人,在西北更是彰明昭著。当晚刘斐向蒋介石报告了会见情况。第二天(5月11日),蒋介石会见周恩来时只得表示:"能配合行动就好,只要有成绩,我绝不会亏待你们,饷弹自然发给,捉的人我会命令他们放的,根本问题也可以谈好。"蒋还一再要求周恩来请示延安,答复配合中条山作战问题。周恩来告诉他:中共中央已电八路军总部拟具作战计划,并要蒋介石通知卫立煌和阎锡山直接同八路军总部联系。可是就在这一天,国民党参政员、国民党中央宣传部主任秘书许孝炎公开向新闻界造谣:中条山激战时,十八集团军抗不遵命配合对敌作战。周恩来于5月13日列举事实,向中外记者驳斥许孝炎的谣言。5月14日,周恩来特为此事写信给参加国共谈判的国民党中央执行委员、中央组织部代理副部长张冲说:

> 顷悉许孝炎先生于12日晚宴客席上,竟公开向在座之新闻记者宣称:现在中条山敌我激战,中央令第十八集团军配合作战,该军抗不

遵命云云。此言现正在中外记者中传播,并纷纷以此相询,弟自当根据事实予以驳斥,惟念许先生身为参政员,且任贵党要职,何以袭"谣言重于宣传"之技,大有类于《中国人》刊物所云,诚不胜其遗憾。且作战行动属于军事秘密,许先生造此谣言,是否欲弟将晋谒委座经过公诸新闻记者之间,以证明其言之诬,抑故欲使之传播于外,俾敌寇据以为进攻之机邪?斯诚使弟大惑不解,敢以质之先生,并乞代呈委座兼报为章(刘斐的字)次长,实为公便。

其后,周恩来又一再要求国民党当局更正。18日,周恩来向美国通讯社声明,外传所谓"八路军不抗日,打中央军"之说,全系日寇造谣中伤。

《大公报》的社评作者,对这一切说明充耳不闻,依然仰承蒋介石的旨意,在21日发表这篇满纸谎言的社评,为蒋介石帮腔。社评先说八路军"集中晋北,迄今尚未与友军协同作战,则系事实"。又说:"我们相信统帅部必然已有命令,要第十八集团军参加战斗。"还貌似公正地说:"在国家民族的大义名分之下,十八集团军应该立即参加晋南战役,在其向所最服膺的团结抗战精神之下,十八集团军更应该立即赴援中条山。"

周恩来看了这篇社评,当天晚上立即写了一封长信给《大公报》总编辑张季鸾和该报重庆版总编辑王芸生予以驳斥。信中引述了该报对八路军的无端指责以后,严肃地指出:

> 我可负责敬告贵报,贵报所据之事实,并非事实。在贵报社论发表一周以前,晋南白晋公路一段即为第十八集团军袭占,停止通车;其他地区战事正在发展。只因远在敌后,电讯联络困难,此间遂不得按时报道。而中枢及前线旬余军事磋商,与夫配合作战之计划,皆因军机所限,既不便且不得公诸报端,亦不宜在此函告。于是惯于造谣者流,曾公开向人指摘第十八集团军拒绝与友军配合作战。我曾为此事一再向中枢请求更正,不意市虎之言,竟亦影响于贵报。当自承同

业联络之差，惟环境限人，贤者当能谅我等处境之苦。

信中列举的这些事实，揭穿了对方的诬蔑纯属无稽。《大公报》社评把事实说成仿佛整个华北战场只有一个中条山。周恩来在信中指明：山西高原并非仅限于中条山。敌寇所以难以渡过黄河，"不仅因中条山留有中央大军，握此北方锁钥，且因山西所有高原都控制在我军手中，方使日寇三年多屡试渡河，屡遭失败"。

周恩来列举第十八集团军战绩时，巧妙地揭露了国民党没有给它任何补给，同时讥讽国民党为中条山战役失利而诿过于人的种种"抱怨"："我们一向主张团结抗战，而且永远实践团结抗战。去年华北百团大战，战中未得到任何配合，战后未得到任何补充，虽中外电讯竞传捷音，贵报备致奖誉，而犹为人诬为虚构战绩，我们并不因此抱怨。""尽管十八集团军饷弹俱断，尽管无任何友军可以配合，尽管有人造谣说十八集团军已撤回陕北，然事实胜于雄辩，十八集团军终于击破了敌人扫荡。虽弹药越打越少，但我们更不会以此抱怨别人。"同时坚决表示："只要和日寇打仗，十八集团军永远不会放弃配合友军作战的任务，并且会给敌人以致命打击的。"

周恩来的信最后说："敌所欲者我不为，敌所不欲者我为之，四五年来常持此语自励励人。"现在日本侵略者正欲"先给我以重击，并以封锁各方困我"，并"辅之以挑拨流言，和平空气"。他在这里提出一个对方无法拒绝的要求："贵报一本大公，将此信公诸读者，使贵报的希望得到回应，敌人的谣言从此揭穿。"

23日，《大公报》全文发表了周恩来的信，但同时又由张季鸾炮制了一篇题为《读周恩来先生的信》的社评，用"国家中心论"来抗拒周恩来的批评。这篇社评极力为自己的造谣进行狡辩，同时继续诬蔑中国共产党。它不但颠倒是非，攻击中共当前的政策，而且篡改历史，替蒋介石背叛革命的罪恶辩护。胡说共产党从1927年后十年间对国家的贡献"是负号的，不是正号的"。还把中共与苏联扯在一起,又把当时签订的苏日中立协定扯在一起,影射中共不抗日,听苏联的话,以此恶毒攻讦,混淆公众视听。社评把蒋介石当做"国家中心"来拥护,鼓吹必须拥护这个"国家中心",否则就是"亡国之局"。虽然它也不得不承认:"抗战开始以来,中共领导的抗战工作,在北方实在表现其特长。其最显证据,是退出的一般军队不能回北方工作,而十八集团军所属部队能够深入敌军占领地工作,这种工作实在是不容易的。"然后笔锋一转,却又别有用心地说:"但最需注意者,就是一定将此有用之组织力量,对国家永作正号的贡献,切不可对于根本认识又发生错误的感觉。"社评作者把蒋介石看作"国家中心",说蒋政府是"唯一可能建设的国家中心"。社评写道:"我们在今天,只希望认识一点,就是:敌我的形势,自己的国力,世界的时机,都绝不容许存一种观念,以为现在的国家中心失败了,还可以再建一个中心,然后将国家再组织再统一起来。这样的事,是必无的。'九一八'以后,中国只有这一段时机可以建国,现在抗战四年了,若使现在的国家中心失败了,那就是亡国之局。所以一般军民同胞的基本认识,是必须拥护国家中心的国民政府,以贯彻自主自卫之目的。这是唯一的路,此外无路。"它说:"对于这个中心,同胞们都有拥护的责任,我们以为中共诸君也有拥护的责任,因为这个中心失败了,就要同归于尽。"在这里,社评作者扮演了《打渔杀家》这出戏里教师爷的角色,口气俨然是蒋介石的代言人。老实说,人们看到:以《大公报》来斥责中国共产党,以张季鸾"教训"周恩来,总会引起"蚍蜉撼大树"的遐思!

张季鸾当时赶写这篇文章的内情,《大公报》资深编辑李侠文有所透露:"关于'晋南事件'一文,偏袒国民党,立论所据并非客观事实,与他一向持平的态度大异其趣。侧闻他曾对一些同事说过:'芸生招架不住,只好由我力疾写此文,以资应付。'他受到的压力如何,不得而知,这一篇文章无疑是一大败笔。"(《大公报人忆旧》,第259页)当时《大公报》重庆版总编辑王芸生、总经理曹谷冰则说："大公报接到周恩来同志的信以后，张季鸾特地写了一篇题为《读周恩来先生的信》的社评，以为答复。在5月23日的大公报上同时发表了这篇社评和周恩来同志的信。张季鸾在这篇社评里正式抬出了'国家中心论'以拥护蒋介石，对抗共产党。这篇文章充分表现了大公报的资产阶级性，并且恰如其分地反映了大公报、张季鸾同蒋介石的关系。"（《文史资料选辑》第27辑，第233—234页）

至于在社评里侈谈"团结抗战"之类，似乎也与社评作者当时扮演的角色不很相称。早在1937年末，张季鸾就由汉口到南京开始"参与蒋介石同希特勒的驻华大使陶德曼所谓'调停'的秘密交涉"。1938年1月初，他又从汉口去香港，声称"受蒋先生之托，去向敌人撒一把迷眼的沙子"。在重庆期间，张季鸾也曾经几次到香港，……继续进行谋和活动。（《文史资料选辑》第25辑，第29—30页）就在撰写这篇评论的前几个月，此公风尘仆仆，还曾不计辛劳地频繁往返于重庆、香港之间，代表蒋介石向日军乞和。这在一直参与向蒋劝降活动的日军高级特务今井武夫的回忆录里也曾记述：1940年10月间，正当蒋政府在重庆"发布了内容措词激烈的布告：中国人凡是谈论日华和平问题者，一律以汉奸看待。但同时，重庆方面却从幕后秘密派张季鸾去香港，据说是想明确一下，日军的全面撤兵与日方是否可以不承认汪政权问题。日方于11月23日对张季鸾所提出的询问事项，再次确保实行的同时，要求重庆政府派遣正式代表。"（《今井武夫回忆录》，中国文史出版社1978年5月版第175页）实际上，张季鸾这次去香港乞和，只是以往乞和活动的继续。在此以前，这年8月间张季鸾往返于渝、港间的乞和活动，在国民党特务头子、蒋介石侍从室负责情报事务的第六组组长兼军统局帮办唐纵的日记中也有记述："（1940年）8月28日：雨农告诉我，张季鸾昨天回来，今日又飞香港，这是与日秘密交涉有关。布雷先行嘱他不要问和知"（"雨农"是蒋介石特务头子、军统局副局长戴笠的字；布雷即陈布雷；和知即日本特务头子和知鹰二，1938年起参与对国民党政府诱降活动）等行为。"（《在蒋介石身边八年——侍从室高级幕僚唐纵日记》，群众出版社出版1991年8月版第151页）这样看来，这一年，至少从8月到11月间，张季鸾马不停蹄，一直在为乞和的事奔忙不休。《大公报》"三巨头"中的另一位要角胡政之，当时也伙同张季鸾在香港参加了对日乞和的谈判。早在1938年8月，张季鸾和日方代表《朝日新闻》编辑局顾问神尾茂就曾达成过若干协议，被人称作"张季鸾——神尾路线。"其后张季鸾继续和日方讨价还价，直到生命终结，真正做到了"鞠躬尽瘁，死而后已"。难怪汪伪政权的"汉奸周佛海曾在伪报上说，如果他是汉奸，张季鸾是什么？"（昭恺：《旧大公报是怎么一回事？》《大公报通讯》1957年第7期）此刻此公又从后台走到前台，居然一本正经，对于领导团结抗战最为坚决的中国共产党指手画脚，大放厥词，对抗日战争中战绩卓著的八路军说东道西，恣意指责，岂非太不自量？

周恩来《致大公报书》于5月25日在重庆《新华日报》发表，并经新华社广播，在6月13日延安《解放日报》及各解放区报纸发表。这封信发表后，立即轰动了重庆和国民党统治区，帮助人们弄清了真相，使一切造谣者无言以对。刊登这封信的《新华日报》增刊销售17000多份（其中重庆14000多份），打破了以往的发行纪录。

与《大公报》发表反共社评同时，国民党康泽特务系统直接控制的重庆《商务日报》也连续发表反共社论。周恩来于5月25日为此致电毛泽东，说从近日《大公报》和《商务日报》发的社论看，国民党怕我们另立一个中心。主张不忙答复，准备从正面做文章反驳。毛泽东接电后，即于5月26日复电周恩来，指出："对国民党的第二个将军（第一个问我们是否配合作战，第二个问我们是否拥护国家中心，都是向我们将军），暂时应置之不理，你意与我们一致。""卫立煌对我积极配合作战甚为兴奋，他提议约胡宗南在洛阳会见，并派车接南汉宸去共商团结抗战大计，我们已复电同意。"5月28日，周恩来再电毛泽东："根据你及中央所指示的斗争经验，对国民党第二个将军确应置之不理。对第一个将军（即说我们不配合作战），他们已在动员中间分子，除《大公报》外，香港各报亦有发同样言论者。在港在蓉（以邵从恩、张澜为首）两地参政员均有电（复电已转，邵等电明日转上）。邵电复张缓和，而南洋华侨团体亦有英文电来。我意对国方此等动员，我们应施反对。"

为了进一步揭穿国民党对八路军的歪曲宣传，乘胜追击，周恩来在这封致毛泽东的电报中提出意见：（一）拟用我的名义（因张、邵两电均由我转毛、朱）分复张等、邵等，揭破敌人阴谋，说明事实真相，指出目前战果，证明在无饷无弹之状态下，而犹抗战耗敌，要求彼等主持公道，代请饷弹，以便扩张战果，复电亦送中央社发表。如不发则可进一步在《新华日报》《华商报》揭破顽方阴谋，题为"封锁消息，为敌应声虫"，如登亦可瓦解其表面动员。（二）利用中央社电讯，在港及海外广为宣传（《新华日报》已做，并附社论），并作社论揭穿此事。（三）将我致张季鸾、王芸生公函送致香港、海外各报。（四）将《解放日报》社论（《解放日报》5月28日发表社论《谣言与烟幕》）在渝、港、海外广为散布。（五）请令前总及叶参（剑英）将战报按时分电渝、港两地，以广宣传。……

由此可见，《大公报》秉承蒋介石旨意挑起的这场斗争，背后隐藏着重大的政治阴谋。周恩来识破了对手的奸计，坚决领导党报和新华社进行反击，直到取得胜利。

毛泽东6月17日打给周恩来的电报中说：

> 你的一文一信（"一文"即指周恩来为1941年5月25日《新华日报》撰写的代论《论目前战局》。"一信"即指周恩来这封《致大公报书》），《大公报》的复文（即指《大公报》社评《读周恩来先生的信》）（《大公报》此文很有意思，很可注意）都看了，你的信与文均在《解放日报》发表并广播，那封信写得很好。"依你观察，此刻是否到了蒋转弯的时机，

可否找张季鸾、王芸生开一次谈判。""向他们申明只要不妥协不反共，我们是拥蒋（所谓国家中心）到底的，否则是蒋拒绝人家拥他，解散新四军，对八路军不发饷弹，公开的普遍的反共言论与反共行动，叫人如何拥法？问他们有无改善国共关系的办法。"（《毛泽东年谱（1893—1949）》，人民出版社、中央文献出版社1993年12月版，中卷，第307—308页）

在写信给《大公报》同时，周恩来还写信给蒋介石，质问这样传播谣言是何居心？蒋介石派刘斐回答说：他只希望十八集团军有战报，没有其他用意。周恩来立刻将收到的八件战报交刘斐送去，要求由中央社发表。国民党顽固派仍然继续挑衅。中央社在5月30日发表的一条有关十八集团军行动的消息中，完全违背事实地写道："截至今日止，尚未据报与敌军正式接触。"周恩来立刻向《新华日报》记者发表谈话，列举事实，加以驳斥。他说：

最近一周，单就中央社之洛阳专电，便有六次提及晋东我军或十八集团军作战地区之战役的，而大公报两次西安专电，更证明太行山及晋北我军均在与敌作战。此等电讯发自前方，见闻自更翔实，既经前方军事机关检查于先，又经后方军事机关复审于后，揭诸报端，已历多日，岂能谓为非战报？！

他最后说：

我们当然并不以此等战果为满足，我们愿意接受国人善意的督责和更多的希望。我们期待着更大的战果的来临。

这个声明6月1日在《新华日报》发表后，也同《致大公报书》一样，再次轰动了山城重庆。这天《新华日报》增刊销售达到了20000份（其中重庆17000份），又打破了前次的发行纪录。

其时坐镇洛阳的国民党第一战区司令长官卫立煌将军及其影响下的中

央社洛阳分社，同《大公报》比较起来要开明得多。周恩来在5月28日致毛泽东电中说：今日各报载中央社洛阳26日电，均说晋东我部队发动策应中条山战事，同蒲北路、新白晋、平绥、正太、平汉在破坏中，已足够证明十八集团军出动战果，而卫立煌及洛阳中央社究较开明，所以连发两电。5月30日，周恩来又将此事当做喜讯电告彭德怀："九个月来中央社第一次广播我军战绩，谓据洛阳讯，我军已截断正太路车不通等语，是卫处已起作用，望对正太、平汉两路战绩多报卫、蒋。""为答复国民党造谣污蔑，新华社已予以反击（反将一军），待国民党语调好转我亦放缓和些。"

如前所述，这时有一件表面看来极"巧"、绝非"偶合"的事：就在《大公报》这篇尊奉蒋介石旨意而写的社评《为晋南战事作一呼吁》，于5月21日发表的6天以前，5月15日，《大公报》刚在重庆接受了美国密苏里大学新闻学院赠予的荣誉奖章。就在拿到奖章后的一星期，《大公报》即徇蒋介石的旨意，就中条山战役问题向中共发动了这次攻击。

有人对《大公报》获得美国的奖章一事感到不胜荣幸，说："这是迄今唯一获得国际荣誉的中国报纸。"其实，不仅如此，据说，亚洲的报纸，过去只有日本的《朝日新闻》和印度的《泰晤士报》曾获得这种奖章。但《大公报》何以有此殊荣？自然也是"事出有因"的。李龙牧在其所著《中国新闻事业史稿》中，曾经评述此事说："这虽是中美两国民间的新闻界的往来，但也反映了中美政府间关系日趋密切的趋势。选择《大公报》作为授奖对象不是偶然的。这家报纸在当天的社论《本报同人的声明》中谈他们受奖的感想时，把'原则上是文人论政的机关'当成是中国报纸的特点，这自然是夫子自道。《大公报》一向标榜的'不党、不卖、不私、不盲'，与西方自由主义传统较为接近，而它的政治态度则又已公开宣布，自抗战开始，便已'精神上将这一张报完全贡献给国家，听其统治使用。'"（1939年5月5日香港《大公报》社论，见《季鸾文存》第2册，153页）支持蒋介石的统治，支持他的亲美政策。这当然使他能作为国民党统治区新闻界的合适代表来发展与美国新闻界的关系。"从这以后,政治上美蒋结合日趋紧密;新闻战线上,美国对华新闻宣传也日益加强,美国新闻处在中国的活动范围越来越广,成了国民党统治区中新闻界的一个十分引人注意的现象。"(见《中国新闻事业史稿》,上海出版社1985年1月版,第287—288页)

国民党军队这次在晋南战场的惨败不是偶然的,病根在于它的反共政策。6月9日,延安《解放日报》社论《晋南战役的教训》一针见血地指出:从敌人方面来说,"一打一拉,是敌人亡华政策的两个法宝。敌发动的五月攻势,这是打。近来盛传的东方慕尼黑,这是拉。如拉不成,又将继之以打,这是决然无疑的。"而从国民党军队来说,"敌人五月进攻的主要方向,是在晋南,华中方面是其配合。晋南方面,由于我方存在着种种内在的弱点,故使敌人暂时占了上风。这些弱点中,主要的一个,就是反共。反共结果,使得内部不团结,将士无信心,所以吃了大亏。要使今后多打胜仗,必须放弃反共政策,亡羊补牢,犹不为晚,这是我们向友党友军的诚恳的建议。"

《大公报》这次所以拾人余唾,照抄同盟社散播的谣言,在国民党掀起的反共风浪中大打出手,也不是偶然的。病根也在于其主要精力不在鼓吹抗战而在极力反共。其时国民党炮制的以皖南事变为顶峰的第二次反共高潮已近尾声,《大公报》的领导集团仍然充当"拼命三郎",挺身而出,作此声嘶力竭的叫嚣,说明了它在反共问题上的顽固、执著。这次事件再次表现了《大公报》表面上标榜"大公"而在实际上拥蒋大私的基本立场,它对蒋介石"小骂大帮忙"的一贯手法,重庆《新华日报》在同《大公报》论战时,曾经在社论里作过简明而准确的剖析:

> 在若干次要问题上批评当局,因而建筑了自己地位的大公报,在一切首要问题上却不能不拥护当局。这正是大公报的基本立场。(《与大公报论国是》,1945年11月3日《新华日报》社论)

当时已继张季鸾为《大公报》总编辑的王芸生承认:《新华日报》社论

的这一评价"正确指明《大公报》标榜'大公'而实际拥蒋大私的基本立场，同时也对旧大公报对于国民党反动政府'小骂大帮忙'的一贯手法作了最恰当的解释。"(《文史资料选辑》第28辑第162页)

对《大公报》在1941年挑起的这场笔战，以后王芸生一直对周恩来感到歉疚。直到周恩来逝世一周年，王芸生还在回忆文章中写道：

> 敬爱的周总理，当我回忆您对我的多次教诲时，首先使我想起至今常抱愧恨的一件事。是在1941年5月间，日本帝国主义在中条山地带对蒋介石发动了一次逼降攻势，蒋军望风披靡，丧失了五万多人的兵力。蒋介石为了掩饰他可耻的失败，造谣诬蔑十八集团军（即八路军）坐视敌军进攻，不配合友军作战。旧大公报是同蒋介石坐在一条板凳上的，手法是"小骂大帮忙"。我应他们的要求，写了一篇题为《为晋南战事作一种呼吁》的社评，发表在旧大公报上，为蒋贼帮腔。当时周总理在重庆，当夜写了一封长信给张季鸾和我，辩论是非，辟驳谣言。信中历述当时十八集团军受蒋军封锁和作战情况，并负责声明："只要和日寇打仗，十八集团军永远不会放弃配合友军作战的任务，并且会给敌人以致命打击的。"这封信最后说："敌所欲者我不为，敌所不欲者我为之；四五年来经常以此语自励励人。"这话说得多么光明磊落，大义凛然，读其信如见其人。(《人民的好总理》下册，人民出版社1977年9月版，第132—133页)

许多年后，毛泽东有次同吴冷西谈到《大公报》的时候，还曾提到这次笔战。他说："《大公报》从天津起家时是由三个人的'合作社'从别人手里接办的。这三人'合作社'是吴鼎昌出钱，胡政之经理，张季鸾主笔。抗战前虽然不断有所发展，但在整个中国政局中没有多大分量。抗日战争是《大公报》的鼎盛时期，国共两党合作的局面给《大公报》发挥其作用提供了条件。张季鸾以及继任的王芸生，在这方面的作用值得重视。吴、胡、张三个合办《大公报》时相约只办报不做官,但后来吴、胡都做官了,只有张季鸾没有官职,他却是蒋介石的'国士'。张本人年轻时在日本留学,虽然许多留学生都参加党派,但他始终以超党派自居。此后,特别是在国共合作时期,他更是以第三者标榜。他在重庆经常来往于国民党和共产党之间。他同陈布雷交往甚深,同时也常到曾家岩走走,到处打听消息,然后从中做他的文章。他办报素以客观、公正自夸,平常确也对国民党腐败加以揭露批评,但每到紧要关头,如皖南事变发生后,他就帮蒋介石骂周恩来了。王芸生后来接他的班,在国民党发动内战前后,也是这样给蒋介石帮忙的,直到国民党崩溃前夕,才转而向我们靠拢。"毛泽东说:"人们把《大公报》对国民党的作用叫做'小骂大帮忙',一点也不错。"(吴冷西:《忆毛主席——我亲自经历的若干重大历史事件片断》,新华出版社1995年版,第165—166页)

《大公报》对蒋介石"大帮忙"最著名的一例,就是它在西安事变时候的言论。抗日战争、解放战争时期,这种事例更多。它就晋南战役挑起的这场笔墨官司,乃是这种行径的典型的"杰作"。曾经长期为《大公报》撰写文章并和张季鸾有过密切交往的陶菊隐说:"1936年西安事变发生时,张(季鸾)在《大公报》上著论提出'一个民族、一个领袖'的口号,大声疾呼地号召全国人民在此国难当头,应当爱护领袖,力劝张学良将军恢复蒋的自由。这篇文章大受蒋党的赏识,曾印十万张分送全国,并用飞机运往西安上空散发,从此蒋待张以'国士'之礼,而《大公报》也由'小骂大帮忙'进而为蒋党外围的宣传工具了。"(陶菊隐:《记者生活三十年》,中华书局1984年版,第193—194页)周雨著《大公报史》(江苏古籍出版社1993年版,第90页)称:刊载张季鸾撰写社评《给西安军界的公开信》的1936年12月18日《大公报》,"国民党当局让大公报馆加印了40万张,派专机飞临西安上空散发。"在蒋党派飞机广为散发的这篇社评里,他责备张学良、杨虎城及爱国士兵:"主动及附和此次事变的人们听着!你们完全错误了,错误的要亡国家,亡自己。"还用大量篇幅吹捧蒋介石,说"他热诚为国的精神与其领导全军的能力,实际上早成了中国领袖,全世界各国都以他为对华外交的重心。这样人才与资望,决再找不出来,也没有机会再培植"。这篇文章,对蒋介石的身份极尽恭维和体贴之能事,高度狂热地拥护蒋介石。但张季鸾还要遮掩这家报纸拥蒋大私的本质,在此文中特向读者作了"此地无银三百两"的剖白:"我们是卖报吃饭的,谁看报也是一元法币一月,所以我们是无私心,我们只是爱中国,爱中国人。"好像独不偏爱他那"一个领袖"。这真是"欲盖弥彰",越抹越黑了。

其实,张季鸾不但当时吹捧蒋介石特别肉麻,一年以后——1937年12月12日,张季鸾又在《大公报》发表他所写的社评《敬慰问蒋委员长及全军将士》,为纪念西安事变一周年。这篇文章对蒋介石阿谀奉承,更加肉麻。文章说:"当去年冬间,因外患而更加重内忧,阴郁重重,不可终日,蒋委员长在华清池之蒙难,从历史的意义看来,可以说是国家民族整个的受灾蒙难,而结晶到领袖个人受苦。现在回想起来,去年今日,实在是万分危险。领袖生命之存在,只是天佑!"到第二天,所发社评就是《对于一切爱国者的警告》,说:"中国今后,势不容再谈各党各派,应当只成为一个党,一个派。"这样一来,把他十多年标榜的"不私""不党"以及什么"超党派"的遮羞布,统统都扔掉了。只要能讨"领袖"欢心,一切全都豁出去了。

## 《与大公报论国是》

日本投降以后,蒋介石就积极策划反共反人民内战,实行法西斯独裁暴政。从日本宣布投降、蒋介石电邀毛泽东去重庆,中经政治协商会议、和谈破裂和解放战争初期的几个大战役,《大公报》的领导层始终把自己绑在蒋介石的战车上,一直追随着蒋家王朝,为国民党的内战政策帮腔。它一面侈谈"和平",装着为民请命的样子;一面却又公然袒护蒋介石发动内战,把国民党军大举进攻解放区说成是理所当然的事,颠倒是非,硬将内战的责任推到共产党身上。

1945年8月,日军宣告投降之际,蒋介石电令各战区"加紧作战努力",却独命令第十八集团军"就地驻防待命",剥夺他们受降的权利;随后蒋介石就依靠美国帮助,甚至纠集敌伪军,分向坚持八年抗战的各解放区大举进攻。解放区军民站在自卫立场上,对来犯敌人奋起反击,接连取得重大胜利:9月间,将进犯上党地区的国民党军队35000余人全部歼灭;10月间邯郸战役历时10天,又全歼敌人两个军,争取了一个军起义;其他各线进犯的蒋军,也都遭到惨败。国民党慌忙调兵遣将,布置对解放区新的更大规模的进攻,但因交通被我军切断,国民党寸步难行,蒋介石急如星火,坐卧不安。《大公报》忙于10月25日发表《为交通着急!》的社评,气急败坏地说:"对于此时还要破坏交通的有枪杆者,我们老百姓不能不提出抗议。"社评虽未在字面上指明共产党,却极恶毒地影射我党是"有了枪杆成为一个势力集团",再次施展其颠倒黑白的故伎,依仗美蒋的势力进行恫吓:"如果不管老百姓死活,一味用破坏手段去求达到目的,在这些势力集团本身来说,也是作践人心,自掘坟墓。"这篇社评发表后九天,11月3日,国民党中央宣传部长吴国桢就提出所谓"恢复交通办法"(在同一天,何应钦在北平发布紧急内战命令,命令国民党军兵分三路进攻张家口、承德、沈阳)。11月5日,毛泽东以中共发言人的名义发表谈话,揭穿所谓恢复交通办法不过是缓兵之计,也给《大公报》社评作者一记耳光:

国民党当局正在大举调兵,像洪水一样,想要淹没我整个解放区。他们在9、10两月几次进攻失败之后,正在布置新的更大规模的进攻,而阻碍这种进攻,亦即有效地制止内战的武器之一,就是不许他们在铁路上运兵。我们和旁人一样,主张交通线迅速恢复,但是必须在受降、

处置伪军和实行解放区自治三项问题获得解决之后，才能恢复。(《国民党进攻的真相》，《毛泽东选集》第四卷，第1167页)

毛泽东斩钉截铁的谈话，自使蒋介石十分恼火，《大公报》领导层也感到"震荡惶惑"，遂又于11月20日发表"措词激烈，火气旺盛"的社评《质中共》，完全站在蒋介石的立场上，指名道姓地要求共产党交出军队，交出解放区民主政权，要求"政争"不要"兵争"，认为如此才"是国家民族的大幸"。这实际上是要人民向国民党反动派投降。

这篇社评的内容说了三件事：第一，歪曲事实，说今天的内战责在十八集团军坚持解除敌伪军武装，没有像国民党军那样联合敌伪军，而在受到国民党与敌伪军的联合"清剿"后，又实行了自卫，没有听候"剿除"。第二，继续实行民主，与国民党的夺政于民的方针不合，因此造成了"南北朝"，违反了蒋介石"要变不要乱"的主张。第三，说共产党应将人民的军队私卖给国民党"销为日月光"，人民的军队光了，人民就可以"争自由，争宪政"，就可以"一切不让"。因此叫嚣要"共产党放下军队，为天下政党不拥军队之倡；放下局部的特殊政权，以争全国的政权"。

《大公报》这篇社评的基调，仍不外是它一贯鼓吹的"国家中心论"的翻版。张季鸾虽已故去，他的"流风遗韵"依然流连不去。早在1944年秋天，当《大公报》发表该报记者参加中外记者西北参观团访问延安归来所写通讯的时候，曾于8月5日发表王芸生写的社评《延安视察的感想》，借题发挥，针对中国共产党提出并已受到各界爱国民主人士和广大人民群众拥护的建立联合政府的主张，叫嚣"当今的国民政府及蒋委员长，这个政府与这位领袖，是提携全国统一象征全国统一的国家中心"。说什么"我们绝不能也不忍想象倾覆了这个国家中心，再使国家受几十年苦难，再使人民流无量的血，然后另外再树立起一个中心。……我们拥护国家统一，我们爱护国家中心，政府若有缺点，应该促其改善，政府若有失败，应该促其纠正,但绝不可轻谋另起炉灶。"翌年日本投降以后,毛泽东在重庆同蒋介石谈判期间,大公报社曾于9月20日设宴招待毛泽东、周恩来,席间谈论国事,王芸生又曾提到"共产党不要另起炉灶",毛泽东当场驳斥了这种谬论:"不是我们要另起炉灶,而是国民党炉灶里不许我们造饭。"——说来说去,《大公报》始终是站在蒋介石的立场上,反对人民政权、人民军队的存在以及建立联合政府的主张,千方百计卫护蒋介石这个"国家中心",惟恐蒋政权在革命战争烈火中烧成灰烬,不愿让法西斯在中国大地上灭种绝迹。因此,《大公报》不仅认为"绝不可轻谋另起炉灶",对中国共产党和各民主党派提出的"联合政府"主张也极力抵制。如像王芸生、曹谷冰所说的那样:"旧大公报一贯反对各党派组成联合政府的主张,自从1937年6月张季鸾写《沈钧儒等一案公判》一文,直到1949年蒋介石政权灭亡,旧大公报始终一贯地顽固地拥护蒋介石这个代表大地主大资产阶级的所谓"国家中心"。(《文史资料选辑》,第27辑,第258页)

11月21日,《新华日报》发表题为《与大公报论国是》的社论,根据无可辩驳的事实,逐一驳斥了《大公报》社评的上述三点谬论。这篇社论综述了上述三点后说:"这些问题都是当今国是的根本问题,我们现在无需乎借大公之名掩大私之实,借人民之名掩权贵之实,只请大家平心静气地想一想:大公报这次所说的有多少是真理?"第一,关于受降问题,说:"8月11日,当时日军尚未投降,一切盟国统帅都命令所部加紧对敌作战,我国蒋委员长也电令'各战区将士加紧作战努力',唯独对于十八集团军则命令'所有该集团军所属部队应就地驻防待命'。这里前一个命令实际上是不生效的,因为其他集团军多在离前线很远的后方,而十八集团军则连年坚守前线,要十八集团军就地驻防,当然是利于敌伪的。甚至同时蒋委员长竟命令各地敌伪军'维持秩序'。就是在这种古今中外所没有见过的离奇条件之下,朱总司令作为一个爱国军人坚持进攻敌伪军。须知这些还未投降的敌伪军既然就在十八集团军的面前,则十八集团军只要不想等候敌伪军来缴自己的械,就不得不前去缴敌伪军的械,这是明明白白的道理。蒋委员长说是要十八集团军'驻防待命',虽然至今三个多月过去了,并未'待'到什么'命',但是这个借敌伪之手消灭十八集团军的存心,现在却是完全证实了。十八集团军究竟何罪于国家,必须如此置之死地?敌伪究竟何功于国家,必须如此深仁厚泽?"这就充分辨明了所谓朱德总司令的命令是北方砍杀之战的"根源"的歪曲说法。社论继即历数蒋介石把解放区军民当做"剿匪"的对象,到处发动攻击,用铁一般的事实来证明蒋介石进行内战的阴谋。第二,驳斥所谓中共要求特殊化的问题,说:"大公报说中共要求特殊化,要求南北朝,要乱不要变,我们承认中国今天确有这种人,不过不是中共而是国民党的当局。全国人民要求还政于民,国民党当局也曾在口头上说要还政于民,而解放区已经在实际上还政于民,但是国民党当局却偏偏要夺政于民,还政于党,这不是闹特殊化是什么呢?中共……要求全国各村镇各县市各省区直至中央的政权,一概由人民选举产生,并且在华北与东北首先实行起来,并且愿意在各方代表监督之下重新选举一次。这时国民党当局却偏偏不愿意实行这个民主的办法,尤其不愿在它党化的南方实行民主选举,这不是闹南北朝是什么呢?全国人民要求变,变了才可以不乱。但是国民党当局却偏偏不肯变,以至在西南,西南乱;到京沪,京沪乱;到平津,平津乱;治财经,财经乱;治教育,教育乱;治党务,党务乱;治军事,军事乱;治全国,全国无不乱。这不是要乱不要变是什么呢?今天的中国,走民主的路必定统一,必定不乱,但是走不走这条路,在于国民党当局的决策。现在大公报却把这个决定的权力推在中共的头上,岂不张冠李戴!?"第三,关于军队问题,说:"军队国家化本是跟着政治民主化来的,军队不化于民主的国家,难道还该化于国民党的'党国'吗?还该化于封建独裁的'国家'吗?"这一问非常重要,是根本问题所在。《大公报》与蒋介石一个鼻孔出气,把"军队国家化"这句话当做逼迫中共投降的"紧箍咒",其本质正是反民主的。《新华日报》社论最后加以总结说:"大公报在抹杀受降办法不合理的事实,隐瞒国民党发动'剿匪'的事实,并把国民党当局要乱不要变的事实转嫁给共产党以后,配合着今天国民党军敌军伪军乃至美军向解放区的大举猛烈进攻,跑到火线上来要求共产党强迫人民的军队放下武器,向反动派无条件投降,说是这样'就会被全国同胞弦歌丝绣而奉为万家生佛'。好一位妙舌生花的说客呀!但是天下一切大公无私的人们请判决吧!大公报在这里是大公呢?还是大私?"

这一问,很准确地揭露了《大公报》"借大公之名掩大私之实,借人民之名掩权贵之实"的真实面目。社论紧接着指出:"在若干次要的问题上批评当局,因而建筑了自己的地位的大公报,在一切首要问题上却不能不拥护当局。这正是大公报的基本立场。昨天的社评当然不是例外。"这样一来,就一针见血地揭露了《大公报》标榜"大公"而实际拥蒋大私的本质。

延安《解放日报》也在12月8日发表陈伯达以《驳大公报》为题的长篇论文,彻底揭露《大公报》拥蒋反共的本质。针对《大公报》这篇社评对中国共产党和十八集团军的诬蔑,提出三点加以驳斥:首先,它以不可辩驳的铁证,指出"内战的根源是在'(国民党)中央的军事委员会'的命令,而不在朱总司令的命令"。其次,揭露国民党对内的"兵争"是与国民党的"政争"不可分的,"兵争"是"政争"的继续。其目的"第一是保存敌伪和保存敌伪所建立的奴隶秩序";"第二是要由发'国难财'到发'胜利财'"。文章摘引了《大公报》刊载的自己记者报道的大量事实,证明国民党在"收复区"实行蒋日伪合流;到处"劫收"掠夺,发"胜利财",带给人民空前的灾难。第三,文章回顾历史,根据事实驳斥了《大公报》社评关于"军队国家化"的谬论,理直气壮地说:"人民的武力才是国家兵,而反人民的武力则一定是私兵。有人民的武力,则国家治;没有人民的武力,则国家乱。两种生活在中国都有具体的证明。不愿意认真看这两种生活的经验,而徒作笔墨的诡辩,大公报可以休矣!"

最后,文章在结语中彻底剥开《大公报》的画皮说:"大公报的作者先生！你们有维持国民党统治的私心，所以你们虽然口说国家、口说人民，但却全是颠倒的看法。你们把人民颠倒，把国家颠倒，于是对现实的一切问题，就都颠倒起来了。你们对于内战根源的看法就颠倒了。你们对于兵争与政争的看法就颠倒了。但你们这一切颠倒，终究是无法抹煞真理的，因为你们没有法子抹煞事实。中国人民的眼睛已经长得很亮了。你们还是少在蒙蔽方面用工夫，那末，中国有福，你们自己和你们的子孙也就会有福的。"

和这次论战大体同时，还在重庆新闻界发生一件事情，也可看出《大公报》上层人物反共意识的强烈。毛泽东到重庆和蒋介石进行和谈期间，阔别多年的老朋友柳亚子向他索求诗稿，他将写于1936年2月的《沁园春·雪》手书相赠。稍迟，被《新民报晚刊》在11月14日传抄发表，别的报纸又曾陆续转载。这首气势磅礴的宏伟诗篇很快传诵中外。而国民党嫡系党报则在这时断章取义，歪曲词中个别用语进行反共鼓噪（据传国民党中央党部还曾暗中通知其各级党部，要求会做诗填词的党徒以《沁园春》词牌作词，以备从中选出"超过毛泽东的"，以其主要官员的名义公开发表，将这首《沁园春·雪》"比下去"。结果自然是徒劳的）。

《大公报》反共惟恐落后，也在这时发表了王芸生的长篇文章《我对中国历史的一种看法》，指桑骂槐，诬蔑毛泽东这首词，对中国共产党大张挞伐。王芸生这篇文章前前后后在重庆、天津、上海三处的《大公报》上发表了三次，而且都是连载三天。可见，在《大公报》上层人物看来，这篇文章是不同凡响的。

王芸生的文章前面有个"冒头"，佯称"这篇文章，早已写好""置于箱底"的。"近见今人述怀之作，还看见'秦皇汉武'，'唐宗宋祖'的比量，因此觉得我这篇斥复古破迷信反帝王思想的文章还值得拿出来与世人见面。"联系毛泽东、柳亚子和词的发表，再看《大公报》素来的立场，这篇文章的矛头指向哪里，是一望可知的。郭沫若看了王芸生这篇文章，撰写《摩登唐·吉珂德的一种手法》（郭沫若的文章，原载《萌芽》月刊1946年第6期），揭

穿糖衣里面裹着毒药,学术外衣是掩盖着政治阴谋的:

> 王芸生的这篇文章并不是纯粹的学术性论文,他写出的"用意"并不是真的想向史学界提出一个新历史观,而事实上是在历史批评的外衣之下执行他的某种政治任务的。

郭沫若以其特有的辛辣锐利的笔触,一层一层地剥开《大公报》这篇"藏头盖面"的文章的本相。他说,王芸生的文章"借题发挥""实在借错了题":"毛泽东是不是在提倡'复古',奖励'迷信',鼓吹'帝王思想',这些问题要拿出来讨论都觉得有点无聊。"王芸生所以要拿历史上的一些事情东拉西扯,"醉翁之意"无非是借此影射现实,落脚到"反共大业"上。"他要'斥复古',也就是斥毛泽东的复古,'破迷信'是破毛泽东的迷信,'反帝王思想'是反毛泽东的帝王思想。射人先射马,擒贼必擒王。打倒毛泽东自然也就是打倒了共产党。打倒共产党自然也就护卫了和共产党对立的党系。这偷天换日的本领是多么可爱!"接着,他进一步对《大公报》剥皮:"文章虽然冗长,做得也煞费苦心。打倒'正统''道统'是糖衣,取消革命是核心,取消革命也就是维持'法统',也就是'只许变,不可乱'的《大公报》的一贯的传统。因此,责骂诸葛亮、责骂曾国藩也不外是糖衣,而毒骂毛泽东倒是本意。王芸生画龙点睛,他在号召'中国应该拨乱反治'了。这还有什么两样呢?'拨乱'不就是戡乱吗?"

郭沫若说:"我近两年曾发誓不读《大公报》。"——"大公报之所以为'大公',照我的以前的拟议,是帝俄时代替沙皇效忠的那些'大公',但我今天却又感觉着有点两样了。"他在这里揭露《大公报》这次采取的卑劣手法:在《新民报晚刊》发表毛泽东的《沁园春·雪》不久,"在重庆的《大公报》上忽然也把这首词和柳亚子的和词一道发表了。起初大家都有点惊异,有的朋友以为奇文共欣赏,《大公报》真不愧为'大公',乐于把好文字传播于世。然而疑团不久就冰释了"。原来"《大公报》那么慷慨地发表了那首唱和之作的用意，其实是采取的'尸诸市朝'的办法：先把犯人推出示众，然后再来宣布罪状，加以斩决"。在文章结尾，郭沫若不胜慨叹地说："尽管是借题发挥，而且借错了题，我对于王芸生的手法，依然是佩服的。然而这也就是我宁愿读《扫荡报》而不愿读《大公报》的主要原因了。"（台湾傅斯年先生百龄纪念筹备会印行的《傅斯年文物资料选辑》中，刊有王芸生1945年11月23日致傅斯年信并录《沁园春》词的手迹。王信写道："日前之晤，承问笑话，忘记谈一事，即毛泽东近作之沁园春也。特另纸录陈，以见此人满脑子什么思想也。"他的这封信自己揭开了其时特地发表《我对中国历史的一种看法》的目的，正像郭沫若在这里指出的："是在历史批评的外衣之下执行他的某种政治任务的，"当时《大公报》发表毛泽东的《沁园春》的用意"是采取的'尸诸市朝'的办法"。现特将其原信刊布于此，"以见此人满脑子什么思想也"。据说，蒋介石看到毛泽东这首词，就对他的第二侍从室主任陈布雷说："我看他的词有帝王思想，他想复古，想效法唐宗宋祖，称王称霸。你赶紧组织一批人，写文章以评论毛泽东诗词的名义，批判毛泽东的'帝王思想'，要让全国人民知道，毛泽东来重庆不是来和谈的，而是为称帝而来的。"于是，蒋介石侍从室的人员立即阴谋策划，发动了对这首词的围攻。在国民党控制的报刊上，各种"和词""评论"立时铺天盖地而来，均对这首词进行曲解、攻击、诋毁、谩骂。王芸生的文章和这封信，堪称这场围攻的主力。）

与此同时，郭沫若还针对王芸生的文章和易君左一伙御用文人的诬蔑攻击，写了一首毛词《沁园春·雪》的和韵，发表在12月11日的《新民报晚刊》上，驳斥王文的诬蔑：

说甚帝王，道甚英雄，皮相轻飘。看古今成败，片言狱折；恭宽信敏，无器民滔。岂等沛风？还殊易水，气度雍容格调高。开生面，是堂堂大雅，谢绝妖娆。　传声鹦鹉翻娇，又款摆扬州闲话腰。说江船满载，王师大捷；黄巾再起，蛾贼群骚。叹尔能言，不离飞鸟，朽木之材未可雕，何足道！纵漫天迷雾，无损晴朝。

郭沫若当时连写了两首和词，尖锐地反驳了王芸生文章中歪曲的什么"帝王思想"，也反击其他反动文人的诬蔑。这首和词指出了他们"说甚帝王，道甚英雄，皮相轻飘"，他们不过是"声传鹦鹉翻娇"，是"朽木之材不可雕"，盛赞毛泽东词是"气度雍容格调高"。

对于国民党当局和反动文人就《沁园春·雪》掀起反共浪潮的无耻行径，在郭沫若带动下，许多进步人士奋起反击，发表和词。重庆这场以《沁园春》唱和形式所展开的斗争消息传到苏北解放区后，陈毅将军感到愤慨，也连续写了三首和词，对国民党的御用文人给予痛斥："看御用文人，谤言喋喋；权门食客，谵语滔滔。燕处危巢，鸿飞寥廓，方寸岭楼怎比高？叹尔辈，真根深奴性，玷辱风骚。……"岁末，王若飞把重庆各报刊载的"和词"30余首寄到延安。毛泽东于1945年12月29日写信给黄齐生先生说："若飞寄来报载诸件付上一阅，阅后乞予退还。其中国民党骂人之作，鸦鸣蝉噪，可以喷饭，并付一观。"黄齐生（王若飞的舅父，进步老教育家）看后，也和词一首痛击那些御用文人。

当时我党以大局为重，对国民党反动派的围剿未予理会。重庆《新华日报》根据毛泽东指示，除于11月11日刊载柳亚子和词外，再未发表其他和词，也未发表反驳文章。只在1946年5月23日（毛泽东《在延安文艺座谈会上的讲话》发表四周年纪念日），转载《新华日报》华中版上的《咏雪词话》（作者锡金）时所写的《编者按》中说："毛泽东同志咏雪一词刊出后，一时唱和甚多，然而也不乏好事之徒，任意曲解丑诋，强作解人，不惜颠倒黑白，诬为封建帝王思想。虽'蚍蜉撼大树，可笑不自量'。"

# 《可耻的大公报社论》

随着内战规模的扩大,《大公报》继续替蒋介石帮凶。当时蒋介石在美帝国主义支持下向我军大举进攻而将其战略重点放在东北。"这一时期的旧大公报,从日本投降,蒋介石电邀毛泽东主席赴重庆起,中经政治协商会议,和平破裂和解放战争的几大战役,它的言论主要是追随着蒋介石政权的命运,倾诉着一个走向灭亡的阶级的情愫,进步的因素已经很少。特别在1946年初叫嚷东北问题的时候,大公报成为反动言论的急先锋。"(《文史资料选辑》,第28辑,第150页)《大公报》配合蒋介石"关内小打、关外大打"的军事行动制造舆论,仅在1946年2月中、下旬10天当中,即就东北问题连续发表三篇反苏反共的社评:《读雅尔塔秘密协定有感》《东北的阴云》《东北经济与金融》,紧密配合国民党特务发动的反苏反共高潮,煽动反苏反共情绪,曾使一些不明事理、不知真相的青年学生上当受骗。2月22日,国民党特务借口东北问题,在重庆煽动一部分群众和青年学生举行反苏反共反人民的反动游行。国民党特务趁机捣毁重庆《新华日报》营业部,打伤工作人员多人。曹谷冰说:"王芸生连写这三篇文章,都是反苏反共的。在发表第三篇文章的同一天,大公报和其他报纸上发表了傅斯年等二十人的《我们对于雅尔达秘密协定的抗议》。也就在这同一天,国民党反动派组成了约两万学生的游行示威,由沙坪坝出发,沿途呼喊反苏反共的口号,当游行队伍刚刚走过民生路时,突有暴徒多人跳进新华日报营业部的窗子,予以捣毁。"(《文史资料选辑》,第28辑,第166页)

3月中旬,东北苏军开始撤退回国,国民党军乘机进占沈阳并向周围扩张,接连抢占一批城市。经过共产党的坚决斗争,国民党虽曾被迫签订停战协议,但它很快就又撕毁协议,继续大举进犯。东北民主联军实行自卫反击,连续在本溪、四平等地给予敌人重大打击;于4月18日进驻长春,在敌我兵力基本相等的情况下取得了全歼敌人的胜利。这是我军在东北第一次获得的攻坚战的重大胜利，也是我军战史上首次攻占这样大的城市。我军攻占长春，对国民党军是一次灾难性的打击，引起敌人的震惊、舆论工具的喧嚷和诅咒。《大公报》领导层眼看国民党军连吃败仗，东北局势吃紧，再也无法克制内心的惶恐，按捺不住对共产党的满腔怒火。4月16日，长春城内还在激战，《大公报》上海版就发表了王芸生写的社评《可耻的长春之战！》它完全站在国民党反动派一边，恣意诬蔑东北民主联军。该报重庆版也在4月17日登载了这篇社评。

这篇社评首先叙述"苏军撤，共军来"这一观点说："复杂的东北问题，半在外交，半在内政。现在苏军已保证本月初以前撤尽了，且正在撤退之中。外交一面，可谓业已顺绪。但在苏军纷纷撤退之际，在东北的内战形势却在加剧进展，且已在许多地方纷纷的打起来了。内外消长，令人心情起落不宁。"文章紧接着说："尤其可耻的，是长春之战！"

社评作者为了蛊惑读者，故意装作悲天悯人的神态，说他这个"坐在关内深夜编报的人，读着这络绎而来的电报，手在颤，心在跳，眼前闪烁，俨若看见凶杀的血光，鼻尖酸楚，一似嗅到枪炮的硝烟"。然后根据该报记者从东北络绎而来的那些胡编乱造的荒谬报道，横着心把笔锋一转，就将蒋介石出尔反尔，破坏国共双方经过谈判达成的历次协议及其发动内战、攻城略地的罪责，一股脑儿喷射到共产党和东北民主联军身上。社评再一次贩卖该报"祖传秘方""国家中心论"，叫嚣"东北是国家的，东北应该由国家在抗战胜利中收回，以恢复国家的完整"。而其最荒谬最无耻的地方，就是居然撷拾国民党特务制造的谣言，白昼见鬼，诬蔑东北民主联军使用"进攻的战术，常是用徒手的老百姓打先锋，以机枪迫击炮在后面督战。徒手的先锋队成堆成群地倒了，消耗了对方的火力以后，才正式作战。请问这是什么战术？残忍到极点，也可耻到极点"。

第二天（4月18日），重庆《新华日报》发表了正在重庆的中共中央宣传部长陆定一撰写的社论《可耻的大公报社论》，痛斥《大公报》社评说："这篇社论，承认东北问题有内政问题，承认东北的内战令人伤心，承认停战令和政治协商会议决议没有实行。但是谁不承认东北问题有内政问题？谁破坏停战令和政治协商会议决议？中国人民，中外人士，都知道这就是由于马歇尔将军所说的国民党'顽固分子'作祟。《大公报》不但不敢说出这种浅显的真理，反而借长春战争为题，含沙射影，归罪于中共和中国人民。这样来替顽固派开脱罪名，并替顽固派帮凶，真是可耻极了！"

社论继即针对《大公报》社评的诬蔑，据实揭露蒋介石在东北猖狂进攻的实情，彻底驳斥它为蒋介石辩护的各种谬论。社论历数这年一月以来国民党军在东北攻占的十八座城市后严正指出：国民党军"攻了那么多地方，破坏了1月13日与3月27日两次停战协议，却一直没有听见大公报对这些罪行说过一句'可耻'，到现在'长春之战'，大公报忽然说这一战是'可耻'的了。对于大公报的社论作者，凡是国民党法西斯反动派打击人民、残害人民、撕毁诺言、发动内战等事情，那（哪）怕天大的事，都是不'可耻'的，只有人民对于这种反动派还一还手，那就不得了，那就是'可耻'的了。大公报社论作者如此反对人民，应该是够'可耻'的了吧。"

社论摘引了《大公报》社评诬蔑我军"进攻战术"的一段，严正指出："大公报社论最无耻的，就是居然写得出这样一段。"这样的诬蔑，"拆穿了说，除了从专门造谣反共反人民的特务机关那里以外，除了从国民党'素有经验的特工同志'办的报上抄来以外，世界上找不出这样的战术。大公报为要诬蔑东北人民的民主联军，不惜写出这种话来，把自己降低到一个特务报纸的地位。你在反人民这一点上，真正做到家了，真是'残忍到极点，可耻到极点'！"

社论最后指出，《大公报》发表如此反动的社评并不是偶然的："大公报为什么忽然登出这样的社论来？大家记得，当2月里国民党法西斯集团策动反苏反人民的反动游行，捣毁新华日报和民主报的时候，就是这个'大公'的大公报,首先在社论上大肆反苏,做法西斯进行最残暴无耻的特务暴行之先锋。事后,许多被这个反动的报纸欺骗了的青年学生,才觉悟其中的鬼把戏,大呼'上了大公报的当!'大公报里是有好人的,但它的社论作者,原来是这样一个法西斯的有力帮凶,在平时假装自由主义,一到紧要关头,一到法西斯要有所行动时,就出来尽力效劳,不但效劳,而且替法西斯当开路先锋,替吃人的老虎当虎伥,替刽子手当走狗,以便从法西斯和刽子手那里,讨得一点恩惠,舐一点喝剩的血,嚼一点吃剩的骨头。大公报社论作者暴露其原形,不止一次,这一次,大公报社论作者又把自己的原形暴露出来了!人民必须严重警惕!"

面对《新华日报》这篇措词严厉的社论,《大公报》社评作者理屈词穷,自惭形秽,只得默不作声。许多年后,《新华日报》这篇社论的作者陆定一说:"对这篇文字,大公报照例应当反驳。但是大公报始终不敢反驳。这也算一件奇事吧!"(《陆定一文集》,人民出版社,第692页)陆定一还在一篇文章中谈到写作这篇社论时的情况:"1946年初,当时受蒋介石津贴,对蒋介石小骂大帮忙的《大公报》脱下'民主''公正'的面具,发表了一篇《可耻的长春之战》的社论,公开站在蒋介石一方对我们进行攻击。对于这种伪善者,是不能不反击的。我为《新华日报》写一篇社论,题为《可耻的大公报社论》,进行驳斥。周恩来同志立即同意发表。对于这篇社论,《大公报》始终不敢还手。"(《陆定一文集》,人民出版社1992年2月版,第349—350页)《大公报》这篇社评的作者王芸生,自认"《可耻的长春之战!》这篇文章完全站在国民党反动派的立场上讲话,并且散播诬蔑东北民主联军的无稽谣言"。社评"显然不是究问蒋介石破坏停战令和政协协议而发动内战,而是指摘'共军进攻接踵而来'"。而"所谓共产党'用徒手的老百姓打先锋',原是国民党制造的无耻谣言,谁也不会相信。王芸生竟把掺杂着这种谣言的通信报告信以为真,写入社评,这种丧失理智的文章,真是可耻极了"。他还说:"在《可耻的长春之战》发表后四天,4月20日大公报上海版登载了吕德润的 3 月 27 日沈阳通信《春天里的秋天》，其中一段就这样说：'一个例子：政府军和共产军在盘山一带打了一仗，共产军方面打第一线冲锋的是没有什么武器的人，当然后面还有正式的部队，……当然类似的著名战役还有，将来谁也不保险不再发生。'发表这种通信，是再一次散播诬蔑东北民主联军的谣言。"最后他说："新华日报用如此严厉的字句回击大公报社评作者，是完全应该的。"（《文史资料选辑》，第 28 辑，第 170—174 页）

党报同《大公报》的三次论战，自不可能使它改变拥蒋反共、亲美反苏的态度。其后随着战局对国民党日益不利的发展，《大公报》的反动面目也更加明显地暴露出来。1947 年 9 月 1 日，新华社为纪念旧记者节发表的题为《纪念"九一"，贯彻为人民服务的精神》的社论中，继续对它进行揭露和抨击："独裁卖国贼惧怕人民的正义呼声，目下蒋管区容许存在的，就只有四大家族的各种御用报、党棍的通讯社与法西斯化的报章和少数自命为'自由主义'的如大公报之流，而实质则是'小牢骚大捧场'的帮闲报纸，并被用来作为镇压恫吓和欺骗广大人民的工具。"

## 《大公报》拥蒋反共的阶级根源

《大公报》依附国民党，对蒋介石集团"小骂大帮忙"的政治态度，是由其本身资产阶级的阶级性所决定的。曾在这家报纸长期担任负责职务的王芸生、曹谷冰在其所著《1926—1949 的旧大公报》中说：《大公报》"是根植于大资产阶级的土壤中的。它属于大资产阶级，必然为资产阶级的利益服务。在这个历史时期，一张中国大资产阶级的政治性报纸，同这一时期的中国大资产阶级的政治代表的蒋介石搭上关系，乃是逻辑的必然。一般人说这一时期的大公报是政学系机关报，其实它已超过了这种境界，而是直接为蒋介石的利益服务的了"。这篇长文谈到 1941 年那场笔墨官司，谈到《读周恩来先生的信》说："张季鸾在这篇社评里正式抬出了'国家中心论',以拥护蒋介石,对抗共产党。这篇文章充分表现了大公报的资产阶级性,并且恰如其分地反映了大公报、张季鸾同蒋介石的关系。"其实,这种观点实非张季鸾所专有,而是《大公报》领导核心的共识。

进入解放战争时期,《大公报》更加明显地站在国民党反动派一边,继续维护蒋介石这个"国家中心"。这时《大公报》以《新华日报》为劲敌,在言论上针锋相对,不断地挑起论战。每当蒋方出现危险的信号,它就迫不及待地发出反共叫嚣,把先前常用的"客观公正"的面纱都扔掉了。曾长期在重庆《新华日报》工作的熊复回忆说:

> 《大公报》以"大公"自居,俨然成为《新华日报》的劲敌。当时,《大公报》的后台老板是老奸巨滑(猾)的政学系首脑人物吴鼎昌,主持人是蒋介石的著名幕客张季鸾。他们采取在政治上对蒋介石小骂大捧场而对共产党针锋相对的方针,装作第三者的"公正"态度,很能迷惑许多处于中间状态的人。在言论上,《大公报》同《新华日报》针锋相对,你写"庆长春",庆贺长春解放;它就写"哭长春",骂共产党发动内战。在业务上,《大公报》也同《新华日报》进行竞争,争印得清,争错字少,争出版早,争发行数量多。据说,张季鸾就曾为此十分得意,从蒋介石那里得到过奖赏,从美帝国主义那里也得到过20万美元的"援助"。《大公报》在全国解放的时候转到人民方面来了,现在成为人民的报纸了,但是它在历史上扮演过伪装中间派的反共角色,却是未可抹煞的。(熊复:《幸好没有辜负党的委托和人民的期望》,见《新华日报的回忆》,重庆人民出版社1959年9月版,第41页)

《大公报》的"三巨头"是留日时期的老相识。1926年,吴鼎昌投资5万元,与胡政之、张季鸾接办天津大公报,组成"新记公司大公报"。三人约定:资金由吴一人筹措,不向任何方面募款;三人专心办报,三年内都不得担任任何有奉给的公职；吴任社长，张任总编辑兼副经理，胡任经理兼副总编辑；由三人共组评论委员会，文字虽分任撰述，而张季鸾负整理修正之责，意见有不同时以多数决之，三人意见各不相同时从张季鸾。"吴鼎昌的资本，胡政之的组织，张季鸾的文章，这是构成新记公司大公报的三要素。"（《文史资料选辑》，第25辑第6页）

《大公报》"三巨头"都同国民党政学系有深远的历史渊源，都是经由它的关系攀上蒋介石政权的高枝的。政学系是北洋军阀统治时期形成的政治集团。其成员由一部分国民党右翼分子及进步党（1913年梁启超、汤化龙联合民主党、共和党合并而成。在孙中山"二次革命"讨袁时，该党依附袁世凯，反对国民党，组织熊希龄内阁。自袁解散国民党和国会后，以其作用消失而被弃置）分子所组成。1916年袁世凯死后，这个集团勾结南北军阀，反对孙中山。1927年南京国民党政府成立前后，它的一部分成员先后投靠蒋介石，从事反革命活动，成为国民党内的一个反动派系。其主要成员有黄郛、杨永泰、张群、熊式辉等。它是一批臭味相投、声气相通的老政客和热衷做官的"学者"，为了相互援引，相互包庇，攫取权位而结成的一个反动的官僚集团，在蒋政权行政及地方政府中占有极大势力。政学系并无组织形式，除升官发财的利害关系外，对其成员也无一定的约束，可以随时随地随人而应变，以达到投机取巧，保住地位。由于政学系人物善观风色，会投机，能趋炎附势，所以深为蒋介石所看重。

吴鼎昌是效忠北洋军阀和蒋介石的反动政客，是政学系的财阀之一，也是国民党四大家族的附庸。他由研究系（原进步党首领梁启超等所组政派，以研究宪法相标榜，依附段祺瑞，进行政治投机活动。在1918年皖系改选国会后失势）和安福系（北洋皖系军阀的政客集团。段祺瑞在袁世凯死后任国务总理，控制了北洋政府。1918年，皖系政客徐树铮、王揖唐等在北京安福胡同成立俱乐部，伪造选举，成立"国会"，推徐世昌为总统。人称这个集团为安福系。1920年皖系在直皖战争中失败，"安福国会"随之解散。

但安福系又于1924年拥立段祺瑞为临时政府执政,于1926年段垮台后瓦解)旧政客一变而为国民党政学系新政客,自1932年到庐山同蒋介石长谈后,博得蒋的赏识,从此跨进蒋介石政权的门槛,又在国民党反动政坛上显赫起来,历任国民党政府实业部长、贵州省政府主席、蒋介石主席府的文官长和总统府秘书长等要职。这是对《大公报》标榜的"不党、不卖"和社规上明列"不做官"的讽刺。他在1935年加入蒋介石的"名流内阁"时,公开登报声明辞去《大公报》社长职务,实际上对报馆仍然"'遥控'如故"。(徐铸成:《报海旧闻》,上海人民出版社1981年版第60页)

  胡政之被王芸生、曹谷冰称作"相当典型的文化商人政客"。他和吴鼎昌一样,与北洋军阀有很深的关系,也与安福系关系至厚。安福系是北洋军阀中早已没落的一个派系。吴鼎昌是安福系重要成员,胡政之1919年以前曾任作为安福系机关报的《大公报》经理兼总编辑。他与蒋介石的关系也很密切。1930年11月,胡政之到南京第一次见到蒋介石,就进言"剿共",诬蔑中央苏区"已到民共不分之境地",劝蒋"剿共之事,军事与政治宜并重"。初次晤谈就一拍即合,俨然是反共知己。"三巨头"中,吴鼎昌被蒋介石引入幕府,张季鸾也成了幕中的谋士,胡政之则以"社会贤达"身份,被国民党提名参加旧政协会议和伪国大。在抗日接近胜利的时候,由于《大公报》的立场对蒋政府"大帮忙"有功,他曾向蒋介石"请"准《大公报》申请购买20万美元官价外汇。当时重庆美汇市价要3000元蒋币兑美金1元,而官价为20∶1。就是以400万元换到价值6亿元的外汇,其所得超过1000个职员全年的薪金,比该报全年的开支要大几倍,实际上等于发给自称从不接受津贴的《大公报》一笔巨额津贴。这种行为不只为进步舆论界所不齿,也使该报本身许多中下层职员感到羞辱和愤懑,而被看作"在政治上就是从蒋介石手里接受了卖身钱"(难怪胡政之早在1943年就宣布从《社训》中删掉"不党不卖")。1946年11月,他到南京签名报到,参加了中国共产党坚持抵制、民主党派和进步人士一致拒绝参加、遭到全国人民唾骂的"国民大会"开幕式，则被该报同仁目为"胡政之的晚年生活中最不可恕的一件事"。曾任《大公报》桂林版总编辑的徐铸成谈到胡政之时说："我初进报社时，有一次对老同事何心冷兄说：'胡先生既不吸烟，又无别的嗜好。真是方正得很。'他笑着回答：'大观园里还有一对石狮子是干净的，《大公报》是连石狮子也没有。'几年以后，我才理解他这句话的意思。"（徐铸成：《报海旧闻》，第78页）

从1926年至1941年一直任总编辑的张季鸾，则被他的老同事王芸生、曹谷冰认为"是个带封建性的资产阶级才子文人"，早年先后在京沪两地政学系机关报《中华新报》任总编辑，就与政学系人物过从甚密。1926年与吴、胡接办《大公报》后，又与张群等政学系显要接近。张季鸾1927年7月在郑州见到蒋介石，8月间前往南京住了一个月，同蒋介石以下的国民党要人沆瀣一气，打下《大公报》同国民党政权"合作"的基础。1931年"九一八"事变发生后，蒋介石叫于右任打电报去，要《大公报》支持他的不抵抗政策。张季鸾受宠若惊，不顾读者的不满，宁愿牺牲报纸的信誉、销路，连续发表"缓抗"言论，宣扬李鸿章对日屈服投降，"忍辱请成"的先例，鼓吹甘地的不抵抗主义，为蒋介石"不抵抗"政策辩解。这些主张与人民的意志大相径庭，遭到群众强烈反对。"人们打电话到报馆大骂，一个电话接着一个电话，后来都没有人敢接了。"（德山：《旧大公报剖视》，《新闻战线》，1958年第1期）"东北留平同乡反日救国会"对它提出警告，大公报馆还被爱国者投了炸弹,张季鸾本人也收到一个装着炸弹的邮包。可是，这并不曾丝毫动摇《大公报》的不抵抗言论方针。从此，张季鸾与蒋介石的关系便愈来愈密切了。"九一八"后国民党报纸威信扫地，蒋介石采纳了政学系骨干人物杨永泰、张群的建议，采取资本主义国家的办法，利用民间的有影响的报纸，对政府"小骂大帮忙"，于是，就对《大公报》特别赏识，把张季鸾待为上宾。1934年，"蒋介石在南京励志社大宴群僚，各院部会长以下到者数百人，首席的主客却是《大公报》主笔张季鸾。蒋介石对他推崇备至,与席者大有'韩信拜将,一军皆惊'之概。从此张季鸾就成为蒋介石的顾问,可以不待通报,直接跑去见他。"(翊勋,即恽逸群:《关于大公报》。《蒋党真相》,大众出版社1949年8月版,第84页)同张季鸾关系密切的徐铸成说,张季鸾在郑州认识蒋介石是经冯玉祥和陈布雷介绍的。"从此以后,由陈布雷等牵线,一步步加深了对蒋的关系,特别是有一次,蒋公开发出电报,请张及'新闻界有识之士',对国是'畅陈所见',从此以后,他便认为蒋'以国士待我',决心'以国士报之'了。"又说张季鸾以后"逐步深入地陷入罗网"。(《报海旧闻》,第76页)《大公报》资深编辑李侠文也说:"他当时受到蒋介石的礼遇,以'国士'相待。国民党中人认为蒋把所有的人都当做他的部下,而没有和他平起平坐的诤友,有之,则惟张季鸾一人。"(周雨编:《大公报人忆旧》,中国文史出版社1901年版,第259页)及至西安事变发生,张季鸾忧心忡忡,连续撰写七篇社评。《给西安军界的公开信》是一篇代表作,它把蒋介石捧为唯一的领袖,痛责张、杨,诽谤中共,狂热吹捧蒋介石。进入抗战时期,张季鸾不仅参与了蒋家王朝的外交机密,还为蒋介石起草重要文告。蒋介石对他以"国士"相待,他"对蒋简直达到个人迷信的程度",曾在重庆对王芸生说:"国家局面无论多么困难,只要一见到蒋先生,就觉得有办法。"(德山:《旧大公报剖视》)不许碰撞蒋介石,就是张季鸾办报的最高准则,在《大公报》谁也不得违抗。当代著名记者范长江在这家报纸工作时,张季鸾原很器重范的才华,曾经一再向范表示,希望范能当他的接班人,并且首先培养范写社评。1938年秋,蒋介石提出"一个党、一个主义、一个领袖"的反动主张,以此反对中国共产党和各民主党派。范长江第一次写的社评《抗战中的党派问题》,主张民主团结,以坚持抗战,反对"一个党、一个主义、一个领袖"的谬论。张季鸾审稿时看到这篇社评勃然大怒,认为《大公报》不能发表这种社评,必须"以蒋先生的意见为意见":范是《大公报》的人,必须以"大公报的意见为意见"。范长江抗议张季鸾的无理,愤然离开了《大公报》。(范长江:

《我的青年时代》。《人物》，1980年第3期）张季鸾对蒋介石如此效忠，自会得到"优礼有加"的赏赐。1941年张在重庆病危时，蒋介石亲到医院探视。9月6日张季鸾病逝。蒋介石唁电中有"握手犹温，遽闻殂谢，斯人不作，天下所悲"的字句；在渝公祭时，蒋又亲到灵前行礼。足见张季鸾和蒋介石的交情之深。难怪某些崇拜张季鸾的人至今念念不忘这种"殊荣"；还对张季鸾的灵柩运往原籍（陕西榆林），沿途国民党军政官员路祭的哀荣赞叹不已！

《大公报》"三巨头"都出身于官僚地主阶级，同是中国大资产阶级的大知识分子。他们的阶级本质，决定了《大公报》的性质。《大公报》同蒋介石政府的关系，正是一张代表中国大资产阶级的报纸同中国大资产阶级政治代表的结合。曾经有人为《大公报》和吴、张、胡辩解，说它曾发表、写过反对蒋介石的文章，有的还辛辣尖利，"传诵一时"。是的，我们应当历史地看问题，它从安福系"跳槽"政学系，由北洋军阀体系转向蒋介石集团有个过程，也是"不打不相识"的。但是须知其时他们同蒋介石还没有直接接触，还没摸清蒋介石的底细，还不晓得他是一个披着革命外衣的反动派，他们咒骂的是"蒋军之利用共产党，公然引赤为助"，要求蒋介石表明他的政策是"赤化"还是"非赤化"？吴鼎昌所写《全国实业界要蒋介石表明态度》（这篇署名"前溪"的社论，发表在1926年9月19日出版的天津《国闻周报》第3卷第36期），俨然代表中国大地主大资产阶级要蒋介石表明他究竟是中国大地主大资产阶级的奴仆、还是敌人的态度。及至蒋介石叛变革命后，他们立即改变腔调，变得对蒋介石亦步亦趋，百依百顺，一直把他奉为"国家中心"来拥护。另一方面，《大公报》续刊之始，就发表不少社评诋毁革命，反对"赤化"。主张内政"按'白化'国家办法进行"，对外则寄希望于"反赤化诸国"。张季鸾所写社评《明耻》（刊于1927年1月6日天津《大公报》），就是一篇反苏反共的典型文章：认为"赤化"是"中国之耻"。反对"赤化"，主张"白化"。在这一点上，他们亮相倒是抢在蒋介石前头，而且矢志不移，直到《大公报》上海版于1949年6月17日发表《大公报新生宣言》，宣布站到人民立场（《大公报》香港版则于1948年11月10日发表社评《和平无望》，宣布转变拥蒋立场，靠拢人民。前后二十多年，在反对"赤化"问题上，他们从来都不含糊。他们简直反共成癖，只要一提到"赤化"，就恶语相加，大张挞伐。碍于事实，或者出于政治上的需要，虽然有时也曾讲过共产党、八路军的好话，但其总的反共主旨，则是万变不离其宗的。正如王芸生、曹谷冰两位说的那样："总的方向是，蒋介石依靠美帝国主义，反苏反人民，旧大公报拥护蒋介石，直到蒋政权的灭亡。"（《文史资料选辑》，第25辑第3页）

人们看清《大公报》的庐山真面目，识破它拥蒋反共、拥美反苏的本质是有一个过程的。王芸生、曹谷冰说："旧大公报标榜'不党不卖'，是富有迷惑性的，它既迷惑了广大的读者，也迷惑了大公报的职工干部。"（《文史资料选辑》，第25辑第60页）但是，狐狸尾巴总是要露出来的，谎言总会被人识破。从抗日战争到解放战争时期，中国人民的力量蒸蒸日上，反动派势力每况愈下。随着形势的发展变化，《大公报》领导层逐步剥掉自己"超党派"的伪装，日益露出拥蒋反共的反动面目。1946年下半年，蒋介石撕毁停战协定和政协决议，悍然向解放区发动全面进攻，全面内战爆发。《大公报》领导层未必看不出蒋介石将会招致失败的命运，但因囿于它的阶级本性，它又一步一步地撕毁了所谓"独立""自由""第三者""中间路线"等等面纱，走进崇拜附蒋的死胡同，终于露出它的真实立场。

应该指出的是，《大公报》的领导层虽然坚持拥蒋反共立场，但是这家报馆许多中下层职员是反对国民党的内战政策和法西斯暴政的（他们中间还有共产党员）。解放战争期间，它的许多记者曾经参加争取民主与和平的斗争。因此《大公报》领导层甘心充当蒋介石喉舌的态度，不但为进步舆论所不齿，连它内部的一部分中下层职员也十分不满。到了人民解放军百万雄师渡过长江，蒋家王朝这艘破船急骤下沉的时候，《大公报》何去何从，面临最后的抉择。1949年5月上海解放后，上海《大公报》于6月17日发表了《大公报新生宣言》，宣告决心"检讨过去，开拓未来"。宣布它"是属于广大人民的了"，决心"为人民服务，为新民主主义服务"，"向人民负责"。但是它在历史上扮演过伪装中间派的反共角色，却是不可抹杀的。因此，《宣言》中就此进行了严肃认真的检讨：

《宣言》承认《大公报》的"政治意见源于封建政客及新兴资产阶级"，是"与蒋政权发生着血肉因缘的"。它说："大公报有将近五十年的历史，创办于清末开明贵族之手，民国初年曾落入安福系政客的掌握，1926年大革命开始之年续刊，一部资本出于官僚，政治意识渊源于封建政客及新兴资产阶级。大公报的根源如此，它的政治属性自然不会跳出这个范畴。蒋介石叛变了大革命，十足显现了买办资产阶级窃夺政权的本相，帝国主义向他垂青，官僚地主争相奔赴，大公报虽然始终穿着'民间''独立'的外衣，实际是与蒋政权发生着血肉因缘的。"它说："在过去二十几年的人民革命浪潮中，大公报虽然不断若隐若现在表露着某些进步的姿态，而细加分析，在每个大阶段，它基本上都站在反动方面。在大革命破裂之后蒋介石的'剿匪'时代，大公报是主张'缓抗'与'攘外必先安内'的。在对日抗战初期，大公报站在民族主义立场，为抗战尽了些力；但是由于它反对抗日民族统一路线，极力宣扬'国家中心论'，把蒋介石捧上独裁的宝座，经常宣传'军令统一'的说法，以压制八路军和新四军的发展，因此，在抗战中期和后期，大公报的领导思想在抗日问题上有些摇摆。到抗战已近胜利之时，大公报还不赞成联合政府的理论，而想替国民党维持独霸的局面。大公报曾赞成政协的决议，但到国民党反动派撕毁决议时，大公报的负责人反而参加伪'国大'去制'宪'。蒋介石既撕毁政协决议，又勾结美帝发动'戡乱'内战，人民解放战争已于东北开始之时，大公报却发表了《可耻的长春之战！》社评，为蒋介石即是为美帝撑腰。当人民革命浪潮已把反动势力震荡得摇摇欲坠之时，大公报又提倡所谓'自由主义''中间路线'，以自别于反动统治阶级；其实人民与反人民之间绝对无所谓'中'，而所谓'自由主义'即根源于买办资产阶级，这'金外絮中'的外衣更是混淆是非，起着麻痹人民的作用。"

《宣言》还说："以上检讨，不过是荦荦大者，而一向看似开明进步的报纸其内容竟尔如此。要知道这绝不是偶然的。大公报基本上属于官僚资产阶级，与过去的反动政权是难以分离的，总的方向是跟着国民党反动派统治走的。其基本性格既然如此，因为在国际关系上，基本上是亲美反苏的……在抗战中尤其表现了这一特色……"

读到这里，人们看到《大公报》对中国共产党及其党报《新华日报》等总是瞋目切齿，暗箭伤人，一到紧要关头，它就不惜丢开伪装，赤膊上阵，充急先锋，大张挞伐，也就不会感到奇怪了。

《大公报》发表《新生宣言》以后，在上海继续出版。1956年10月1日迁往北京，1966年9月10日终刊（香港《大公报》则仍在出版）。新中国成立后，王芸生担任《大公报》社长，他还曾任全国人民代表大会第一、二、三、四届代表，中华全国新闻工作者协会副主席和中日友好协会副会长等职。

附记：本文内容只是评述1941—1946年间中国共产党党报对《大公报》三次论战及其来龙去脉，无意全面评价宣布"新生"以前旧《大公报》的全部历史，更无意于全面臧否该报"三巨头"的毕生经历。前《大公报》总编辑王芸生、总经理曹谷冰合著的《英敛之时代的旧大公报》及《1926至1949的旧大公报》（两文载于《文史资料选辑》，中华书局，第9辑，1960年9月；第25—28辑，1962年1—5月）似可供诸于全面研究《大公报》历史者参考。它是至今笔者所见到的关于《大公报》历史比较系统而完整的著述。

附一

# 致大公报书

周恩来

——重庆《新华日报》，1941年5月21日

季鸾芸生两先生

读贵报今日社论——《为晋南战事作一种呼吁》，爱国之情，溢于言表，矧在当事，能不感奋？惟贵报所引传说，既泰半为敌人谣言，一部又为华盛顿《明星报》之毫无根据的社评，不仅贵报"不愿相信"，即全国同胞亦皆不能置信。盖美国虽为助我国家，但美国报纸论断通讯社消息，却不能尽据为信。例如华盛顿19日合众社电，竟称"据拥护政府最力之参议员多玛斯对合众社记者谈称……彼素即主张以逐渐之方法调解中日战事"，我们能因此便信美国政府已接受日本之和平提议么？况中共与汪逆，久成"汉贼不两立"之势，国内某小部分人或可与汪逆重谈合作，中共及绝大多数之中国军民，吾敢断言，虽战至死，亦决不会与汪逆同流合污，投降日寇。至敌人谣言，则所造者不止一端，即单就晋南战事论，南京20日同盟电，亦曾说："……当晋南、豫北战事发生之前，胡宗南为奉令包围红（？）军计，曾自晋南抽出所部五师调至陕甘宁三省……以致晋南渝（？）军实力大减。"我想贵报对于此种说法，当同样"不愿相信"。

再贵报所引事实，一则谓："十八集团军集中晋北，迄今尚未与友军协同作战。"再者谓："我们相信统帅部必然已有命令，要十八集团军参加战斗。"但我可负责敬告贵报，贵报所据之事实，并非事实。在贵报社论发表一周前，晋南白晋公路一段即为第十八集团军部队袭占，停止通车；其他地区战事正在发展，只因远在敌后，电讯联络困难，此间遂不得按时报道，而

中枢及前线旬余军事磋商，与夫配合作战之计划，皆因军机所限，既不便且不得公诸报端，亦不宜在此函告，于是惯于造谣者流，曾公开向人指摘第十八集团军拒绝与友军配合作战。我曾为此事一再向中枢请求更正，不意市虎之言，竟亦影响于贵报，当自承同业联络之差。惟环境限人，贤者当能谅我等处境之苦。

最后，贵报更寄其希望谓："在国家民族的大义名分之下，十八集团军应该立即参加晋南战役；在其向所服膺的团结抗战精神之下，十八集团军更应该立即赴援中条山。"贵报的热忱，我们感奋，贵报的热望，我们永远不会辜负。我们一向主张团结抗战，而且永远实践团结抗战。去年华北百团大战，战中未得到任何配合，战后未得到任何补充，虽中外电讯竞传捷音，贵报备致奖誉，而犹为人诬为虚构战绩，然我们并不因此抱怨。今年皖南事变后，正当着敌人从信阳出击我友军东进之侧后，而李长江又适于此际叛变于苏北，我们在苏北、皖北的部队，决没有丝毫放松与友军配合打敌，并且还追击了叛军李长江，这也证明我们并不是抱怨者。今年二三月日寇在华北分区扫荡，由五台而太行而冀南而山东，我们决没有丝毫放弃华北抗战的根据。尽管十八集团军饷弹俱断，尽管无任何友军可以配合，尽管有人造谣说十八集团军已撤回陕北，然事实胜于雄辩，十八集团军终于击破了敌人扫荡，虽弹药越打越少，但我们更不会以此抱怨别人。并且，也不如敌人谣传十八集团军主力是以中条山为中心（自去年漳河划线以来，我们严遵军令，中条山并无十八集团军一兵一卒），而是远处在敌人重围中的。不过我们可负责向贵报及全国军民同胞声明：只要和日寇打仗，十八集团军永远不会放弃配合友军作战的任务，并且会给敌人以致命的打击的。同时，十八集团军作战地界，奉命不与友军混杂，免致引起误会。我们现在仍守漳河之线，未入林县一步，尤为敌人故意挑拨，说十八集团军袭击林县某总司令部队，而此地亦有人据此为言者，想见情况之杂。

诚然，"山西是北方的高原，有山西可以控制北方数省，中条山是山西的锁钥。……"但山西高原并非仅限于中条山,管涔山可以俯瞰塞外,五台山可以连接冀察,太行山可以东出河北平原,吕梁山既可屏障大河以西又可配合太岳山,控制汾河流域。临汾失守以后,不仅因中条山留有中央大军,握此北方锁钥,且因山西所有高原,都控制在我军手中,方使敌寇三年多屡试渡河,屡遭失败。尤其因二十七年春晋东南反敌扫荡一战,早奠定了中条山锁钥之基。回想彼时各军协同作战之盛,诚愿能复见于今日。

敌所欲者我不为,敌所不欲者我为之。四五年来,常持此语自励励人。今敌欲于积极准备南进之际,先给我以重击,并以封锁各方困我。力不足则辅之以挑拨流言,和平空气。我虑友邦人士不察,易中敌谣,故曾向美国通讯社作负责声明,已蒙其19日在上海广播,不图今日在此复须作又一次声明。我信贵报此文是善意的督责,但事实不容抹杀,贵报当能一本大公,将此信公诸读者,使贵报的希望得到回应,敌人的谣言从此揭穿。我欲言者虽未尽万一,但个中况味,亦雅不欲再公之笔端,为敌人造挑拨资料。惟信不久战况揭晓,捷报传来,当必较千言万语力能作更有力的证明。匆匆书此,敬颂撰安!不一。

周恩来 5 月 21 日夜谨启

## 附二

# 谣言与烟幕

——《解放日报》社论，1941年5月28日

造谣惑众是市井无赖的惯技，而政治流氓就把这种卑劣的手段用之于政治斗争中，竟自称曰："散布合理的流言。"

在社会政治斗争中，先进的阶级和先进的政党，它们手中提着正义和真理之旗，不害怕公开和坦白地向着广大的群众宣布自己的政纲、目的，表明自己的政治任务和政治行动的方向，进行公开和严肃的斗争来反对当前主要的敌人。他们用不着玩阴谋，耍手段、造谣言之类的下流无耻的办法，因为他们有自信：真理是在他们方面的，它们的前途是光明的。所以，它们的行动，光明磊落，坦白严肃。而那些政治流氓们，因为要维护其违反真理和正义的私利，而自知他们主张、纲领、政治任务和政治目的是得不到广大人民的欢迎的，所以不敢堂堂正正的行动，只能鼠窃狗偷，鬼鬼祟祟，因而玩阴谋、耍手腕、造谣言之类，就成了他们的拿手好戏。造谣言——或者"散布合理流言"，就为他们所偏爱，因为在公开坦白的政治斗争中既斗不过对手们，那么只好乞援于造谣了。何况，古书上说过，"曾参杀人，慈母投杼"，诗人亦唱过，"三人成市虎，浸渍能胶漆"，其效力不是很大么？

不仅如此，谣言也还有别的作用，就是遮眼罩和烟幕弹的作用。不是有这么一个故事么？当一个小偷偷了东西之后，被人发觉，大喊捉贼。此君急中生智，亦高叫："贼在那边，那边！"竟得脱身。政治上的没落人物在做亏心事的时候，亦常常借谣言来转移视线，来隐身的。

这种"造谣术"的最近例子，就是所谓："十八集团集中晋北不与友军协同作战"的广泛地有计划地发布的流言。这个谣言的最初散布者乃是专长此道的个中老手——同盟社。日寇于本月初发动了一个小规模的军事攻

势，而同时却发动了一个大规模的谣言攻势。同盟社的广播连篇累牍地散布各种谣言，尤以八路军决不与中央军协同作战，八路军集中陕北准备乘机向西安出动，八路军乘机扩张势力收缴中央军枪械之类为特多。日寇这种军事攻势和谣言攻势的目的是很明显的，一个字足以尽之，曰：吓！或者说吓降！军事攻势在炫耀其兵力，其意若曰，你若不降，我将占你的故乡，占你的一切海口，歼灭你在中条山的几万军队，进占你的洛阳、西安、昆明、重庆，你怎么办？谣言攻势在挑拨国共关系，描画一幅黯淡的画图来吓你说，你看国共关系恶劣至此，自力更生，还有什么希望呢？快降吧！"八路军不打日本"之类的谣言是烟幕，吓降诱降是目的，其技至浅，其理至明。

奇怪的是某些中国人，不是汪精卫之流双料的汉奸，而是抗战营垒中统治阶层里的某些风云人物，居然亦一字一句地抄写同盟社的广播来替它作一次义务的传播。像《大公报》和中央社这类新闻机关，居然一方面说："敌方所传大部出乎捏造自不能信"，另一方面又重述着"敌方所传"，称"十八集团军集中晋北迄今尚未与友军协同作战则为事实"。日本人一个钱不花，就有中国人义务地替他的谣言当留声机和见证人。宁非怪事！

可是，"怪事"实际上是没有的。只要懂得我们上述故事中的贼的急智，就可以理解这次谣言唱和中的"机"了。重提军委会发言人在本月23号就多少泄露了这个"机"的一部分，他说："上周寇军全面发动，总计达三十万人之多，其结果不过如此，以此种方式而侈谈解决'中国事变'，不但世无相信之人，即敌寇亦自知其不可能也。"这不就是说，此种（军事进攻）方式是不能解决的，换种方式吧！果然，同盟社接着就纷纷报告日各战线军事当局均称第一期作战已结束。谣言唱和，这次竟完成了红叶题诗式的媒介作用。可惜的是，香港的一部分参政员竟为这个小小的手法所迷惑。

我们认为在这里无须再"辟谣"了，因为八路军共产党人对于抗战的坚持，对民族的忠忱，是决非谣言所能摇撼的事实，是不怕火烧的真金。尽管新四军被宣布为叛军，八路军两年没有领到一颗子弹，五个月没有领到半文制钱的饷项，然而新四军八路军的战士们，没有一分钟停止过和敌人苦战，而为着策应晋南作战，八路军在华北正在全线出动浴血酣战。这是连造谣的人和传布谣言的人心里都深知的事。其所以造谣和传谣，都是别有怀抱的。

其怀抱为何？在造谣者为诱降，在传谣者为投降，而都想在共产党身上做文章，共产党成了他们题诗的红叶。日本人当春兴大发时，题诗一首于其上，从长江飘将上来，这边的人见得了诗，果然打动春心，跃跃欲试，拾起红叶，转题一首，又从长江飘将下去，这就是同盟社与中央社近日抓着共产党问题一唱一和的由来。还有德国的海通社，美国的合众社，英国的路透社，为着各自不同的目的，将双方的情诗到处传播，其目的均在"催装"，不过英美是为着反共反苏反德，德国是为着反英美，这个不同而已。"你们赶快结婚罢，好去发动太平洋战争"——这就是德国的目的。"你们赶快结婚罢，好造成反共反苏反德的东方慕尼黑"——这就是英美的目的。我们不能不忠告中国国民党的领导人员们，这种结婚乃是"劫婚"，将来是不好过日子的，理应拒婚为上。从共产党身上做文章，也是做不出好文章的，不信，你们瞧罢！

全中国的同胞们，注意在这种谣言烟幕遮盖下的投降危机呀！远东慕尼黑的极大危险在一天天的增长。以"吓蒋投降"为目的的这次"军事攻势"，现在是暂时地过去了，继之而来的必然是诱降。这虽是日本人"一打一拉，又打又拉"的老把戏，但却包含着新意义，因为正在1941年5月至10月的时机中。全国同胞起来揭破他。粉碎他，乃是民族生命所关的巨大任务！

## 附三
# 晋南战役的教训

——《解放日报》社论，1941年6月9日

一打一拉，是敌人亡华政策的两个法宝。敌发动的五月攻势，这是打。近来盛传的东方慕尼黑，这是拉。如拉不成，又将继之以打，这是决然无疑的。

敌人五月进攻的主要方向，是在晋南，华中方面，是其配合。晋南方面，由于我方存在着种种内在的弱点，故使敌人暂时的占了上风。这些弱点中，主要的一个，就是反共。反共结果，使得内部不团结，将士无信心，所以吃了大亏。要使今后多打胜仗，必须放弃反共政策，亡羊补牢，犹不为晚，这是我们向友党友军的诚恳的建议。

当晋南作战时，敌人很乖巧地利用了我们友党的弱点，和他的军事攻势并行，发动一个反共的谣言攻势，说八路军不愿配合作战。然而铁一样的事实粉碎了这些谎言。请看下面的事实罢：

一、在冀南：5月7日之夜，八路军配合当地群众7000余人，开始大规模的破击战，截断了敌之联络和交通。

二、在白晋线：于5月9日，八路军在子洪口开始伏击敌之汽车，在沁源南北，破坏铁路三里多，从12日起，白晋铁路已不通车。

三、在正太线：5月16日八路军攻占涿鹿以南之泉头车站，井陉以东之微水车站及寿阳、榆次、蔡家庄各车站。

四、在同蒲线：5月15日，在崞县原平间，破坏铁路十余里，17日破坏大同以南宋家庄至尚希庄间之铁路一段。

五、在平汉线：破坏涿鹿以南之铁路数段，在保定以北，炸毁敌火车一列，北平热河间，炸敌货车一列，我军曾一度攻占水冶镇汽车站。

六、在平绥线：攻占怀来以西之沙城车站，破路三里多，在蔚县至张

家口间,破坏敌之汽车桥一座。

简单举出上述的配合行动,即足以证明敌之谣言毫无根据。由于八路军在敌后配合行动,给敌寇以重大打击,迫使进至封门口风陵渡之敌,发生后顾之忧,不敢冒险西渡。使河防友军,得着余裕时间,加强其防卫力量。

从晋南战役,更一次的证明:八路军在华北,和新四军在华中,英勇地站在抗战的最前线,坚持在敌人的后方。基于全体将士高度的民族自觉,及我们党的领导,谣言绝不能离间我军与抗日友军的团结。断绝弹粮接济,绝不能减弱我们的抗战力量。即使政府不给情报,不下命令,我们也不能坐视抗日友军孤立应战。直到今天为止,敌寇在造谣,应声虫在叫嚣,然而事实已经回答了一切。

敌人现在正在与美国谈判,想经过美国劝中国投降,所以目前存在着严重的投降危险。但其军事进攻又正在准备,以便劝降不成继以进攻,其目标必在郑洛与西安。所以我们一面须反对其"拉",一面又须准备对付其"打"。而中心关键则在从晋南战役得着教训,希望我们的友党友军放弃反共政策,给八路军以饷弹与命令,使能更有效的配合作战。而在八路军方面,是始终准备了与友军配合作战的。保卫郑洛,保卫西安,这就是今后两党两军的严重任务。

附四

# 为晋南战事作一种呼吁

王芸生

——《大公报》社评，1941年5月21日

中国抗战大局，我们认为现在才是中日两民族斗争真正开始之时，无论敌人的军事企图是全面进攻或是局部进攻，我们都应切实执行军事第一，全力抗战，粉碎敌人的一切军事企图。敌人最近的攻势虽有四线，而其主攻之点在晋南。它先进扰各黄河渡口，封锁了黄河沿岸，截断了晋豫间的交通，然后以重兵"扫荡"中条山。这是一个大战役，其意义也甚大。山西是北方的高原，有山西即可控制北方数省，中条山是山西的锁钥，握住中条山即可不失山西。抗战军兴，随冀察之陷，山西也被敌军侵入。依普通见解，太原临汾相继失陷，山西的大势已沦敌有。但当时统帅部严令在晋部队不得渡河，三四年来，我军始终出没于中条山一带，于是山西大势我与敌人共有。我军据此形势，即使冀察之敌不安，且使敌人根本不敢窥伺关陕，为我西北一大屏障。中条山一带，地区虽不甚广，这三四年来却是我们在北方最大最重要的战略据点。现在敌人集中七八个师团的力量，从事中条山的争夺战，我们自应重大视之，纠结重兵，群策群力，与敌搏战，以粉碎敌人三四年来所未能做到的这一军事企图。

晋南的战事，迄目前止，是敌人占了些便宜，于是它便作种种的夸大宣传，不是说我军死伤最大，就是说某某军官被俘，这已经我军事发言人予以驳斥。尤其离奇的，是它对于第十八集团军的种种说法：（一）敌人广播："以中条山为中心盘踞于山西省东南部之第十八集团军主力，于我军攻击重庆军时，不但始终持对岸观火态度，且出动游击队威吓重庆军侧面，并乘机解除败残军之武装。"（二）上海16日合众电，敌陆军发言人秋山盛

夸日军在晋南之战绩。并称："日军与共产军素不彼此攻击。"（三）华盛顿18日同盟电，华盛顿《明星报》发表社评："中国共产党可以背弃蒋委员长，转而帮助汪精卫。"这些说法，固然大部出自敌人的捏造，惟既播之中外，其事实真相自为中外人士尤其我们忠良军民各界所亟愿闻知，因此我们热诚希望第十八集团军能给这些说法以有力的反证。第十八集团军要反证这些说法，最有力的方法就是会同中央各友军一致对敌人作战，共同保卫我们的中条山，粉碎敌人的"扫荡"！

这次晋南战役，敌人用了大兵力，志在必得。但这三四年来敌人时刻求逞，迄未得达，这次它之所以能占些便宜，主要的还是因为我军未能协同一致之故。以上所举各项说法，我们皆不愿相信。晋南战役，业已经过半个月之久，我军苦战，全国关切，而十八集团军集中晋北，迄今尚未与友军协同作战，则系事实。我们相信统帅部必然已有命令，要十八集团军参加战斗。因此我们竭诚呼吁：凡在山西境内的国军，务必协同一致，共同战斗，歼灭敌军！这是四年来保卫北方的一次最要紧的战役，敌人是悉力来攻，我们必须同心抵御，丝毫不得懈怠！要知道敌人如水，堤防稍有罅隙，它便泛滥横决。我们要北方，便绝对不放弃山西；我们要山西，便绝对不放弃中条山；所以这晋南之战，我们必须用全力来争必胜，而况山西是十八集团军参加抗战以来的光辉战场，由平型关之役以来，始终为敌人所头痛，现在到了敌人用最后之力来与我们争山西之时，十八集团军更应贯彻一贯的精神，协同友军，建立抗敌御侮的功勋，十八集团军向主团结抗战，并常将其衷曲向国人呼吁，全国同胞皆知十八集团军是抗日的，是会打游击战的，现当晋境敌军求逞之际，近在咫尺的十八集团军岂能坐视敌军猖獗而不抗？岂能坐视国军苦战而不援？在国家民族的大义名分之下，十八集团军应该立即参加晋南战役；在其向所服膺的团结抗战精神之下，十八集团军更应该立即赴援中条山。十八集团军若这样做，不但敌谣全消，忠勇大彰，而坚持团结的信条也完全做到而实践了，我们谨代表国民舆论，作热诚激切之呼吁！

附五

# 读周恩来先生的信

张季鸾

——《大公报》社评，1941年5月23日

读周恩来先生给本报的信，我们十分欢喜，迅速的全文发表，并乘此贡献周先生几句话。

在国家生死存亡的艰苦抗战之中，凡中国军队，在战线上不打敌人，就等于帮助敌人，何况还有勾结。所以敌人所造之谣，太污辱中国人，凡中国人当然不相信。因为根本上断不相信在这紧要关头，中国民族战线上会出现了叛徒。

我们前天的评论，其实只一句话，就是期待十八集团军将协同作战的事实尽速表现出来。我们愿声明，只要有此事实，就满意了。且并不苛求或奢望一定有大的战果。因为我们深知国军的艰苦，断不能期待每一部队在每一战役中都能够胜利。倘作此期待，是太不明了中日战的性质，太轻视抗战本质的艰难。

我们期待此事实，并非仅为打破敌谣，因为敌人造谣，向来得到相反的结果。几十年来，敌阀对中国一贯地行着造谣挑拨的伎俩，九一八以来，更猛烈地合作分裂中国的运动，阴谋恶辣，无所不至。而结果呢？中国大势乃正与敌阀的希望相背而驰。这就是中国民族自卫的意识在危险时机自己发动起来。周先生信上说得好"敌所欲，我不为，敌所不欲者我为之"。这些话，非常精确。正是我们在北方办报多年的政策标准，也正是十几年来中国大局演进的推动力量。简言之，就是民族自卫意识的觉醒。我们前

天为什么要呼吁？就是抗战四年的结果，敌我都到了严重阶段。这时候，敌人希望中国分裂自乱的心理当然更迫切，因而中国人团结自卫的需要也当然更紧急。而中共不比一般人，其组织有国际性，其国家观与普通人不尽同，在抗战以前有斗争多年的历史，抗战以后，到最近又显出了龃龉，正当此时，苏日中立条约成立了，中共向来最信仰苏联，所以人们要知道中共今后的政策是否受苏日妥协何等影响。这种推论，本来很浅薄，然一般同胞在这紧要关头当然要证明中共今后是否仍在民族自卫的阵线。这是国家前途一大问题，所以我们期待有协同作战的事实，以速慰同胞之望。

读周先生的来信，关于此点得到圆满答复，就是十八集团军一定协同作战。我们知道周先生这几年对于促成团结抗战，尽力之处特多，在现时，几于是政府与延安间唯一有力的联系。此次给本报的信，我们不但相信其有根据，有权威，并且相信他正为此事而努力。因此我们除发表来信之外，并贡献意见，致其希望。以为近数月的情形，甚有危机，本来需要解决，最好借此在晋协同作战为起点，对于统帅部与十八集团军之间的许多应妥善处理的事情，都协同解决，重新再建团结的壁垒。我们以为此事并不难，其所企求中共诸君考虑者，只对于建国的根本认识之一点。此根本一点，如认识一致，则相信一切问题皆不难迎刃而解。我们试回顾十数年来的历史，中共这样有抱负能奋斗的政治团体，若回首民国十六年以后十年之间对国家究竟贡献了什么？我们的看法，是负号的，不是正号的。因为民族自卫的需要上，是应当迅速从无组织到有组织，从非国家到是国家，从内乱分裂到和平统一，从散漫麻痹不能自主自卫到运用灵活能够自主自卫，从不能抗战亦速败到能够抗战而不败。这一段落的工作，甚紧要，亦甚艰难。蒋委员长领导的事业，简言之，就是这一大事，而这工作是民族独立建国的绝对需要，所以其力量非常强大，任何障碍皆不能阻其前进。中共在抗战开始前，奋斗多年，不幸而与民族自卫的需要成了相反的形势，所以努力的结果，实际上是负号。我们在今天，只希望认识一点，就是：敌我的形势，自己的国力，世界的时机，都绝不容许存一种观念，以为现在的国家中心失败了，还可以再建一个中心，然后将国家再组织再统一起来，这样的事，是必无的。九一八以后，中国只有这一段时机可以建国，现在抗战四年了，若使现在的国家中心失败了，那就是亡国之局。所以一般军民同胞的基本认识，是必须拥护国家中心的国民政府，以贯彻自主自卫之目的。这是唯一的路，此外无路。当然，政府的施政用人要时时改进，并且政治制度要随时势以进化，一切党派在三民主义原则之下应当诚意合作，不可互相猜防。但是最要紧的，是前述的根本认识，倘此根本一点不能一致，则合作成了空谈。我们希望认识蒋委员长十几年来全力拥护此国家中心，绝不是为自己，也不是为国民党，而是为中国建国家的基础。这个政府，是在强敌压迫下，在仅少时间中，唯一可能建设的国家中心。对于这个中心，同胞们都有拥护的责任，我们以为中共诸君也有拥护的责任，因为这中心失败了，就要同归于尽。我们深信，倘中共对此根本一点能有同感，则政府与统帅部对于中共及十八集团军之各种问题，一定能负责作妥善之解决。倘若根本认识业已一致，而各地的文武官吏还要故意摩擦或防备，我们就要代中共作不平之鸣。

抗战开始以来，中共领导的抗战工作，在北方实在曾表现其特长。其最显证据，是退出的一般军队不能回北方工作，而十八集团军所属部队能够深入敌军占领地工作，这种工作实在是不容易的。但最需注意者，就是一定将此有用之组织的力量，对国家永作正号的贡献，切不可对于根本认识又发生错误的感觉。我们说这些话，周先生或者不同意，不过我们是很诚意的，并且不是疑惑，而是陈述希望。以山西为例，倘若其他国军失败了，太行山五台山的十八集团军也定要受敌人所谓"扫荡"，反过来说，大家协同作战，牵制敌军，则不但阻碍敌人，使之不能"肃清"山西，并且对于河南陕西是有力的保障。这几年，敌人不能"肃清"山西，凡在晋部队都有功劳，现在若受了敌人个个击破，岂不尽弃前功。晋事如此，全局亦然。我们诚恳希望不但在山西能协同作战，对于国家全局应当再有团结合作的新表现。最好毛泽东先生能来重庆，与蒋委员长彻底讨论几天，只要中共对于国家前途的基本认识能真实成立一致的谅解，则其他小的问题皆不足障碍合作，而这种团结抗战的新示威，其打击敌人的力量比什么都伟大。在此意义上，盼周恩来先生今后多多尽力。

## 附六

# 与大公报论国是

——重庆《新华日报》社论，1945年11月21日

大公报昨天写了一篇社评《质中共》；内容说了三件事：第一，今天的内战责在十八集团军坚持解除敌伪军武装，没有像国民党军那样的联合敌伪军，而在受到国民党军与敌伪军的联合"清剿"以后，又实行了自卫的步骤，没有听候"剿除"；第二，战时实行了民主的解放区坚持要在战后继续实行民主，与国民党的夺政于民的方针不合，因此造成了"南北朝"，因此违反了"要变不要乱"的主张；第三，共产党应该把人民的军队私卖给国民党"销为日月光"，人民的军队光了，人民就可以"争自由，争宪政"，就可以"一切不让"。这些问题都是当今国是的根本问题，我们现在无需乎借大公之名掩大私之实，借人民之名掩权贵之实，只请大家平心静气地想一想：大公报这次所说的有多少是真理？

8月11日，当时日军尚未投降，一切盟国统帅都命令所部加紧对敌作战，我国蒋委员长也电令"各战区将士加紧作战努力"，惟独对于十八集团军则命令"所有该集团军所属部队，应就地驻防待命"。这里前一个命令是实际上不生效的，因为其他集团军多在离前线很远的后方，而十八集团军则连年坚守前线，要十八集团军就地驻防，当然是利于敌伪的。甚至同时蒋委员长竟命令各地敌伪军"维持秩序"。就是在这种古今中外所没有见过的离奇条件之下，朱总司令作为一个爱国军人坚持进攻敌伪军。须知这些还未投降的敌伪军既然就在十八集团军的面前，则十八集团军只要不想等候敌伪军来缴自己的械，就不得不前去缴敌伪军的械，这是明明白白的道理。蒋委员长说是要十八集团军"驻防待命"，虽然至今三个多月过去了，并未"待"到什么"命"，但是这个借敌伪之手消灭十八集团军的存心，现

在却是完全证实了。十八集团军究竟何罪于国家，必须如此置之死地？敌伪究竟何功于国家，必须如此深仁厚泽？是的，十八集团军可恨可恶，因为他们八年中始终在最前线无援无靠地团结人民，硬拼苦拼死拼，因为他们的血肉染红了祖国锦绣的山河，他们就这样地抗击了百分之六十五的敌军和百分之九十五的伪军，没有像胡宗南之流多年没见过一个敌人，没有像汤恩伯之流日失一城，日退百里，因此在敌人投降的时候，十八集团军靠敌人最近，不像其他军队在老远的后方要等美国飞机美国轮船从天上水上运去！因此十八集团军就是"匪"，就活该没有受降的份，只有这些昔日的败兵残民之将今天才应该身据要津，向英勇血战的十八集团军大张挞伐！是的，不但这些败兵残民之将可喜可爱，而且我中华民族不共戴天的仇寇敌军伪军也可喜可爱，因为他们都一样地忠实于反共剿共！但是任何一个大公无私的人，能够同意这些么？能够无视这些悖谬的事实，忍心害理地把十八集团军对敌伪的不妥协，轻轻指为应负内战的责任么？

中共对于敌伪军汉奸卖国贼是绝不妥协的，但是谁也不能说这就叫做内战，而且中共对于国内团结，却正是不惜再三妥协的。毛泽东同志不辞艰险，毅然来渝谈判，正是这一点的最好说明。中共力求和平，不但因为全国人民需要和平，而且也因为解放区人民需要和平。必须记着：自日本投降以来，中共再三表示竭力避免内战，自国共会谈纪要发表以来，中共再三要求忠实执行双方协议，而在抗战期间宣称主张政治解决的国民党当局，这时对于自己所允诺的政治解决却默不作声，对于自己所签字公布的会谈纪要却视同废纸，反而再三散布中国过去与现在只有"剿匪"而无内战的理论，以为挑战的根据。其实国民党当局也不是不需要和平，但是他们害怕和平，因为一旦和平，就不能不面对着他们所害怕的政治经济改革，而既不改革，就又不能不害怕与中共和平竞争的失败。因此他们宁可选择战争。大公报说："事实上，当毛先生留在重庆时，山西的争降战已在开始，津浦陇海平汉三条铁路的破坏已在进行。及至毛先生返回延安，广大的北方到处起了砍杀之战。"在这里,大公报故意隐瞒了主要的事实。山西的争降,究竟是谁向谁争呢?北方的砍杀之战,究竟是谁向谁砍杀呢?声名狼藉的阎锡山,公开与敌伪军联合打进晋东南,为敌军解围,为伪军加官,在长子施放毒气,强占十八集团军所收复的潞城襄垣,更进而向十八集团军最老的太行抗日根据地疯狂扫荡,直到这时,十八集团军忍无可忍,才起而自卫。而大公报对此事原委一字不提,只轻描淡写地说"在这时山西的长治被八路军攻占了"。其他在绥远、河北、辽宁、河南、湖北、广东、浙江、江苏、安徽等地,也无不如此,这些因已迭见本报,读者自可复按,这里不便多占篇幅。傅作义、马占山等过去诚然曾经是爱国军人,但是这也决不能成为他们今天联合敌伪进攻更爱国的军人的护身符呀。当然,命令傅作义、马占山等进攻者,还别有人在。事实上,当毛泽东同志留在重庆时,《剿匪手本》已经满天飞了;及至毛泽东同志返回延安,"剿匪"密令已经到处发了。这些就是今天发动内战的无可抵赖的真凭实据。解放区军民既然成了"剿匪"的对象,既然受到攻击,为什么不许破路自卫呢?难道应该"开门揖盗""束手待毙"吗?大公报隐瞒了这一切铁一般的事实,却单单把十八集团军自卫的还击罗列出来,甚至把三边外围国民党军的内部冲突也写到十八集团军的账上,这难道是大公无私的态度吗?

　　大公报说中共要求特殊化,要求南北朝,要乱不要变,我们承认中国今天确有这种人,不过不是中共而是国民党的当局。全国人民要求还政于民,国民党当局也曾在口头上说要还政于民,而解放区已经在实际上还政于民,但是国民党当局却偏偏要夺政于民,还政于党,这不是闹特殊化是什么呢?中共赞成大公报11月2日社评《中国政治之路》与11月12日社评《让人民讲话》的主张,要求全国各村镇各县市各省区直至中央的政权,一概由人民选举产生,并且在华北与东北首先实行起来,并且愿意在各方代表监督之下重新选举一次,这时国民党当局却偏偏不愿意实行这个民主的办法,尤其不愿在它党化的南方实行民主选举,这不是闹南北朝是什么呢?全国人民要求变，变了才可以不乱，但是国民党当局却偏偏不肯变，以至在西南，西南乱，到京沪，京沪乱，到平津，平津乱，治财经，财经乱，治教育，教育乱，治党务，党务乱，治军事，军事乱，治全国，全国无不乱，这不是要乱不要变是什么呢？今天的中国，走民主的路必定统一，必定不乱，但是走不走这条路，在于国民党当局的决策。现在大公报却把这个决定的权力推在中共的头上，岂不"张冠李戴"！？须知"把国家弄成不统一，并导国家于大乱"的，正是不赞成"一概由人民选举产生"而且遍发《剿匪手本》，并要限期"剿除"中共的国民党当局啊！

末了大公报劝我们不要讲人民的武力，说"这是值得一辩的"。我们劝大公报与孙中山先生一辩。孙先生在民国十三年十一月十日北上与段祺瑞谈判和平统一的时候，发表一个著名的宣言，里面说："凡武力与帝国主义结合者无不败，反之，与国民结合以速国民革命之进行者无不胜。今日以后，当划一国民革命之新时代，使武力与帝国主义结合之现象，永绝迹于国内，其代之而兴之现象，第一步使武力与国民相结合，第二步使武力为国民之武力，国民革命必于此时乃能告厥成功。"今天的十八集团军正是孙先生所说的"国民之武力"，因为它是真正与国民相结合并为国民所有的武力，没有这一点，它如何能在敌后坚持八年之久的抗战而为人民所拥护呢？孙先生不像大公报，认为国民之武力消灭了才能争民主宪政；相反的，他认为在有了国民之武力以后，在全国的武力都变了这种国民之武力以后，才真正没有私兵，没有党兵，国民革命才能告厥成功。军队国家化本是跟着政治民主化来的，军队不化于民主的国家，难道还该化于国民党的"党国"吗？还该化于封建独裁的"国家"吗？现在大公报也承认我们的国家还没有民主化，那么这时要十八集团军和其他人民的军队化到那个"国家"去呢？若是说，现在封建独裁之"党国"的军队还太少了，应该"剿除"民主的军队以加强这个封建独裁的"党国"，然后就可以"争民主，争宪政"，就可以"一切不让"，请问为什么？为什么有了民主的军队就不可以争民主争宪政，一定要像今天的希腊西班牙一样才可以争民主争宪政？中国人民争民主争宪政这多年了，为什么直到今天，还只有解放区争到了民主，而在国民党及其军队的统治下，虽大公报也不能不承认还没有民主？为什么中国的反民主派可以让大公报空谈其民主，惟独对于解放区及其支持者的民主的军队却要动员飞机大炮敌军伪军来实行联合攻击？由此可见，反民主派所反的，所怕的，只是真正的民主的事实，而不是任何民主的空谈，而民主的军队，正是民主的事实与民主的空谈的分水岭啊！

　　大公报在抹煞受降办法不合理的事实，隐瞒国民党发动"剿匪"的事实，并把国民党当局要乱不要变的事实转嫁给共产党以后，配合着今天国民党军敌军伪军乃至美军向解放区的大举猛烈进攻，跑到火线上来要求共产党强迫人民的军队放下武器，向反动派无条件投降，说是这样"就会被全国同胞弦歌丝绣而奉为万家生佛"。好一位妙舌生花的说客呀！但是天下一切大公无私的人们请判决吧！大公报在这里是大公呢？还是大私？在若干次要的问题上批评当局，因而建筑了自己的地位的大公报，在一切首要的问题上却不能不拥护当局。这正是大公报的基本立场，昨天的社评当然不是例外。

附七

# 驳《大公报》

陈伯达

——《解放日报》，1945年12月8日

11月20日重庆《大公报》发表了一篇社论，题目叫做《质中共》。《大公报》以"大公"作为自己的报名，这篇社论却可作为衡量《大公报》究竟是代表"大公"或是代表"大私"的尺度。而且这篇文章既然是对中国共产党而说的，我们中国共产党人也就有责任实事求是，来对《大公报》作一番衡量。21日《新华日报》的社论，已对它作了正确的衡量，我们现在在这里再加以申论。不过我们现在还只看到中央社的电文，没有看到当天《大公报》的原文，只得以中央社的电文为根据了。

## 第一个问题：什么是今日内战局面演进的根源？

日本投降以来，中国人民要求和平，可是现在却是内战；中国人民要求民主，可是现在依然一党专政；中国要求团结统一，可是现在正在扩大分裂。真实的情况是这样。根源在哪里？《大公报》发现了"一个根源"。据说，这就是"日本宣布请降之初，延安总部发布的朱德总司令的命令"。该报摘引了朱总司令的命令，现在我们这里再把朱总司令的命令全文转录在下面：

一、各解放区任何抗日武装部队均得依据波茨坦宣言规定，向其附近各城镇、交通要道之敌人军队及其指挥机关送出通牒，限其于一定时间向我作战部队缴出全部武装,在缴械后,我军当以优待俘虏条例给以生命安全之保护。

二、各解放区任何抗日武装部队均得向其附近之一切伪军伪政权送出通牒,限其于敌寇投降签字前,率队反正,听候编遣,过期即须全部缴出武装。

三、各解放区所有抗日武装部队,如遇敌伪武装部队拒绝投降缴械,即应予以坚决消灭。

四、我军对任何敌伪所占城镇、交通要道,都有全权派兵接受,进入占领,实行军事管理,维持秩序,并委任专员负责管理该地区之一切行政事宜,如有任何破坏或反抗事件发生,均须以汉奸论罪。

这个命令到现在,已过了三个多月。但是,纵使我们把它再读到千万遍,也还是看不出这里面有发动内战的"根源"。这个命令只是说:各解放区的抗日部队可以在其附近接受敌人的投降,缴除敌伪的武装,可以接受敌人所占领的中国领土。难道这道命令所包含的内容不就是抗日反日的内容吗?不就是抗日反日的神圣责任吗?难道解放区附近的敌伪可以不投降、其武装可以不缴除、而附近的失地可以不收复吗?难道能够把接受日寇投降、解除敌伪武装、收复失地这类的事情叫做发动内战,又能够把抗日反日的命令叫做发动内战的根源吗?九一八事变发生到现在已十四年之久,伟大的中国人民号召抗日,有同样长久的时间,而全国进行抗日战争亦既八年。可是,我们真不料新闻界中声名如《大公报》者,竟然还不能区别抗日与内战,还不能区别日本人与中国人,而它所"为国家前途担忧"者,竟然是担忧各解放区抗日军队在其附近真正把敌伪解决,而不是担忧敌伪还没有解决!

《大公报》说:这种命令是"与中央的军事委员会对立"。但是"中央的军事委员会"是什么样的"中央的军事委员会"呢?如果它是真正代表中华民族利益,是真正彻头彻尾的反对敌伪的,那么,它对于这种命令便不会有什么分歧，而且对于各解放区抗日军队这样的英勇行动还会加以传令嘉奖，那里会有"对立"可说呢？如果它只是代表某少数特权者的利益，而不是代表中国人民的利益，只是代表一党一派之私，而不是代表中华民族之公，他们企图垄断全中国为己有，企图垄断人民抗战的全部果实为己有，这是"中央的军事委员会"自己先有问题，自己先与抗日军队对立，先与人民对立，这不正是值得全国各界起来纠正的吗？

在日本投降之后，为什么这"中央的军事委员会"竟然下了命令，要十八集团军"应就原地驻防待命"，禁止十八集团军新四军向敌占区前进呢？为什么对于在抗日最前线英勇血战的十八集团新四军是这样，而对于那种崇拜日寇做主人而鱼肉中国同胞的伪军，竟然都封作"先遣军司令"或其他种种司令，要他们"负责维持地方治安""维持秩序"呢？这不是忠者有罪、奸者有功吗？这不也是竟然分别不出什么是日寇、什么是中国人吗？难道这"中央的军事委员会"如此做法，就叫做"天王圣明"，而八路军新四军继续向敌人前进，就叫做"臣罪当诛"呢？难道这"中央的军事委员会"如此做法，不是太失掉伟大中国的国家体统，而令日寇耻笑吗？难道这"中央的军事委员会"如此做法，不是表示自己对国内怀有极端的"对立"成见，而采取分裂的方针，它自己则站在"对立"的一方，要尽量推倒另一方吗？

是的，《大公报》社论的作者可以重复这"中央的军事委员会"的话，说这是因为十八集团军不听命令呀！但是，先生呵！是非还是很容易判断的。果然如此，这"中央的军事委员会"为什么不下一道命令，要十八集团军向其附近的敌占区"续继推进"解决敌伪，要十八集团军进入敌占区"负责维持治安""维持秩序"，再看看十八集团军听不听命令呢？为什么这"中央的军事委员会"不肯下一道这样公正的、真正代表国家利益的命令，而却把"负责维持治安""维持秩序"的命令反落在敌伪的身上呢？

《大公报》说："一个国家于胜利之后，有两种系统的军队，争降争地，已绝不应该，而争降争地复无止境，更如何得了。"但是，先生呵！你所担忧的"如何得了",却只要这"中央的军事委员会"一道公正的命令,两个系统的军队不就可以变成一个系统,而所谓的"争降争地",不也就可以不出现了吗?

八路军新四军要求在其附近接受投降,进驻其附近的敌占区,这完全是合理的。八路军新四军和解放区人民抗战八年的无量数牺牲,成为抗击敌伪的主力。直到日寇投降时,还对抗日军在华(东北不在内)日军的百分之六十九和伪军的百分之九十五,屏障了中国的半壁河山,收复一万万人口左右的失地,为什么不能有受降的权利呢?难道只有袖手旁观、坐视胜利,或者一见敌人就望风而逃的国民党军队,方能有这样的权利吗?并且我们所要求的,是在八路军新四军包围之下的敌占区,而不是在国民党军队附近的敌占区,为什么不能有受降的权利呢?我们平日是说得这样清楚,而《大公报》的社论还问说:"附近到什么地方?"这问题是真正的可笑。是重庆昆明与平津附近呢?还是冀察晋边区与平津附近呢?是重庆昆明与南京上海附近呢?还是江浙各解放区与南京上海附近呢?诸如此类的问题,难道还用再回答吗?这难道能够做颠倒的回答吗?凡是八路军新四军"附近"的敌占区,而不是国民党附近的敌占区,这就是我们的所谓"附近"。而且要是在其"附近"还有敌人,八路军和新四军为着神圣庄严的祖国利益和根据人民付托的责任,便有权利去解决它。难道你能说这是不对的吗?这是损害祖国的利益吗?不,先生!这所损害的,仅仅是日寇的利益。

"争降争地"的发动者是谁呢?难道不就是国民党当局吗?若问共产党,则是怎样的呢?实际上,中国共产党为顾全大局,在日本投降之后,即已准备让南京、上海、杭州这些大城市由国民党军队去受降,虽然南京、上海、杭州这些大城市是在新四军包围之中,而国民党军队离开南京、上海乃在几千里外。随后又决定撤退在广东、浙江、苏南、皖南、皖中、湖南、湖北、河南(豫北不在内)的八个解放区抗日军队,向陇海铁路以北、苏北、皖北的解放区集中。这是极大的"为国礼让"。这既没有争降,也没有争地。

当我们为着争取和平，采取这样礼让的步骤的时候，这些解放区的人民对于撤退的八路军新四军的留恋，是那么的感人之深，让人们知道这类的消息的时候，你简直没有法子控制自己的眼泪。他们说："子弟兵，我们永远忘不了你们。"当我们解放军的战士们唱着那"倘和我们过不去，不要伤害老百姓"的歌声，为老百姓听到的时候，许多人都哭了。我们共产党和解放区人民对于国民党是这样的宽大，是这样的相忍为国，是这样像毛泽东同志在重庆集会上大声所说的"和为贵、忍为高"。但是，国民党当局是否感动于中呢？国民党军队当我们解放军撤退的时候，既那么无情地和解放军的战士过不去，又那么残忍地伤害我们解放区的老百姓。残杀抢掠，其范围，其方法，无所不用其极。我们真想不到人间有那样倒行逆施的残酷行为，而这些却都是在这"中央的军事委员会"的军令之下的行为呵！

《大公报》质问我们"和了几许，忍了多少"，但是，我们却正要质问《大公报》了：为什么《大公报》不向国民党当局问问：国民党当局究竟"和了几许，忍了多少"呢？

《大公报》完全错了，内战的根源是在"中央的军事委员会"的命令，而不在朱总司令的命令。前面提到的这"中央的军事委员会"所给敌伪的命令，司马昭之心，路人皆知，那就是内战的一种张本，那就是这"中央的军事委员会"在日本投降之后而准备国内分裂的信号。随后，关于内战的直接命令，就陆续不断的发出了。这类命令不但发给国民党所属的军队，而且还最先发给敌人。当国民党领袖、国民党政府主席蒋介石打电报邀请我们党的领袖毛泽东同志赴重庆谈判、而毛泽东同志还待动身的时候，何应钦于8月23日派员向日军投降代表今井提出受降补充事项两项，转知冈村宁次遵照，内容如下：

甲、中国境内之"非法武装组织"，擅自向日军追求收缴武器，在蒋委员长或何总司令指定之国军接受前，应负责作有效之防卫。乙、根据现有"股匪"攻开封、天津、郑州等地，该地日军对于现有各该地之庞炳勋部、门致中等部，采取旁观态度，未事防卫。关于此事，目前应特别注意，并应依中字第四号备忘录，迅速将审定之日军，集中于上述"股匪"进攻之地方及其他各地，作有效之防卫。如果各地或中字第四号备忘录所列之其他各地，在蒋委员长或何总司令指定之国军接受前，为"股匪"所占领，日军应负责任，并应由日军将其收复，再交还我接受部队。

什么是"股匪"呢？所谓"股匪"者不是别的，即历来中国反革命的统治者对于革命人民所加的称呼。太平天国受过这样称呼，孙中山的革命党人受过这样称呼，在十年内战时期，我们受过这样称呼，在抗日战争中，日寇这样称呼伟大的抗日人民解放军——八路军新四军，现在国民党反动派又跟着日寇一样，这样来称呼八路军新四军了。这个命令要日本侵略者在中国领土对抗日的中国人作"有效之防卫"，要日本侵略者帮助伪军防卫抗日的中国人对伪军的袭击，要日本侵略者向中国人"收复"所退出的中国领土。这个命令和朱总司令的命令真正作了完全明显的"对立"。请你们《大公报》说说呵：在这样明显的"对立"命令当中，你究竟站在对立的哪一方呢？这个命令表示了国民党的反动军阀不但自己出马要和八路军新四军进行内战，而且还毫不知耻地借用了民族不共戴天之仇的日本军队来进行内战。请问《大公报》社论的作者：这是你们所谓"光荣胜利的国民"所应当做的事情吗？创造这"一片战乱凶险气象"者，究竟是哪些人呢？请问《大公报》：这个命令里所表示的，国民党当局究竟"和了几许，忍了多少"呢？

好吧，这个给敌人的命令还是在毛泽东同志到渝之前所发的，且看毛泽东同志到渝之后的事实吧。10月8日，焦作附近落下了一架迷失方向的飞机，机上有《剿匪手本》两册及军委会9月17日的代电一封，代电原文是这样写的："吉县第二战区阎长官勋鉴：兹附寄剿匪手本两册，请查收。中正申筱（9月17日）。"请问《大公报》：这《剿匪手本》是干什么的？是和平的手册吗？是"战乱凶险"的手册吗？这是国民党"和了几许，忍了多少"呢？10月24日，胡宗南给高树勋的电报，所转的"委座酉元"原电开："务本以往抗战之精神，遵照中正重订剿匪手本，督饬所属，努力进剿，迅速完成任务……其迟滞贻误者当必执法以罪。"这"委座原电"发的日期是10月13日，正是国共两党在重庆所签双十协定之次日。在那协定上是这样写的："坚决避免内战。"请问《大公报》：当协定的墨汁未干的时候，这国民党"中央的军事委员会"的命令所说的是什么？是维持和平呢？是发动内战呢？这不是明明白白说的努力内战者有功、不努力内战者有罪吗？这是国民党"和了几许，忍了多少"呢？

大家看！"一片战乱凶险气象"的"根源"，不就是在国民党这"中央的军事委员会"的命令中吗？"兵连祸结"的根源，不就是在国民党这"中央的军事委员会"的命令中吗？《大公报》的作者苦心焦思想出另一个"根源"来，可惜白费了脑力，在明眼人看来，主观的虚构终究是主观的虚构。

"不择手段"者是谁呢？请问《大公报》：联合敌伪和保存敌伪以进攻抗日的中国人，这是叫做"择手段"吗？请问《大公报》：为着争降争地，不让抗日的中国人去接受敌占区，而却请求外国人去接受敌占区，这是叫做"择手段"吗？请问《大公报》：为着垄断全国一切利益作为一党一派一家之私，不让抗日的中国人参与内政，而却请求外国人来干涉内政，这是叫做"择手段"吗？

请问《大公报》：当敌寇在沦陷区鱼肉中国人民的时候，国民党军队逃得远远的，躲得远远的，那时大炮不拿出来，坦克不拿出来，飞机不拿出来，可是等到沦陷区人民在中国共产党八路军、新四军领导下，而把许多沦陷区变成解放区的时候，国民党却拿出各种外国供给的新式武器，夸耀自己有机械化部队，对着解放区人民，大显身手，这是叫做"择手段"吗？请问《大公报》：一面谈判和签订双十协定，但另一面却把抗日的中国人叫做"匪"，颁发《剿匪手本》和《剿匪命令》，而内战的大军且早在谈判中向解放区进发，这是叫做"择手段"吗？

请问《大公报》：解放区抗日军队向一切还有敌伪的地方继续前进，而当国民党军队"进剿"解放区人民的时候，解放区军民被迫采取自卫的手段，这是叫做"不择手段"吗？请问《大公报》：难道这不是你们把"州官放火"便叫做"择手段"，而把百姓点灯便叫做"不择手段"吗？难道这就是你们"为国家前途担忧"的逻辑吗？

然而，《大公报》的作者先生呀！今日国家前途所可忧的，却不就是你们言论代表的这种忠奸颠倒、功罪颠倒、是非颠倒、黑白颠倒的现实生活吗？你们所辩护的统治势力，为着把中国当成一党一派一家之私，为着垄断全国的权力和抗日的利益，硬把压迫放在人民头上，把仇恨集中在解放军的军民和共产党的身上，于是，就把一切合理的东西都颠倒过来。你们想想，如此颠倒，如此倒行逆施，如此与解放了的人民结仇，中国能够"从此见到和平"吗？中国人民是急切需要和平的，这是我们共产党所急切要求的东西。但是你们所辩护的国民党统治势力却颠倒了一切，抹煞了正义，造成了到处内战的烽火，而当解放区人民起来自卫的时候，你们却拿出各种帽子要来加到自卫的人民的头上，说自己的人民有这样的罪，又有那样的罪。你们毫无顾忌，大为内战张目，你们却还说着"和平"，说着"人民！"你们以为中国政治的是非可以由少数人任意颠之倒之，但是，你们错了，完全错了。中国人民在百年来的斗争中已自觉起来，已不是能够像猪羊一样任令独夫民贼所砍杀，中国人民需要改变颠倒的生活，已经能够分别政治的是非，懂得自卫，当然也懂得内战的根源之所在，这不是你们的拥护一党一派一家之私的笔墨所能够抹煞的。

## 第二个问题：国民党发动的兵争是干什么的？

《大公报》说："政党要争取政权是应该的，问题在于应该以政争，而不应该以兵争。"我们问问《大公报》：为什么你们不向国民党劝一劝，要他们不要采取兵争呢？为什么你们单独"质中共"，却不去质问一下发动兵争的魁首——国民党军阀呢？

我们告诉《大公报》：国民党当局现在对内的"兵争"，是与国民党的"政策"不可分的。兵争不过是政争的继续。国民党争降争地是为什么呢？难道不是为着它的"政争"吗？国民党所以要采取兵争的手段，就是为的要达到其在政治上、在经济上宰割全国人民的政争之目的。你们要知道国民党政争的目的吗？我们在前面已说到国民党的政治企图，你们或许说只是我们的成见，只是我们的宣传。但是，先生呀！我们共产党是主张科学反对成见的人，我们是真正信服真理的人。是的，我们共产党和一切政党一样，有宣传工作这一项，但我们和一切其他有阶级偏见的政党不一样，我们的宣传工作，是在向人民说明那种由事实而来，并为各种事实所反复说明的真理。说谎是我们宣传工作所深恶的第一个戒条。我们对国民党的看法，就是实事求是的看法。现在我们根据这种实事求是的方法，就在这里分析一下国民党当局的"争降争地"的兵争之政争的目的吧。我们所写所凭的全是事实，而且这一切事实都是从各地《大公报》的通讯摘出的。我们这里且不摘引我们自己报纸的通讯，也不摘引《大公报》以外的报纸的通讯，而单单摘引手头上《大公报》的通讯，并且我们这里还只限于随便摘引《大公报》通讯的一些片断，不能做详细的摘引。

国民党当局争降争地的"政争"目的，第一是保存敌伪和保存敌伪所建立的奴隶秩序。国民党"中央的军事委员会"在日本投降后，命令敌伪"负责维持治安""维持秩序"，已如前面所述。国民党当局宁愿有敌伪的奴隶秩序，不愿有中国人民的解放秩序，已由国民党当局这种命令所完全说明。

10月18日，国民党内政部公布所谓《收复区清查户口办法》：对于最下层的政治组织，更具体规定："对当地原有（即指敌伪原有）保甲组织，应斟酌实际情形，尽量利用，已被摧毁（即已经被解放区军民所摧毁）者应重新编组。"按照国民党反动派，抗战胜利了，而人民仍然应当是奴隶——这就是国民党一切政策的出发点。因此，敌伪的奴隶秩序，对于国民党当局，就需要加以保留，而且还需要配合旧有的外来的救世主，更其需要保留那熟悉职务的奴隶总管。因此，国民党当局就要磨平他们和敌伪的界限，就要和敌伪合流。这就说明了《大公报》《还京杂记》对于"收复"后的南京所写的，为什么"南京并没有解放或光复的气象……一切都和平常一样（即和敌伪占领的日子一样）。"请再看上海《大公报》11月15日的一篇北平通讯吧：

> 北平人最受不了的是外来人所加给的冷酷。大汉奸——特别是到重庆镀了保护色的，怡然自得；而为了饭碗不得不虚与委蛇的二十万公务人员，倒成了正牌汉奸。他们眼见过去敌人汉奸的走狗，一变而为抗战英雄，过去杀人不见血的刽子手，一变而为地下工作者。老特务袁规，从容离平，踏着他所杀死的骷髅，道声"再见"。操纵经济的日人白鸟，经过一度资产的转移，到山西落髮为僧。过去主持过新民会"干，扑灭模样""干，治安北京"的新民会部长、"新国民运动"起家的胡汉翔，仍以新贵出入社会，作"既得利益"群中的不倒翁。更不能使人理解的是敌军的不集中、不缴械、不做工，以骄蹈万丈的姿态，微笑着乘大卡车东奔西走，搬运物资，除向国军盟军敬礼一件事，好像是日军也在"复员"了。日侨本决定电车道以西住户全迁西直门外集中，如今却自动在返来；西单东单的商场内，木屐儿满坑满谷，各大餐馆内，日本大腹贾仍有最大的购买力，中国商人还在热迎承欢。平津头二等火车内，日人的冠盖如云。

"天下乌鸦一样黑"。凡是国民党所谓"收复区"内,其政策就都是这样,其政绩就都是这样。

国民党当局争降争地的"兵争"之政争目的,第二是要由发"国难财"到发"胜利财"。不管《大公报》把这类事实写得如何冲淡,但这里还是引用《大公报》的吧。10月24日重庆《大公报》的南京通讯,于叙述了"重庆人"(受国民党当局重重压迫的重庆人民,对于"重庆人"这名词,是要大叫委屈的啊!)的气焰、"威仪"、"阔绰"、"忙碌"之后,这么写道:

> 冷眼的江东父老观察了近两个月得了一个结论,"重庆人"到了收复区,第一件工作是做衣服、找房子,第二件是弄汽车,第三件是买黄金,第四件是搞女人。他们原希望这些凯旋的英雄一来,地方秩序渐趋安定,物价逐次平复,从此脱离了苦海。谁知这般人却是拼命享受,成了抬高物价的因素,一开始工作就是把邮资加了十倍,铁道客运加了九倍,水电加了十倍,南京城内公然白昼抢劫,拘留所有人满之患,一般物价在跳涨。

11月15日上海《大公报》的北平通讯写道:

> 日本投降之后,不过三个月,到处的物价都由狂跌到狂涨了。滨海的物价反射到重庆,由重庆再正射到滨海。……今天,北平已然是一天一个价格。全城物资已不准自由出境了。

> 从京沪到平津,复员就是复原,接收就是停摆……北平的童谣:"盼中央,念中央,中央来了都遭殃。"中央来到物价更贵,配给反而取消了;中央来到,不公允的处置,恰如给八年来的热望者迎头泼了一盆冷水。有形的物资容易接,无形的人心不易接,有形的物资今天的接收已如此紊乱,无形的接收更是失望到万分。重庆人到了收复区,态度上有点像一个征服者,在经济上,法币的购买力更是用政治力量予以抬高。

"第一个机构到北平后，"有一个深通内幕者道，"第一笔就曾向各银行借了二十亿元……到以后越借越多，政府与金融的关系，因而便难舍难分了。"

又是"天下乌鸦一样黑"，凡是国民党的所谓"收复区"内，其政策就都是这样，其政绩就都是这样。

好了，国民党政争及其目的还有许多，但我们这里所提到的两个，却是最主要的。第一个目的，是关于"政治"；第二个目的，是关于"经济"。但政治却又是为着经济，经济又要依靠于政治。因此，这两个目的，是联系在一起的。11月1日重庆《大公报》的上海10月30日电："'重庆人'一名词，近已成为恶意嘲骂之称谓。""在一般人心目中，办事无能，及惟利是图两点，几为此一名词之注脚。""惟利是图"是经济，"办事无能"是政治，但所谓"办事无能"显然是太客气了，而且缺乏分析国民党统治者代名词的所谓"重庆人"对敌伪是无能的，但对人民却是凶恶的。请问《大公报》：你们口口声声"国家"，"国家"，但在国民党的"收复区"内，国家放在哪里呢？你们现在也口口声声，"人民"，"人民"，但在国民党的"收复区"内，人民放在哪里呢？你们说：共产党不应该和国民党争降争地。好像一切都交给国民党，则国家也，人民也，就都万事大吉了。这不是你们的私心是什么？这不是你们的欺骗是什么？

国民党当局不但在抗战前、抗战中，把国家和人民弄得糟透，而且在日本投降后同样地有糟无已。据11月15日上海《大公报》所载：连行政院副院长翁文灏"谈及收复区种种不良现象，谓坏到使人不敢相信的程度"。然而你们却认为一切都应该让国民党去恢复，连解放区也都要交出，以便使一切地方都"坏到使人不敢相信的程度"！你看，甚至你们报上通讯的标题都要说《休说重庆来》（10月24日），但你们却主张把国民党这类"征服者"继续从"重庆"以强力送到全国各角落去，以内战的方法送到各解放区去。这样，你们的所谓"国家利益"，不是假的是什么？你们的所谓"人民利益"，不是假的是什么？

《大公报》的先生！国民党当局所以来和解放区人民作兵争，并且所以那末地不顾一切和不择手段，就是在于要保持敌伪的奴隶秩序和掠夺人民的财富。国民党当局认为这是他们重新扩大垄断全国政权和全国经济的基础。国民党的政策在此，国民党的政绩也在此。这是你们自己的报纸所写的。不管你们对于这种可悲可痛的事实如何轻描淡写，但究竟是天下人皆知的事实，连你们也掩盖不了。国民党的专制制度、政策及其政绩，乃是人民所不应受的，所不能忍受的。因此，国民党当局对于人民素来只能用暴力镇压、依靠"兵争"。他们对国民党统治区的人民是依靠兵争，对沦陷区的人民是依靠兵争，对解放区的人民更其要用兵争。这大概是《大公报》所以不愿意劝告国民党当局不要兵争的缘故吧！但难道中国人民就可以不争了吗？难道中国人民不争，就变成"光荣胜利的国民"了吗？告诉《大公报》：不争是不行的。在这样的统治情况下，如果不争，中国就将永远是糟，是黑暗，是悲惨，中国人民就将永远是奴隶。

当然，我们是坚决主张用和平与民主的方法作政争的。可是，解放区人民对于国民党当局所来的进攻解放区的兵争，只好被迫采用自卫的"兵争"。我们这自卫的"兵争"，当然同样的是一种政争。我们的政争是什么呢？和国民党的政争的目的相反：我们共产党的政争是保护民族的利益，保护人民的利益。我们自卫的兵争，仅仅是这种政争不得已的继续，而不是其他。

共产党在解放区的政策、政绩，是彻底解除敌伪武装，彻底摧毁敌伪的奴隶秩序。这是和国民党的所谓"收复区"完全相反的。

你们又要说，这是我们的"宣传"了吧！但是，这种实在的情形，不用我们自己宣传，早已中外所知。现在我们也不用摘引我们自己报纸的报道，也不用摘引过去中外记者寄到外边去的报道。单单摘引最近美国记者斯梯尔给纽约的《先驱论坛报》报道的解放后的张家口的情形吧。虽然那通讯

还存有一种错误的成见,但却说了以下这些事实:

> 共产党政府（这说法是不妥当的,应说是解放区人民民主政府）应用着他们在近几年收复的地区中所使用,而已得到某些成功的同样的方法,鼓励人民继续其正常的生活和私人的营业。政府控制一切公用事业及若干经营一般必需品的公司,但是没有企图进行共产化。
>
> 重大的经济和政治的改革已付诸实行,或已计划。
>
> 采取步骤以减少那过于苛重的地租和利息；在若干世纪以来,苛重的地租和利息曾经是中国农民的手铐脚链。
>
> 这些改革是为着要给一般的人民以经济的好处,使他们拥护共产党的政纲。在其他的区域的同样的改革,是共产党政府能够取得统治下的人民的如此拥护之最大原因。
>
> 共产党所做的事情,有许多是很好的——这是没有疑问的。他们在这里所提出要为人民做的事情,有许多是很好的——这也是没有疑问的。人们看了共产党领袖之百折不挠和毫不贪污,不得不感服。
>
> 在中国本部与内蒙古之间的长城口子的日本军官告诉我说,每天平均有五百人从这个口子向北进入共产党统治区域（应说是解放区）。

难道这是共产党自己造的谣吗？请你《大公报》把我们共产党为人民做的事情,和国民党在人民中做的事情比一比吧！请把解放区的秩序和国民党统治区及其所谓"收复区"的秩序比一比吧！共产党的取得人民信任和拥护,不是依靠兵力,而是依靠政策和政绩。"这是没有疑问的"。共产党的兵争—和国民党军阀的兵争相反——不是对人民的,而是对反人民的武力所不得已采取的自卫手段。"这也是没有疑问的"。

《大公报》有种特别奇怪的逻辑,它说:"天下事也绝不可诿之于不得已,原谅了不得已,就一切都得原谅了。"当然这就是"只许州官放火,不许百姓点灯"的老逻辑。但是,不管你不原谅也罢,我们还是依然只好"不得已"。

这"不得已"是为什么？不是为别的，只是为了保卫中华民族的利益，为了保卫中国人民的利益。

《大公报》说："以政策政绩胜的是和平民主之路，以武力胜的，则必然是强权专制，那是祸乱之源，绝对与民主背道而驰。"这话说得不完全，应该这样说：对于人民，"以政策政绩胜的是和平民主之路"。共产党正是这样。这是共产党在解放区完全实现的了。对于人民，"以武力胜的则必然是强权专制，那是祸乱之源，绝对与民主背道而驰"。国民党正是这样。这是国民党在其原来的统治区及其所谓"收复区"所完全实现的了。

我们共产党本来是从中国人民中来，又到中国人民中去的。很可笑，《大公报》竟然拿了我们毛泽东同志经常告诉我们同志关于"共产党应该生长于人民之中"的话来劝告我们。谢谢《大公报》的"好心好意"吧！我们共产党员是很懂得我们自己应该如何做的，是很懂得我们毛泽东同志的教育的。但是，你们更应该考虑你们究竟"生长于人民之中"有几许？如果你们把我们毛泽东同志这种话劝劝你们自己和国民党员，不是更好些吗？

由上述的事实可见：现在中国有两种政争：一种是反人民的，因而是内战的，专制的。这是国民党反动派的政争。国民党的政策和政绩说明了这一点。又一种是为人民的，因而是和平的，民主的。这是共产党的政争。共产党的政策和政绩说明了这一点。

这种不同的政争决定了目前兵争的情况；在国民党当局方面是积极发动内战，是为反人民、反民主，而假借外力要求贯通其垄断全国的企图的。在解放区人民方面，是被迫自卫的，是为保卫人民、保卫民主，而真正要求全国实现和平民主的统一的。

谁要制造"南北朝"？《新华日报》的社论说得好，这是国民党当局，而不是中国共产党。根据中国共产党的和平、民主、团结、统一的方针，中国就不会有南北朝。根据国民党反动派的内战、专制、分裂的方针，那就是在制造南北朝。请问《大公报》：你们"不甘心"南北朝的局面，而你们现在却为内战张目，这不是正在鼓吹南北朝吗？请用你们的话问问你们自己吧：国民党发动内战"要做成那样的局面，则兵连祸结，要有多少无辜的生命财产遭殃，国家要被糟踏成什么样子，岂可不加顾念？"改造你们的观念是时候了。

## 第三个问题：什么是国家与什么是"国家兵"？

《大公报》说："中共可以说我们的兵是'人民的武力'。这是值得一辩的。兵是国家的，只有国家有兵，人民不得有兵，也无所谓人民的武力。"它又说："我们主张军队国家化，就是只许国家有兵，不许人民有兵。"

原来《大公报》的"国家"是和人民分裂的国家，不是人民的国家。《大公报》这里说出了自己所主张的"国家"，也说出了国民党当局之所谓"国家"的真相。

世界上哪里有什么没有人民的国家呢？是的，历来剥削阶级是把社会颠倒起来的，国家也就被颠倒了，国家被当成个人或少数人的私产，而把人民压在足底下，不许人民掌权，不许人民过问国家大事。他们把军队、监狱变成了压迫人民的工具。但是，事实又是很清楚的，如果那"国家"没有人民存在，没有人民在那里做各种劳动，又没有人民当兵，那也就不称其为"国家"了。中国情况同样。人民创造了国家的一切东西，但人民在国家中却被剥夺了一切东西；人民本来是国家的主人翁，但人民在国家中却只许当奴隶。这是历史的大颠倒。你是维持这种颠倒呢？还是要变更这种颠倒？

按照《大公报》的社论：它是主张维持原来的这种颠倒。你看！它是把国家和人民完全分裂地看待的，它认为国家和人民乃是完全不同的两回事，而不是一致的东西。所谓"只许国家有兵，不许人民有兵"。这就是说，它所说的国家乃是少数人的国家，而不是人民的国家，所以"人民不得有兵，也无所谓人民的武力"，而少数人反人民的武力也就可以叫做"国家的武力"，并且"只许"它是唯一的"国家的武力"。

按照孙中山先生和我们：必须根据新民主主义，变更原来统治阶级的颠倒，把国家与人民当成一致的东西，人民应当变成国家的统治者。因此，人民的武力就是国家真正的武力，国家的武力必须是人民的武力，而反人民的武力就不得叫做国家的武力。

分水岭就是这样。

八路军新四军——这是从人民中来的军队，他们和解放区的民兵统统都是中国人民的武力。这是国家真正的武力。他们在保卫中华祖国的抗日战争中，虽然毫无外来的援助，直到日本投降时，还抵抗着在华日军的百分之六十九和伪军的百分之九十五，难道这种保卫国家的武力不是天字第一号的国家的武力吗？难道袖手旁观、遇敌即逃的国民党军队反而是天字第一号的国家的武力吗？

《大公报》这种反人民的国家观念完全错了。那是个落伍的老观念，不适合于现代中国人民要求的老观念，不适合于今日中国人民实际生活的老观念。正如孙中山先生所说：中华民国应从人民造起。请把孙中山这句话仔细咀嚼一番吧！孙先生这个新国家观念，正是他的新武力观念——"国家之武力"——的基础。国家应从人民造起，难道武力就不应当从人民造起吗？从人民造起的武力难道不就是"人民的武力"吗？

反对人民的武力，就是反对人民的国家，就是反对近代中国人民斗争的新国家观念，反对孙中山先生的新民主观念。

《大公报》说："若使人民自己可以有兵，则你是人民你有兵，我是人民我也有兵，虽然是'人民的武力'，而实际上是私兵，则国家必然大乱。"这说法真是可笑。对于人民作这样的了解，真落伍极了。就算幼稚吧，也幼稚极了。民国五年，孙中山先生的《建设方针》演讲中说过："不知合众人而捣乱！其事最难。"真实生活说明了孙中山先生的英明见解。要知道人民最会组织自己的秩序的。民国以来的大乱，恰恰都是北洋军阀和国民党军阀的私兵所造成的。可以说是有史以来吧，中国人民第一次真正在解放区遇见了"夜不闭户，路不拾遗"的秩序，这里面统治的武力，却就是人民的武力。尚没有人民武力的地方，一直到现在，正如《新华日报》社论所列举了的，依然是无量数的乱，请问《大公报》，那究竟是有人民的武力之罪呢？还是没有人民的武力之故？

人民的武力才是国家兵，而反人民的武力则一定是私兵。有人民的武力，则国家治；没有人民的武力，则国家乱。两种生活在中国都有具体的证明。不愿意认真看这两种生活的经验，而徒作笔墨的诡辩，《大公报》很可以休矣！

当满清朝廷袁世凯盘踞"中央政府"的时候，他们都是以"国家""中央""合法"的名义打杀人民、劫夺一切、牺牲民族的利益。这老一套被国民党反动派世袭下来，时间已很久了。抗战八年，中国人民起来要求改变这国民党统治的颠倒，而《大公报》则出来辩护颠倒。人民经过无量数的牺牲，希望管理自己的国家，以避免新的灾难，以求得比抗战前更好的生活，但如果武力不成为人民的武力的时候，如果人民的武力被取消的时候，如果武力依然是军阀的武力，依然是国民党一党垄断的武力，那么，人民的希望便会落空，人民便将继续在刽子手的刀下过活，而中国仍将是落后的封建的国家。

《大公报》的作者先生！你们要在人民面前抹煞这种血的经验、血的教训，你们是低估了人民的觉悟了。你们有维持国民党统治的私心，所以你们虽然口说国家，口说人民，但却全是颠倒的看法。你们把人民颠倒，把国家颠倒，于是对现实的一切问题，就都颠倒起来了。你们对于内战根源的看法就颠倒了。你们对于兵争与政争的看法就颠倒了。但你们这一切颠倒，终究是无法抹煞真理的，因为你们没有法子抹煞事实。中国人民的眼睛已经长得很亮了。你们还是少在蒙蔽方面用工夫，那么，中国有福，你们自己和你们的子孙也就会有福的。

附八

# 摩登唐·吉珂德的一种手法

郭沫若

——1946 年 7 月 10 日

《大公报》的大主笔王芸生有一篇《我对中国历史的一种看法》，听说前前后后在重庆、天津、上海三处的《大公报》上发表了三次，而且都是接连发表五天的。我近两年来曾发誓不读《大公报》，王芸生这篇大文在重庆发表的当时，我并没有见到，后来在朋友处经再三劝诱，才算草率地读了一遍。让我先不客气的来说，他那是别有作用的文章，借题发挥，却借错了题。要说"看法"，也并不"新"，丝毫也没有什么独创性。凡是旧时所是者一律非之，所非者一律是之的那种态度，那本是"五四"前后的启蒙时代的产物，近来的史学成就比它已经进步到不知道多少倍了。因此，朋友们要我写篇批评文章，我敬谢不敏，没有执笔。

最近看到蔡尚思的《评王芸生对中国历史的看法》（《周报》42 期）和周振甫的《对中国历史的另一看法》（《文汇报·史地》，1946 年 7 月 9 日），又引起了我的兴趣。我从友人处把 5 月 26 日至 29 日上海《大公报》借了来，过细地又把原文读了一遍。

蔡、周二先生是以纯粹史学家的立场对原文作严正的批评，原文的纰缪处在大体上也明确得到了适当的纠正。但是王芸生的这篇文章并不是纯粹的学术性论文，他写出的"用意"并不是真的想向史学界提出一个新历史观，而事实上是在历史批评的外衣之下执行他的某种政治任务的。关于这一点，蔡、周二先生似乎都没有觉察到，这应该有加以揭发的必要。

在这儿请让我追述一段过去的新历史。

毛泽东主席有一首调寄《沁园春》的"咏雪",脍炙人口。反对他的人,赞美他的人,和韵之作布满天下。这首词听说本是毛主席的旧作,作于何时不得而知,但传播了出来的是去年的双十节前后。那时候毛主席接受了蒋介石的邀请,由延安到了重庆,共策国内的和平,在少数友人间便流传出了这首词。听说在毛主席并没有发表的意思,《新华日报》的副刊上也始终没有看见发表。首先发表了它的是重庆《新民晚报》的副刊。从这一发表,于是便洛阳纸贵,不翼而飞了。"新民副刊"的编者系出诸传闻,所记不免有些误字,以讹传讹传遍了中国。我在柳亚子先生的手册上,看见过毛主席所亲笔写出的原文,不妨把它再录在下边:

  北国风光,千里冰封,万里雪飘。望长城内外,惟余莽莽;大河上下,顿失滔滔。山舞银蛇,原驰蜡象,欲与天公试比高。须晴日,看红装素裹,分外妖娆。　　江山如此多娇,引无数英雄竞折腰。惜秦皇汉武,略输文采;唐宗宋祖,稍逊风骚。一代天骄,成吉思汗,只识弯弓射大雕。俱往矣,数风流人物,还看今朝。

就词论词,在专门研究声律的人看来,或许有些地方犯了毛病。然而气魄宏大,实在是前无古人,可以使一些尚绮丽、竞雕琢的靡靡者流骇得倒退。词的意境,从表面上看,自然是咏雪,但它的骨子里似乎是另外一种情况。我没有向毛主席请教过,不知道他明确的寓意,但我们作为一个读者,却应该有揣测的自由。我的揣测是这样:那是说北国被白色的力量所封锁着了,其势汹汹,"欲与天公试比高"的那些银蛇蜡象,遍山遍野都是;那些是冰雪,但同时也就是像秦皇汉武,唐宗宋祖,甚至外来的成吉思汗的那样一大批"英雄"。那些有帝王思想的"英雄"们依然在争夺江山,单凭武力,一味蛮干。但他们迟早是会和冰雪一样完全消灭的。这,似乎就是这首词的底子。

自从《新民晚报》把这首词发表了以后,不久有一件出人意外的事出现。

在重庆的《大公报》上忽然也把这首词和柳亚子的和词一道发表了。起初大家都有点惊异，有的朋友以为奇文共欣赏，《大公报》真不愧为"大公"，乐于把好文字传播于世。然而疑团不久就冰释了。解铃还须系铃人，《大公报》那么慷慨地发表了那两首唱和之作的用意，其实是采取的"尸诸市朝"的办法：先把犯人推出示众，然后再来宣布罪状，加以斩决。在毛、柳唱和发表后不两天，王芸生的《我对中国历史的一种看法》的皇皇大文便在他自己的报上公布了。请看他在冒头上的几句话吧：

> 近见今人述怀之作，还看见"秦皇汉武""唐宗宋祖"的比量，因此觉得我这篇斥复古破迷信反帝王思想的文章，还值得拿出来与世人见面。

这就是"醉翁之意"所在的地方了。然而可惜，王芸生实在借错了题。王芸生把别人的寓意之作认为"述怀"，心血来潮，于是乎得到了一个惊人的发现：毛泽东才不外是一位复古派、迷信家、怀抱着"帝王思想"的人物。人赃俱获，铁案难移，于是乎他要"斥复古"，也就是斥毛泽东的复古，"破迷信"是破毛泽东的迷信，"反帝王思想"是反毛泽东的帝王思想。射人先射马，擒贼必擒王，打倒毛泽东自然也就是打倒了共产党。打倒共产党自然也就护卫了和共产党对立的党系。这偷天换日的本领是多可爱！王芸生在发号施令："翻身吧，中华民族！必竞竞于今，勿恋恋于古；小百姓们起来，向民主进步！"多么响亮呀！然而这儿所响亮着的正是铿铿的戡乱之声！这明白地是在说：毛泽东所领导的共产党并不"民主"，他们是压迫"中华民族"的，"小百姓们"赶快"起来"把他打倒！

正是这一手法，乃王芸生的得意之作；所以他才把他的大文自行四处发表。传单标语的散发，你还会嫌重复吗？宣布罪状的布告，你还会嫌多贴了吗？《大公报》之所以为"大公"，照我以前的拟议，是帝俄时代替沙皇效忠的那些"大公"，但我今天却又感觉着有点两样了。

毛泽东是不是在提倡"复古"，奖励"迷信"，鼓吹"帝王思想"，这些问题要拿出来讨论都觉得有点无聊。王芸生当然也会明白不会有头脑正常的人来和他纠缠这些问题的，所以他就敢于阔步论坛，单枪独往了。威风是很威风，戳穿了毕竟还是有点像唐吉珂德。

好的，"必竞竞于今，勿恋恋于古"，那么我们今天所"竞竞"的是反对所谓"法统"的问题，而不是什么"正统""道统"。不要扯淡！在今天什么"正统""道统"已经老早不成问题了，我们要请勇敢的王芸生来反对一下一般"小百姓们"所反对的什么"法统"，以及什么"军统""中统"的那些"统"。毛主席是反对那些"统"的。反对那些"统"也正是今天的民意，请王芸生和他所主编的《大公报》也来伸张一下民意吧。

手法尽管怎样高妙，在一篇文章里面尽管怎样善于藏头盖面，自圆其说，然而今天已经不是靠着一篇文章取士的时代了。可惜的是，《大公报》的态度一向是维持"法统"的。一面在尽力维持"法统"，一面却在高呼打倒"正统""道统"，这就是真正意义的"必竞竞于今，勿恋恋于古"了！

除开打倒"正统""道统"之外，王芸生的大作还有一个更重要的用意，便是取消中国历史上历代的农民革命，更干脆地说，也就是取消革命。你看他很大胆地这样放言：

> 中国历史上打天下，争正统，严格讲来，皆是争统治人民，杀人流血，根本与人民的意思不相干。

这断案下得多么大胆！历代的农民革命，在起初时都能顺从民意，只有在革命成功之后，一些领导者才开始背叛人民，这本是极粗浅的历史常识。然而王芸生对于这样的常识，竟根本没有"看"在眼里。"争正统"，"争统治"，简单的两句话便把一切革命运动都取消了。一切都只是"成则为王，败则为寇"的家伙在捣乱，假使没有那些家伙，事实上是为寇的家伙，那天下便会是太平无事的。打倒"正统"，原来才为的是要打倒"争正统"，"正统"不存，何有乎"争"！"争"为打倒，"正统"永在！故尔王芸生虽然也在骂那些"为王"者，而实际上他是在为"为王"者诛除"为寇"者的。

关于这层意思，他说得很露骨，并没有丝毫的掩饰。

> 胜利了的，如秦皇汉高，如唐宗宋祖，失败了的，如项羽，如王世充、窦建德。若使失败者反为胜利者，他们也一样高踞皇位，凌驾万民，发号施令，作威作福，或者更甚。更不肖的，如石敬瑭、刘豫、张邦昌之辈，勾结外援，盗卖祖国，做儿皇帝，建树汉奸政权，劫夺政柄，以鱼肉人民。

真是义正词严，把"为寇"者们骂得有声有色，然而"勾结外援"以维持政柄的那些正统派的儿皇帝们，却在王芸生的笔下得到了超度。言外之意是要让人自行领会的，索性替王芸生说穿吧，今天的毛泽东也在"争统治人民的"，假使毛泽东当权，说不定更坏，而且还有"勾结外援"的嫌疑啦！

文章虽然冗长，做得也煞费苦心。打倒"正统""道统"是糖衣，取消革命是核心，取消革命也就是维持"法统"，也就是"只许变，不许乱"的《大公报》的一贯的传统。因此，责骂诸葛亮，责骂曾国藩也不外是糖衣，而责骂毛泽东倒是本意。王芸生画龙点睛，他在号召"中国应该拨乱反治"了。这还有什么两样呢？"拨乱"不就是戡乱吗？

直直愎愎的说戡乱，我们还可以表示反对的意思，弯弯曲曲的说"拨乱反治"，我们便被卷进云里雾里去了。尽管是借题发挥，而且借错了题，我对于王芸生的手法，依然是佩服的。然而这也就是我宁愿读《扫荡报》而不愿读《大公报》的主要原因了。对不住，抱歉抱歉。

（原载《萌芽月刊》第六期）

## 附九

## 质 中 共

——《大公报》社评，1945年11月20日

如天之福，我们的抗战胜利了。现距日本宣布投降才三个多月，全国同胞于欣庆胜利狂欢胜利之后，人人的心头，又笼上一层深忧，又压上一块重铅。其震荡惶惑的心情，甚至超过抗战期中任何艰难危险时期。为什么？这是因为人人满拟从此得见太平且为光荣胜利的国民，但是现实的演荡，却是一片战乱凶险的气象。多少人焦急着胜利不得还乡，更多少人重陷于水深火热之中，复为乱世的鱼肉。明明胜利到来，升平得睹，纷纷战乱却又相逼而来，谁不为之震荡惶惑？

这局面怎么来的？在宣传的攻讦中，政府说中共争城夺地，自由行动，中共说政府进攻"解放区"，发动内战。总之，中共是当前局面中的一个主角。我们忧国有心，与全国同胞同共苦闷。我们对这局面曾一再向政府与中共进言，以期有补于时局，今天拟特对中共讲几句话。

今天的局面演成，从文献上寻索，日本宣布请降之初延安总部发布的朱德总司令的命令是一个根源。那个命令，称为"延安总部命令"，命令各解放区任何抗日武装部队，得缴敌军之械，受敌军之降，编遣伪军，"对任何敌伪所占城镇交通要道，都有全权派兵接受，进入占领，实行军事管理，维持秩序，并委任专员负责管理该地区之一切行政事宜，如有任何破坏或反抗事件发生，均须以汉奸论罪。"这命令，显然与中央的军事委员会对立，而以独特的统率，从事单独的进兵与受降。全国人看到朱总司令的命令，都为国家前途担着忧。幸喜蒋主席三电邀请，把毛泽东先生请到重庆，商讨国事，全国人的心情为之一松。毛先生在重庆住了40多天，团结商谈连续举行，虽无大结果，而从一般空气上，从发表的《会谈纪要》上，

确曾给予全国人以企求和平，民主，团结，统一的希望。但事实上，当毛先生留在重庆时，山西的争降战已在开始，津浦陇海平汉三条铁路的破坏战已在进行。及至毛先生返回延安，广大的北方到处起了砍杀之战。在这时，山西的长治被八路军攻占了，太原被围攻了。绥东的战事起来了，到现在战事已迫到了归绥与包头。在这时，豫西曾有动作，鄂北的枣阳被攻占，陕北的三边打起来，平津近郊，一日数惊。在这时，北方的铁路段段碎，路轨拆掉，枕木毁弃，桥梁拆断，有的地方路基且被扒平。在这时，接收东北无消息，共产党的武力进入了大东北，山海关方面起了争战。这局面，已够乱了，而还在骎骎扩大着。这局面，若说是政府进攻"解放区"，则范围之大，实不限于原来的所谓"解放区"。若说是为了争受降，则被攻的傅作义、马占山等都是爱国军人，既不是敌人，更不是汉奸。毛先生在重庆时，曾几度在公开集会上大声地说"和为贵"，"忍为高"；目前这局面，试问中共究曾和了几许？忍了多少？

一个国家，于胜利之后，有两个系统的军队争降争地，已绝不应该；而争降争地复漫无止境，更如何得了？延安总部的命令说："各解放区任何抗日武装部队，均得……向其附近各城镇交通要道之敌人部队及其指挥机关……"这个"附近"要"附近"到什么地方？遥远的大东北也在"附近"之中。陕北的三边，是在后方，并非敌区，为什么也打呢？看北方的战乱局面，很给人一种强烈的暗示，是中共意欲凭它的力量，凭它的武力，做到《会谈纪要》中所要求的陇海路以北及苏北皖北的特殊化，假使做到那样的局面，那便成了所谓"南北朝"的局面了，国家便被分裂成两半了。要做成那样的局面，则兵连祸结，要有多少无辜的生命财产遭殃，国家要被糟蹋成什么样子？岂可不加顾念？纵使力征经营弄成那样的局面，国家真个划成两半了，请问全国人民是否心甘情愿？请问北方人民是否心甘情愿？共产党应该是生长于人民之中的，要实现这个大意愿，也应该问问人民的意愿。毛泽东先生在重庆时，曾屡次声言国家应该统一，他也同意本报"要变不要乱"的主张。今天的局面,很可能把国家弄成不统一,并导国家于大乱,那岂不也有违毛先生的本意吗?

凡是一个政党,都是为了争取政权而组成,所以政党要争取政权是应该的。问题在于应该以政争,而不应该以兵争。以政争,是以政策及政绩决定胜败;以兵争,则是以武力决定胜败。以政策政绩胜的,是和平民主之路;以武力胜的,则必然是强权专制,那是祸乱之源,绝对与民主背道而驰,中国共产党的政治主张,可能博得众人的同情,我们所最不敢同情的,是以兵争政。共产党也许要说有兵是一种手段,是一种不得已。但天下事,绝不可不择手段,手段错了,则一切全错,天下事也绝不可诿诸不得已,原谅了不得已,就一切都得原谅了。中共可以说,我们的兵是"人民的武力"。这是值得一辩的。兵是国家的,只有国家有兵,人民不得有兵,民无所谓人民的武力。若使人民自己可以有兵,则你是人民你有兵,我是人民我也有兵,虽说是"人民的武力",而实际是私兵。举国纷纷,尽是私兵,则国家必然大乱。我们主张军队国家化,就是只许国家有兵,不许人民有兵,也不许党有兵。我们这话虽对共产党言,其实也是对普天之下的政党而言,凡是政党,都不应该有兵。政争可问是非于人民,兵争则必打到你死我活,人民都要大量被杀害于争王霸或寇贼的争战中,谁还顾问什么民意?更有什么是非?事情闹到不论是非专斗武力的时候,那还不天下大乱吗?破坏铁路,陷民生于困敝,争城争地,而使血肉横飞,无论如何,这不是人民的意思。在世界已进化到运用原子能的时代,我们还在以驱市人为战的方式打天下,也实在太落伍了。为共产党计,应该循政争之路堂堂前进,而不可在兵争之场滚滚盘旋。我们希望共产党为国家人民争民主,争宪政。在这方面,应该一切不让。同时我们也希望共产党放下军队,为天下政党不拥军队之倡,放下局部的特殊政权,以争全国的政权。与其争城争地驱民死,何如兵气销为日月光?我们希望中共转此一念,那不但是国家民族的大幸,而延安诸公也将被全国同胞弦歌丝绣而奉为万家生佛了!

## 附十 可耻的大公报社论

陆定一

——重庆《新华日报》社论，1946年4月18日

重庆和上海的大公报，前昨两天，登载了题目叫做《可耻的长春之战》的社论。这是大公报一篇可耻的社论。我们读了，实为大公报惜。

这篇社论，承认东北问题有内政问题，承认东北的内战令人伤心，承认停战令和政治协商会议决议没有实行。但是谁不承认东北问题有内政问题？谁破坏停战令和政治协商会议决议？中国人民，中外人士，都知道这就是由于马歇尔将军所说的国民党"顽固分子"作祟。大公报不但不敢说出这种浅显的真理，反而借长春战争为题，含沙射影，归罪于中共和中国人民。这样来替顽固派开脱罪名，并替顽固派帮凶，真是可耻极了！

国民党反动派发动内战，至少也有七个月了，在东北进行内战，也有五个多月了，拿了美国的枪炮，屠杀自己的同胞。今年一月以来，攻营口、攻建昌、攻阜新、攻盘山、攻辽中、攻台安、攻抚顺、攻辽阳、攻铁岭、攻海城、攻鞍山、攻大石桥、攻开原、攻法库、攻昌图、攻本溪湖、攻盖平、攻四平街，攻了那么多地方，破坏了一月十三日与三月二十七日两次停战协议，却一直没有听见大公报对这些罪行说过一句"可耻"，到现在"长春之战"，大公报忽然说这一战是"可耻"的了。对于大公报的社论作者，凡是国民党法西斯反动派打击人民、残害人民、撕毁诺言、发动内战等事情，哪怕天大的事，都是不"可耻"的，只有人民对于这种反动派还一还手，那就不得了，那就是"可耻"的了。大公报社论作者如此反对人民，应该是够"可耻"的了吧。

大公报社论作者说,"东北是国家的"。很好,请问你说的是什么国家,是国民党一党专政的国家么?还是中国人民的民主国家?在前一种"国家"之下,接收人员"五子登科",官僚资本大发横财,特务暴行层出不穷,那里发生所谓"胜利灾",饥民数目超过欧洲三倍,民族工业关门大吉,人民啃着树皮草根,汉口十个妇女中有一个妓女,广州人肉市场"便宜"到只值一支香烟。"东北是国家的",东北难道是这种"国家"的么?全国人民受尽了这种"国家"之苦,难道东北人民受了十四年亡国惨痛以后,还应该服服帖帖来受这种"国家"之苦么?中国可以有个好国家,其雏形已见于各解放区,如果政协决议实现,全国就可以慢慢照此雏形,建立起一个民主的新国家,真正人民有主权的国家。不说别的,解放区里至少没有"五子登科"的"接收大员",没有官僚资本,没有特务暴行,没有饿死的人,没有乞丐,没有妓女。难道东北人民和长春人民,一定不许没有这几件一党专政的"国家"的"宝贝",一定不许得到自己的解放,否则就算不"是国家的"了么?

大公报社论最无耻的,就是居然写得出这样一段:"进攻的战术,常是用徒手的老百姓打先锋,以机枪迫击炮在后面督战。徒手的先锋队成堆成堆的倒了,消耗了对方火力以后,才正式作战。请问这是什么战术?残忍到极点,也可耻到极点。"好的,我们也请问大公报社论作者,这几句话,是负责任的话,还是只当放屁放一放的呢?你说"进攻的战术",含沙射影,当然指的是东北民主联军进攻长春的战术而言。你从什么地方知道东北民主联军用这样的战术?拆穿了说,除了从专门造谣反共反人民的特务机关那里以外,除了从国民党的"素有经验的特工同志"办的报上抄来以外,世界上找不出这样的战术。大公报为要污蔑东北人民的民主联军,不惜写出这种话来,把自己降低到一个特务报纸的地位。你在反人民这一点上,真正做到家了,真正"残忍到极点,可耻到极点"!

大公报为什么忽然登出这样的社论来?大家记得,当二月里国民党法西斯集团策动反苏反共反人民的反动游行，捣毁新华日报和民主报的时候，就是这个"大公"的大公报，首先在社论上大肆反苏，做法西斯进行最残暴无耻的特务暴行之先锋。事后，许多被这个反动的报纸欺骗了的青年学生，才觉悟其中的鬼把戏，大呼"上了大公报的当"！大公报里是有好人的，但它的社论作者，原来是这样一个法西斯的有力帮凶，在平时假装自由主义，一到紧要关头，一到法西斯要有所行动时，就出来尽力效劳，不但效劳，而且替法西斯当开路先锋，替吃人的老虎当虎伥，替刽子手当走狗，以便从法西斯和刽子手那里，讨得一点恩惠，舐一点喝剩的血，嚼一点吃剩的骨头。大公报社论作者暴露其原形，不止一次。这一次，大公报社论作者又把自己的原形暴露出来了！人民必须严重警惕！

## 附十一

## 可耻的长春之战

王芸生

——《大公报》社评，1946年4月17日

复杂的东北问题，半在外交，半在内政。现在苏军已保证于本月杪以前撤尽了，且正在撤退之中。外交一面，可谓业已顺绪。但在苏军纷纷撤退之际，在东北的内战形势却在加剧的进展，且已在许多地方纷纷打起来了。内外消长，令人心情起落不宁。

尤其可耻的，是长春之战！这两天，东北方面的军报雪片飞来。初报苏军于14日午前撤离长春，嗣报长春防守司令就职，紧接着就报告共军3万众分路进攻长春，我们坐在关内深夜编报的报人，读着这络绎而来的电报，手在颤，心在跳，眼前闪烁，俨若看见凶杀的血光，鼻腔酸楚，一似嗅到枪炮的硝烟。这是八年抗战胜利后应该有的现象吗？长春是什么地方？是九一八事变后，日寇强割我领土傀儡"满洲国"的都城，是苏军参战后进入我东北的总司令部所在地，也是中国国民政府接收东北的东北行营所在地。这地方，曾为日伪窃据了14年，曾被苏军统治了200多天，现在抗战胜利了，日阀崩溃，伪满硝烟，中国的东北，应该归回中国，苏军也根据中苏盟好条约纷纷撤离东北。就在这时候，苏军刚刚迈步走去，国军接防立脚未稳，中共的部队四面八方打来了。多难的长春，军民又在喋血。那是中国的地方，现在应该光复了，却灾难愈深，那里的人民都是中国的儿女，现在应该回归祖国的怀抱了，却在斫斫杀杀，流的都是中国同胞的血！中国人想想吧！这可耻不可耻？

虽然，东北的事还并未绝望。三人会议曾有调处东北冲突的协议，执

行小组已经进入东北，三人小组代表秦德纯等已经飞到沈阳，马歇尔特使正在返华途中。这都在说明东北的和平有希望。但天下最难缠的事，是：一切皆过程，永远无结论。我们的事情，恰恰如此。当停战令下的时候，谁不眉飞色舞，以为中国从此赢得胜利后的和平了。但是，停战令尽管下了，而大大小小的战事仍是此起彼落，打个不停。顶到执行小组赶到各地去调解，调解了这儿，那儿又闹起来，扑灭了此处，那边又燃起来。请屈指算算，停战令下了四个多月，可曾真个停了战？停战令明明是一个结论，谁知却只是一段过程。又如政治协商会议宣布五大协议之时，谁不衷心喜慰，以为国事真已获得解决而民主团结在望了。但是，协议尽管协议，墨沈未干，就又吵吵嚷嚷起来。非但一条协议也未实行，感情反倒更恶劣了。政协的协议明明是一个结论，谁知却只是一段过程。东北的事，也是如此。三人会议的协议，本已甚为脆弱；到东北的执行小组工作尚无从着手，而在苏军撤退之际，军事冲突的范围更在扩大。说起来真是令人伤心。我们的所谓军事冲突，实已到了最伤天害理的程度。进攻的战术，常是用徒手的老百姓打先锋，以机枪迫击炮在后面督战。徒手的先锋队成堆成群地倒了，消耗了对方的火力以后，才正式作战。请问这是什么战术？残忍到极点，也可耻到极点。世界水准已进步到原子弹的时代，我们还在驱市人为战，纵使胜了，又有什么面子？难道真要把全国同胞牺牲了二万万以争胜负吗？请快软软心肠放下屠刀吧！

东北是国家的，东北应该由国家在抗战胜利中收回，以恢复国家的完整。这一点，苏联盟邦受盟约拘束，法理与事实，苏军俱必须把东北交由国民政府接收，共产党何以必要争夺？若说民主，则必不可割裂国家；再说民主也必不可以军队争夺，以军队争得的，那必然不是民主。谁都承认英美是民主国家，而英美的民主都不是以兵争得来。英王查理一世之判死刑，不是兵争；美国独立战争后的国家统一，是走的妥协协商的路。停战令，政协协议，整军方案，实在是和平理智之路，应该是解决当前国事的结论，而不可把它当做一种风云变幻的过程。在东北，我们尤其祈祷先停战，先实施整军方案。我们谨为国家祈福，谨为生民乞命，请快停手吧！敌人降了，盟军撤了，我们自己却打起来，实在太可耻了！快停止这可耻的长春之战吧！由长春起，整个停止东北之乱；更由东北起，放出全国和平统一的光明。

## 附十二

## 大公报新生宣言

——上海《大公报》，1949年6月17日

上海业已完全解放了。在这短短的二十几天中，上海六百万市民全体获得解放，他们不再受国民党匪帮压榨、剥削、抢掠、凌辱以至抓杀屠戮的恐怖，开始享受了自由，看见了天日。看了人民解放军的严明纪律，谁不衷心感叹这才是我们人民自己的军队；看了人民政府的朴素认真的作风，谁不衷心感叹这才是我们人民自己的政府。这一解放，要知道并不是上海一地目前一时的解放，这基本上是全中国解放的重要一环，更是三千年来的历史大解放。中国受了三千年的封建统治，一百年的帝国主义侵略、压迫与剥削，近二十几年来尤其受着国民党匪帮官僚买办勾结帝国主义的联合统治。半封建半殖民地的中国，上海地方是个典型核心；成为中国人民革命对象的帝国主义、封建主义及官僚资本主义，都荟萃于上海。因此，上海的解放是大不寻常的。看国民党匪帮是怎样的舍不得离开上海，再看国民党匪帮又怎样的想在上海拖帝国主义者下水，梦想搞出所谓第三次世界大战，就会知道上海的解放是意义非常重大的。上海的解放，实际是国民党匪帮的反动政权彻头彻尾的灭亡，是全中国获得新生，在这重大时刻大公报也获得了新生。

大公报有将近五十年的历史，创办于清末开明贵族之手，民国初年曾落入安福系政客的掌握，一九二六年大革命开始之年续刊，一部资本出于官僚，政治意识渊源于封建政客及新兴资产阶级。大公报的根源如此，它的政治属性自然不会跳出这个范畴。蒋介石叛变了大革命，十足显现了买办资产阶级窃夺政权的本相，帝国主义向他垂青，官僚地主争相奔赴，大公报虽然始终穿着"民间""独立"的外衣，实际是与蒋政权发生着血肉因

缘的。大公报始终维持着一种改良主义者的面貌，它在中上层社会中曾有一定影响，即由于此。但是，历史上所有改良主义者在实质上无不成为反动统治阶级的帮闲甚至帮凶。在过去二十几年的人民革命浪潮中，大公报虽然不断若隐若现的表露着某些进步的姿态，而细加分析，在每个大阶段，它基本上都站在反动方面。在大革命破裂之后蒋介石的"剿匪"时代，大公报是跟着喧嚷"剿匪"的。在九一八事变东北沦陷之后，大公报是主张缓"抗"与"攘外必先安内"的。在对日抗战初期，大公报站在民族主义立场，为抗战尽了些力；但是由于它反对抗日民族统一战线，极力宣扬"国家中心"论，把蒋介石捧上独裁的宝座，经常宣传"军令政令统一"的说法，以压制八路军和新四军的发展，因此，在抗战中期和后期，大公报的领导思想在抗日问题上有些摇摆。到抗战已近胜利之时，大公报还不赞成联合政府的理论，而想替国民党维持独霸的局面。大公报曾赞成政协的决议，但到国民党反动派撕毁政协决议时，大公报的负责人反而参加伪"国大"去"制"宪。蒋介石既撕毁政协决议，又勾结美帝发动"戡乱"内战，人民解放战争已于东北开始之时，大公报却发表了《可耻的长春之战》社评，为蒋介石也即是为美帝撑腰。当人民革命浪潮已把反动势力震荡得摇摇欲坠之时，大公报又提倡所谓"自由主义""中间路线"，以自别于反动统治阶级；其实人民与反人民之间绝无所谓"中"，而所谓"自由主义"即根源于买办资产阶级，这"金外絮中"的外衣更是混淆是非，起着麻痹人民的作用。

以上检讨，不过是荦荦大者，而一向看似开明进步的报纸其内含竟尔如此。要知道这绝不是偶然的。大公报基本上属于官僚资产阶级，与过去的反动政权是难以分离的，总的方向是跟着反动统治走的。其基本性质既然如此，因此在国际关系上，基本上是亲美反苏的。无论在阶级感情上，或在政治观念上，大公报都属于亲美型，在抗战中尤其表现了这一特色，直到两年前他们亲眼看到了美帝是那样明目张胆的扶植日本反动势力，它才从民族观点上开始怀疑美帝，而尽力于反扶日运动。在抗战初期，大公报也曾有亲苏之名。但它的亲苏姿态，绝非发生于倾向社会主义的感情，尤其谈不到阶级的观点，而完全是基于纵横捭阖的强权政治的看法，要苏联牵制强权，甚至更想借着亲苏的路线以压制中共所领导的中国人民革命。由于此故，大公报在基本感情上，非但不是亲苏，实际上是反苏的。它远在九一八事变前奉系军阀抢夺中东路时，也把苏联看作帝国主义者。尤其在近年的旅大问题上，弦外之音，也把苏联看成侵略者。殊不知苏联之借用旅顺港，正是防止这远东要隘落于美帝与蒋匪的联合阵营之手，这正符合于中国人民的利益，尤其符合于中国人民解放革命的利益。假使旅大与中长路落于美蒋联合的手掌，不用说中国东北人民暂时不易解放，整个人民解放战争都要遭逢大困难；而从太平洋全局看，日本、南韩、东北，全入美帝之手，形成对苏联的东方包围，世界和平将受更大的威胁。从此分析，并加深思，便知苏联之借用旅顺港，非但不是侵略，而且是一种和平的定力。这非但符合中国人民的利益，而且也符合世界和平的利益。从正确立场上看这问题，这非但正是社会主义国家和平力量的运用，而在民族立场上，这正是援助被压迫民族，以反抗帝国主义与封建反动势力的侵略与挑衅。但过去的大公报，却没有这样去了解，也不可能有此理解的。

现在中国人民解放战争基本上业已完成胜利，全中国业已基本上获得解放，帝国主义的势力就将退出中国，反动政权业已灭亡，官僚资本就要普遍没收，新民主主义的中国诞生，旧的过去，普遍新生。当此重大时代，在新民主主义的中国，大公报是具有政治与文化两重机能的私营企业，它检讨过去，开拓未来，也正是扬弃旧污，开拓新生。大公报有一部分官僚资本，这留待人民政府清查处理。大公报同人对过去的错误，内心是愧疚的，今当新生，提高警惕，痛感责任，黾勉前进，努力为人民服务。从今天开始，上海大公报从机构到版面，都经过重大改革，内容固期崭然一新，机构也已民主化。今后的大公报，从经济观点上说，是私营企业，而在精神上，是属于人民的。大公报全体职工同人，业已郑重确定了工作态度：向人民负责。言论、记事以至广告，都要向人民负责。一字之错，一语之非，都不许含糊，都要勤于检讨，勇于改过，尤其方向不许有错。我们必须努力而小心的这样做，更诚恳请求广大读者给我们帮助，给我们督责。今后的大公报，已不是官僚资本的了，也不单是我们服务人员的，而确定是属于广大人民的了。

中共毛主席领导的新民主主义革命，本质上是工、农、小资产阶级知识分子及民族资产阶级四个阶级的联盟。人民解放战争的胜利，还大部限于军事的胜利，今后还大大需要政治、文化、经济、生产各方面的建设。今后大公报的方向是新民主主义的，是走向社会主义的；今后大公报的任务，是巩固新民主主义下四个革命阶级的联盟，在工农阶级领导之下，努力争取小资产阶级知识分子及民族资产阶级向新民主主义靠拢，努力发展生产，从事经济建设。今后的大公报，将特别着重于照顾进步知识分子及民族工商界的利益，并努力反映这两个阶级的意见，在毛泽东主席的旗帜下，大踏步走向新民主主义国家的建设！

## ★ 五 忧时救国成知己
——周恩来和邹韬奋的革命友谊

我国杰出的新闻记者、政论家和出版家邹韬奋，1944年7月24日在日军占领下的上海病逝。他在临终前口授遗嘱说，他的"骨灰尽可能带往延安，请中国共产党中央严格审查我一生奋斗历史，如其合格，请追认入党"。9月18日，中共中央致邹韬奋家属唁电中说："先生遗嘱，要求追认入党，骨灰移葬延安，我们谨以严肃而沉痛的心情，接受先生临终的请求，并引此为吾党的光荣。"这事曾使许多人深受感动，尤在追求进步的知识分子中产生了深远的影响。

从韬奋的思想发展可以看出，在他一生的奋斗和他走向革命的过程中，中国共产党对他的帮助和影响，起了决定性的作用。他以一个朴实的真正的爱国者，从资产阶级民主主义出发，在寻找中国出路时接近中国共产党，成为中国共产党最亲密的朋友。伟大的革命实践推动他进步，终于选定了中国共产党，终于坚定不移地在以中国共产党为领导的人民革命中看到了中国的光明未来，使自己成为一个共产主义者。周恩来说："邹韬奋同志经历的道路是中国知识分子走向进步、走向革命的道路。"

在同共产党人交往中，韬奋接触最多的党的负责人就是周恩来，特别是1938年末至1941年初，在重庆的两年多时间内，韬奋经常得到他的关怀。当时周恩来是中共中央代表、南方局书记并且负责党的文委工作。他们在争取民族解放和民主政治的斗争中，结下了生死不渝的革命友谊。韬奋弥留时刻还不断地呼唤着周恩来的名字，向守护在身边的同志和亲人说："恩来同志是我毕生最敬佩的朋友！"

## 并非在最后时刻才选定共产主义

韬奋并非在生命的最后时刻才选定共产主义，并非在弥留之际才决定加入中国共产党。他在毕生奋斗中，早就和中国共产党有了接触。他所主持的新闻出版事业和他参与领导的抗日救亡运动，一直得到党的关怀和支持，他所取得的成就也深得中共中央领导同志的重视和赞赏。

早在1933年，他编辑的《革命文豪高尔基》一书，曾经得到瞿秋白的热情关注；他于1933年至1935年被迫流亡，归国后撰写的《萍踪忆语》，周恩来给予高度评价；1936年韬奋在香港创办《生活日报》，又得到刘少奇的热诚支持，连续为它撰稿。这些已是众所周知的事。

1936年7月15日，韬奋与沈钧儒、陶行知、章乃器联名发表《团结御侮的几个基本条件与最低要求》一文，全面系统地阐述了救国会的抗日救国主张。文章公开响应中国共产党的号召，赞同并支持党提出的抗日民族统一战线政策，要求国民党停止内战，联合红军，共同抗日，给人民抗日言论和救国运动的自由。这篇文章在国民党统治区鼓舞了广大人民的抗日热情，引起各方面的强烈反应。

这篇文章传到陕北苏区后，毛泽东于8月10日代表中国共产党中央委员会和中华苏维埃政府写信给韬奋等四位和救国会的全体会员，表示极大的同情与满意，充分肯定他们的救国主张，认为这是代表全国大多数不愿意做亡国奴的人们的意见与要求，中国共产党愿与救国会及一切赞成抗日的党派、组织和个人合作。毛泽东还指出，共产党应当参加各地方的救国组织和各种形式的救国运动……9月18日，毛泽东又亲笔写信给韬奋和章乃器、陶行知、沈钧儒说："先生们抗日救国的言论和英勇的行动，已经引起全国广大民众的同情，同样使我们全体红军和苏区人民对先生们发生无限的敬意！付上我们8月25日致国民党书，请求诸位先生予以审察，并以高见惠示我们。"信中还说："国民党军队继续对于红军进攻与一切野蛮法令的尚未撤废，到今天仍然把我们与先生们远远地隔离着，彼此不能经常共同讨论与交换抗日救国的具体意见。这也就不得不使诸位先生对于我们今天所执行的抗日民族统一战线的方针与实际行动，尚有若干的隔阂与误会。因此,我委托潘汉年同志与诸位先生经常交换意见和转达我们对诸位先生的热烈希望。"

1936年9月24日,潘汉年带着这封信和毛泽东同一天写给宋庆龄的信离开陕北苏区,前往上海。从此以后,韬奋和救国会就同中共中央的正式代表开始有了直接联系。

韬奋和党发生经常而且密切的联系,就是从这时候开始的。这时他虽不是共产党员,但是对党已经有了深刻的了解,表示衷心的景仰,他的政治态度和党的主张没有隔阂。他不但遇事和党商量,诚恳地听取党的主张,并且努力使党的主张变成自己的实践,严格地用革命者的标准来要求自己。

他在有关个人的事业和个人的去处问题上,也总是和他所能接触到的党组织商量,愿意无条件地按照整个革命的利益来安排他自己的生活和工作。

韬奋在敌人面前充分地表现着正当的高傲,但是对于革命组织他是十分谦虚的。他不但尊重共产党的负责同志,也尊重党的下级机构和一般党员。他和共产党员生活在一块儿的时候,是极为友爱的。这时在他主持的新闻出版事业里面,已有一些党的地下工作的同志。国民党特务经常向他提出警告,有时提出名单来恐吓他。韬奋不仅没有被吓倒,而且想尽各种方法保护他们。到了非常紧迫的时候,他就赶快把受到逮捕威胁的同事偷偷地送走。他对《生活日报》编辑王永德的态度就是十分令人感动的。王永德同志是个很年轻的共产党员,他在十四岁时考入生活周刊社做练习生,是在生活书店长大的。韬奋主编《大众生活》的时候,他任助理编辑,同时相助办理文牍。没有多久,他就被国民党特务盯上了,"特务魔手的暗影已渐渐向他笼罩过来"。韬奋见到他在上海的处境十分危险,在自己流亡到香港的时候,便也带他一同潜往香港。《生活日报》创刊以后,韬奋又要王永德担任《生活日报》星期增刊的助理编辑(由韬奋任主编),他们时常一起工作到深夜。1936年8月,报纸迁往上海,他也随同韬奋回到上海。这时国民党特务的迫害愈逼愈紧,屡次到办公室来"找王永德出来谈话"。韬奋怕出危险，帮助他暂时隐蔽起来。不料过了不久——这年11月9日，王永德突然患伤寒病逝，死时才20岁。韬奋对这个青年战友的死，悲愤不已，殡殓那天，他和同事们亲自送他入棺，失声痛哭。直到1944年韬奋在重病中想起他时，还带着极大的悲痛在《患难余生记》中写道：

> 我为着这个文化战士的夭折，想起他的苦战的精神，他死后，我在编辑室里独自办公的时候，为着他哭了好几回。但继而细想，永德的夭折，虽是由于病，而黑暗势力的逼迫摧残，逼得他心神不安，也是使他短命的原因。我为他哭有什么用？他的武器不得已而放下，我应该更坚决地、更英勇地拿起我的武器，在苦难中和黑暗势力作继续不断的战斗。我遇到困难而不退却，虽在流离颠沛、艰苦危难之中而不为不义屈，在这样的时候，我每想起为着进步文化而艰苦奋斗、至死不屈的同志和永德的苦斗精神——直至今日，还有一位生活同事在集中营中，一位生活同事在牢狱中，一位生活同事在失踪中——这些文化战士的奋斗精神、牺牲精神，常使我在悲愤凄切的心境中增加千百倍的勇气和决心。当这样的时候，我一面固然深深觉得不应放弃自己应尽的任务，而同时也深深觉得我不能辜负他们，我应该如上面所说的更坚决地、更英勇地拿起我的武器，在苦难中对黑暗势力作继续不断的奋斗。我应该"战至最后一滴血！"

从这一段话里，我们可以看到韬奋对于党的感情是何等真挚，他跟共产党员间的友谊是何等深厚！

当然，这种情感并不是简单地从私情出发的。韬奋爱我们的党，爱我们的同志，认为这是他自己的党，心悦诚服地服从它，拥护它，完全基于他对党的深刻了解。

从他思想转变开始，到后来抗日战争时期，他对中共在争取民族解放和民主政治中的领导作用，是有着非常明确和坚定的认识的。他在那时由于各种原因尚未参加党的组织，在思想上早已选定了中国共产党。

1936年11月间，韬奋以"危害民国"的罪名被捕，敌人想用一顶"共产党"的帽子来陷害他。韬奋毫无所惧，他在狱中写的《经历》里面，就公开地表明自己的"立场和主张"，以被戴上共产党的帽子为光荣。他说："其实戴帽子也不一定是丢脸的事情，有害苍生的党，有确能为大众谋幸福的党；前者的帽子是可耻的，后者的帽子却是很光荣的。"又说，"我的立场既是大众的立场，不管任何党派，只要它真能站在大众的立场努力，真能实行有益大众的改革，那就无异于我已加入这个党了，因为我在实际上所努力的也就是这个党所努力的。"谁都可以看出，这里指的就是伟大的中国共产党。

## 在战斗中始终和共产党人站在一起

1937年7月底，韬奋从监狱里出来的时候，抗日战争已经爆发。这时他对自己应该走的道路已非常明确，再没有一点犹豫动摇的余地了。他立即站到自己的岗位上，积极地响应中国共产党在抗日战争中所提出的方针、政策，并且深信这是能够引导抗战走向胜利的唯一正确的方针，从此开始致力于抨击国民党的寡头统治，争取民主政治和实现抗日战争的胜利。

韬奋1936年在上海见到潘汉年后，虽然已与中共中央的正式代表开始有了直接联系，但是直至1938年到了武汉，他才有机会和党中央的领导同志见面。他同周恩来就是这个时候认识的。从武汉到重庆，韬奋是八路军办事处的常客。他热爱党、信服中国共产党的正确领导，对党中央的领导同志怀有深厚的感情，表现出衷心的崇敬和爱戴。他对周恩来更是相见恨晚，一见如故，异常钦敬，从此推心置腹，把周恩来当做最可信赖的亲人，最诚挚的朋友。

1937年12月中旬，韬奋到达武汉。当时生活书店已由担任经理的徐伯昕和总编辑张仲实带领，于11月间从沦陷后的上海辗转先到武汉。韬奋到达后，就和张仲实、金仲华等一起住在汉口文化街金城文具公司楼上，继续出版《抗战》三月刊,并由邹韬奋、沈钧儒、张仲实、艾寒松、胡绳任编委。

其时武汉已经成为中国政治、军事、文化的中心。中共中央军委副主席周恩来,受党中央和毛泽东委托与派遣,作为党中央代表,肩负重要使命,也来到武汉。随同周恩来同志一道工作的,还有董必武、叶剑英、博古、潘汉年、凯丰等我党负责同志。在设于长春路的八路军驻武汉办事处里,他们既领导着我党在国民党统治区内的地下活动和统一战线的开展,又指导着郭沫若负责的国民党军事委员会政治部第三厅的工作。

生活书店迁至武汉后,张仲实很快就与文委书记潘汉年取得联系。潘汉年还常来到金城文具公司楼上,与韬奋、张仲实等共议时局,确定《抗战》下期主题,并且为它撰写文章。他还陪同张仲实到八路军驻武汉办事处会见董必武、博古、凯丰,取得联系。张仲实经常前去八路军办事处,听取负责同志介绍党中央的方针、政策,以及对形势的分析,并请他们为生活书店出版的刊物作指示和撰文。这时,每当张仲实从八路军办事处回来后向韬奋介绍我党的指示精神时,他总是以赞许的目光全神贯注地听取,完全赞同和拥护我党的政策,且常常流露出希望面见负责同志的想法。于是,张仲实先引荐韬奋到八路军办事处面见了董必武。董老介绍八路军办事处在周恩来领导下,贯彻党的抗日民族统一战线政策,与国民党反动派进行有理、有利和有节斗争的策略,以及抗日救亡宣传工作的方针等等。这些使韬奋思路大开,兴奋异常。在回文化街的路上,他连连称赞周恩来同志是时代的伟人,并向张仲实郑重提出希望面见他。

张仲实到八路军办事处转达了韬奋面见周恩来的要求。凯丰说,可以由张仲实出面给周恩来写封信。张仲实回去,很快就写了封信送周恩来。信的大致内容是,邹韬奋虽不是共产党员,但关于救国道路的问题,他选定了中国共产党,他的政治态度跟党的主张没有分歧,并且总是诚恳地听取党的主张,努力使党的主张变为他自己的实践。他很感谢我党对生活书店出版刊物的支持和帮助，希望能见到周恩来同志。周恩来接信后，很快就指示凯丰复信告诉张仲实，欣然同意面叙。

周恩来和邹韬奋初次见面的情况，张仲实说："一九三八年九月的一天下午，我陪同邹韬奋同志来到八路军驻武汉办事处。周恩来同志已在那里等候了。一见面，他首先伸出热情的手，和韬奋同志紧紧地握在一起，高兴地说：'欢迎你，邹韬奋先生，我们今天第一次见面。'坐下后，周恩来同志又诚恳地说：'见面就是朋友啰。当然，我们还没见面的时候就已经是朋友，好朋友了。救国会的抗日主张和我们是一致的，爱国七君子的节风，我是很佩服的。今天下午，我们可以无拘无束地畅谈一番。'他关切地问过邹韬奋同志出狱后的身体状况和家庭生活情况后，向我们分析形势，介绍我党根据形势制定的路线、方针和政策。周恩来同志爽朗亲切，诱导启发。他精辟的分析，透彻独到的见解，给我们留下了极深刻的印象。他除了认真地听取我们对形势的看法和工作汇报外，详细地询问我们在大敌当前的情况下对今后工作的设想和安排，还非常仔细地问了文化界和一些爱国知识分子的情况。他关切爱护地说：'爱国知识分子是我们国家的宝贝。你们二人都是知识分子，有知识，又很爱国，希望我们更密切地配合起来，团结更多的知识分子，一道走抗日救国的道路。'周恩来同志还语重心长地说：'现在，我们一起奋斗，以彻底打败日本帝国主义；将来，我们还要共同努力，以建设繁荣富强的新中国。抗日救国，少不了爱国知识分子的参加啰；建设社会主义新中国，更少不了爱国知识分子的参加嘛。'对于国民党反动派迫害爱国知识分子的罪恶行径，周恩来同志表现得怒不可遏，作了严厉的斥责。他的一席话，说得我们心里暖烘烘的，感到方向更明确了，干劲平添很大。我们时而哈哈大笑，时而神情严肃，充满激愤，无拘无束地谈了一个多钟头。临别时，周恩来同志紧握着韬奋同志的手，情深意切地说：'请你们记住，爱国知识分子是国家的宝贵财富，无论什么时候都需要。有什么要求，请随时提出来，我们共产党一定会尽可能地帮助解决。'韬奋同志希望周恩来同志方便时到生活书店指导工作,周恩来同志不加犹豫地接受了这个请求。

"这次接见以后,邹韬奋同志多次对我诉说起他对周恩来同志的钦敬景仰,称他是他最敬佩的朋友。他撰写时评遇到困难时,每次总是首先想到向周恩来同志请教。而周恩来同志又总是谦虚地和他一起讨论,共同分析,一道结论,还句酌词斟地为他修改文章,以商讨的口气建议他有些话应该说得隐讳婉转一点,以进行更有理、有利、有节的斗争。周恩来同志关注着韬奋同志的事业,经常挤出时间阅读他的著作和他主办的刊物,并给予很高评价。正因为他从周恩来同志那里更多地了解了党的方针政策,在许多问题上得到周恩来同志的关切和帮助,所以他多次对我说:'周恩来先生的确是我的良师益友。'……"(《言犹在耳,记忆仍新》,《怀念周恩来》,人民出版社1986年版,第202—203页)

这次和韬奋见面后不久,周恩来就应邀到生活书店做客。他参观了书店门市部,还到编辑部看望工作人员,并由韬奋主持职工集会,听周恩来作了《关于当前抗战形势和青年的任务》的报告,给全店职工极大的鼓舞。这是党的负责同志首次给生活书店职工作报告。从此以后,韬奋与周恩来的交往日益密切,他不但遇事便向周恩来请教,也积极参加周恩来出面举办的活动。这年5月25日下午,周恩来等以中共中央及八路军驻汉口代表名义为欢迎世界学联代表团在汉口举行盛大茶会,韬奋即应邀前去参加。周恩来5月间还应韬奋的邀请,第二次到生活书店作形势报告;12月18日,又到书店来做《目前抗战形势》的报告。其时,在汉口和以后到重庆,朱德、董必武、叶剑英、徐特立、博古、凯丰等也都曾先后到生活书店演讲,为书店职工作有关抗日战争形势、国内外政治形势、抗日民族统一战线和文化工作等问题的报告。对于书店职工的政治觉悟和认识水平的提高,很有帮助。

在武汉,周恩来同各党派民主人士"都保持着密切的交往。有一段时间,他几乎每周都到汉口中央银行楼上同救国会的沈钧儒、史良、邹韬奋、李公朴,国社党的张君劢,青年党的左舜生等聚商国事,向他们介绍国共谈判的情况,分析政治形势,也听取他们对时局的意见"。(《周恩来传》,人民出版社、中央文献出版社1993年1月版,第412、413页)

无论在武汉或是重庆,韬奋和周恩来都有许多直接来往,从他那里了解共产党的方针政策,并且在许多问题上得到周恩来的帮助。特别是到重庆以后,来往更加密切。在当时著名的曾家岩50号"周公馆",经常出现韬奋的身影。他经常到这里提出政治问题请教,及时得知党中央的最新指示,特别是有关国民党统治区文化工作的各种决定。有的时候,邓颖超出面邀请韬奋夫人一起到家里"做客",到达以后邓大姐就陪同沈粹缜在自己的房间叙话,让韬奋和周恩来在客厅里畅谈。

韬奋对党早已有了深刻的了解,坚信只有中国共产党才能领导中国革命取得胜利,对于党所领导的敌后各解放区的民主建设,他从一开始就十分向往。1938年10月,他就曾经向党提出要求:在陕甘宁和敌后各解放区设立生活书店,以便对解放区军民进行文化服务工作。他的要求得到党的赞赏和支持。这年11月间,韬奋在出版界和抗日救国运动中长期并肩作战的战友、读书生活出版社创办人之一李公朴访问延安时,生活书店西安分店一位工作人员杜国钧化名"杜绝"也随同前往。他们在延安会见了毛泽东。毛泽东跟他们谈话的时候,曾经具体地提出了书店工作的方针。1939年3月18日重庆生活书店出版的内部油印刊物《店务通讯》第14期中,以《毛泽东先生在去年答复杜绝先生的问话》为题,传达了毛泽东对于当时形势的分析和对出版工作的意见。其中说:

敌人在攻陷粤汉之后,还要继续进攻西安、宜昌、衡阳、南昌、韶关以及粤闽的几个重要城市。这些地方,在目前虽然不会立刻失掉,但迟早终不免要失掉的。这样,将来我们的后方更要变小,可以利用的后方更小。因此,书业界的工作,便不得不向游击区去谋发展。同时,也是适应那边的需要。工作的地域大概可以分为华北、华中与华南三区,每区的游击根据地可以作为经营的中心地点。工作必须与当地军队取得联络,与自己在后方的店取得经常联系是不可能的了。因为交通太困难,所以各地区的工作又必须是独立的,自印自卖。印出的书本,应该也只能是薄薄的了。

毛泽东这一重要指示,比较韬奋当时所向往的要宏伟得多。毛泽东的预见,后来已为历史的发展所证实。他对出版界所提出的战略部署,即于1939年到1940年由周恩来亲自作了具体安排。1940年夏,周恩来在重庆亲自邀约生活书店、读书生活出版社、新知书店三店的负责人到八路军办事处谈话,告诉他们可以民间企业的形式去延安和华北敌后开展图书出版发行工作。经过很短时间的准备,当年9、10月间,三家书店就派出专人带了一部分纸型和资金,辗转到了晋东南开设华北书店;以后又派专人前往延安。在重庆的三店负责人,从此也就定期经常碰头,共商三店坚持大后方斗争和继续向敌后发展出版工作的有关问题。

1941年初皖南事变以后,对于书店如何做好隐蔽疏散等工作,周恩来又提出了很多具体意见。同年年底,太平洋战争爆发后,香港沦陷,韬奋和同时到达东江游击区的徐伯昕共同研究了生活书店在国民党统治区出版机构的布局和工作计划。1942年8月,徐伯昕带着和韬奋商定的方案,从桂林专程去重庆向周恩来汇报请示。周恩来听汇报后着重指出,在投资合营或化名自营的机构中,务必要区分一、二、三,三条战线,以利于战斗,免于遭受更加严重的损失。生活书店遵照周恩来提出的具体意见,作了具体的部署。

有的时候,周恩来还亲自帮助韬奋对生活书店内的共产党员干部和党支部成员做思想工作。1939年时,重庆新华书店总管理处(包括重庆分店)

有一个中国共产党的支部,有十几名党员。这个支部最初是当地党组织的区委领导。由于支部的党员中有些"左"倾关门主义思想,在团结某些群众方面存在缺点。如在1940年春,生活出版合作社举行第六届社员大会,选举领导机构。由于种种原因,有少数党外的担任负责工作的同事未能当选。还有一些青年同志不安心在后方工作,想去延安。韬奋对这样的一些事感到为难,在会见周恩来的时候向他诉说。周恩来便于1940年3月间召集店支部负责人张锡荣、李济安到他那里谈话。周恩来要他们汇报最近半年来生活书店的情况。当听到书店选举领导机构成员,青年人占多数,经验丰富的中年人占少数时,周恩来详细问了落选人的姓名、职位和经历。他说,书店的工作人员,不论党内党外,都是做革命工作的,一定要做好团结工作;谈到书店小青年想到延安去时,周恩来说,生活书店的事业是整个进步文化事业的一部分,参加生活书店就是参加革命。你们要向青年人宣传这个道理,方式要巧妙,要暗示,使他们了解工作的意义。了解了,他们就安心了。党员干部,如果不是由于暴露了身份、无法再在重庆工作,都不要去延安,应当在大后方坚持下去。最后他们谈到生活书店受国民党压迫的种种情况,周恩来说:可能还会出现更坏的局面,你们要有充分的准备。对国民党反共反人民的严重性要有足够的认识,否则就会吃大亏。书店要分一部分人带着纸型和书籍到陕甘宁边区去,到敌后游击区去,在那里开展文化工作。留下的,也要将一部分人和财产分出去,采取各种可能的办法,建立第二道阵线,要隐蔽,不露锋芒,长期埋伏,保存起来,等待有利时机。这样,留下的只是一部分人,坚守少数重要的机构,在进一步恶化的局面到来时,可以减少损失。总之,革命的道路曲折,要根据具体情况保存自己,战胜敌人,讲究斗争艺术。当场作出决定,书店党支部改由八路军驻渝办事处直接领导。周恩来说:"今后有什么事,你们随时可以来找我。如我不在,可以找徐冰同志。"自此以后,韬奋同在生活书店工作的党员干部的关系更亲密了,工作上也配合得更加协调。尤其在皖南事变发生后,生活书店遭到极其严重的摧残,党支部全力协助韬奋对付国民党反动派,尽量做到保存力量,减少损失,克服了当时的困难。

生活书店总管理处每月举行的茶话会,周恩来也常应邀出席。在书店全体人员和家属欢聚的这些会场上,他总是面带笑容,像谈家常一样,纵谈当前的形势、国共两党谈判情形,每次都给大家留下难忘的印象。在一次茶话会上,他对书店的职工说:"国民党对'拥护革命的三民主义'这句口号不满,指责我们说,三民主义就是三民主义,为什么共产党要加上'革命的'形容词。我对他们说,你们自称是孙中山先生的信徒,你们没有读过《建国方略》这部书,孙中山先生在这部书的开头就说:'余所著之三民主义乃革命之三民主义。'可见我们只是把'之'字改了'的'字,有什么不对?"大家听了哄堂大笑。他接着说:"国民党又说我们信仰马克思主义不好,马克思是外国人,是舶来品,不合中国国情。我说,我们一贯信仰马克思主义,不信仰马克思主义就不成共产党人了。说马克思是外国人不合国情,这就大错特错了。日本飞机在天空掉下炸弹,地下老太婆听了念阿弥陀佛,这里'飞机''炸弹''阿弥陀佛'都是外国货,从来没有人说不合国情。"又引起哄堂大笑。他还谈到共产党名称问题,他说:"有些好心的朋友称许中国共产党团结抗战的政策和行动,但认为'共产党'这名称不很好,为了有利于国共合作,建议我们改一下。我了解他们的好意。但我同他们说,名称仅仅是名称,是代表一件事物的符号,主要是看它的实际行动。例如我的名字叫'恩来',带有封建迷信的味道,大家一向叫惯了,觉得很好,何必要改?"又是一阵会心的笑。这场深入浅出,亲切、生动而又富于说服力的讲话,使大家感到心里亮堂,对国家民族的前途充满信心。每次讲完话,他总要同韬奋细语告别,然后韬奋站起来宣布:"周先生很忙,要先走了。"在热烈的掌声中,韬奋伴送周恩来离开会场,目送他的汽车远去……

韬奋在同共产党人并肩战斗中,进一步认识、理解了中国共产党,认识到它是全心全意为民族解放、为人民服务的先进组织,是为实现共产主义的崇高理想而斗争的政党。虽然由于种种原因，他在那时尚未参加党的组织，但是他的一切言行都是听从党的安排。在汉口和重庆，他曾多次向周恩来要求参加党的组织。周恩来说，你以党外民主人士的身份和国民党作政治斗争，比以共产党员身份起的作用大不一样。1938年底，有一次在曾家岩同周恩来会见时，韬奋又提出参加中国共产党的要求，周恩来仍然劝他以党外民主人士身份做工作，并且诚挚地对他说："目前党还是需要你这样做。"韬奋对周恩来怀着无限敬仰的情愫，非常出色地完成了他的嘱托，自觉地作为中国共产党政治上的助手，和共产党人密切配合，共同作战。这时中国共产党有自己的政治代表公开驻在国民党地区，并且出版了公开的党报和党刊，但韬奋和他所主编的刊物在总的斗争中仍旧起着重大作用。他在这个时期，一方面和日本帝国主义坚决斗争，一方面和国民党统治阶级坚决斗争，同时还要和统一战线内部的投降动摇分子进行斗争。他在这个时期最大的贡献，就是有力地揭发了国民党妥协投降的一面和反民主的法西斯面貌。

在当时的尖锐斗争中，不论碰到什么情况，韬奋都记着周恩来的嘱咐，决心以党外民主人士的身份，和特务分子、国民党的政客、官僚等相周旋。当时韬奋曾在国民参政会上被推举为调解国共摩擦的成员之一。因他坚持原则，态度鲜明地抨击国民党反动派到处制造摩擦，掀起反共高潮的罪行，国民党反动派对他造谣攻击，并常施加高压威胁。韬奋异常气愤地说："热心调解国共摩擦的国民参政员，不乏其人，抗日各党派的领导人及无党派的公正人士都有，这原不足为怪，站在国家民族利益的立场，谁不虔诚希望全国团结御侮？但我一参加调解国共摩擦，国民党的反动派便振振有词，说国民党请我做参政员，我却帮助共产党，他们好像把参政员看作养走狗似的，一旦豢养，便感恩图报，助桀为恶，便当闭上眼睛帮助他们'消灭异党'，置国家民族的前途于不顾！他们自己也许这样做惯了！为什么不略微张开眼睛把人看看清楚？说得出这样肮脏的话，听了令人作三日呕！记下来就污了我的笔！"

1940年5月初旬，重庆各军事及公安机关忽然接到"军事委员会参谋总长兼军政部长"何应钦签署的一张通令，里面竟说据报韬奋和沈钧儒、沙千里将于"七七"在重庆暴动，如不成则再于"双十"暴动，要各机关慎为防范云云。韬奋听说，便约沈钧儒、沙千里一齐亲往质问何应钦。何应钦曾拿出材料说，这是两个自首学生招供的，还说举行暴动时，韬奋和沈钧儒指挥重庆市内的暴动，沙千里将指挥沙坪坝一带的暴动。韬奋等当时要何应钦叫那两个学生出来对质，何应钦不敢叫他们来。事后知道，这是国民党计划对他们进行陷害，有意安排，在"綦江政治干部训练班"屈打成招，炮制出来的材料。何应钦当场虽向他们表示，他不相信这个情报，并请他们不必介意。但是，在韬奋居住的"衡舍"门口及附近，仍有不少国民党军警特务来来往往，监视他的行动。夫人沈粹缜有一天对韬奋说："在这里受国民党特务的气，环境不好，文章不能好好写，话又不能痛痛快快地讲，还不如到延安去。"韬奋说："延安当然比这里好，但是我的岗位在这里。我虽然不能用枪杆，可是我能用笔杆。正因为这里的环境恶劣，就要求我用这一支笔与敌人更坚决地战斗，将来有机会，延安我们总是要去的。"

韬奋当时虽然在组织上还没有参加共产党，但已对党有了更加深刻的了解。这个时候，他完全不像其他有些知识分子那样，在国共两党之间，站在"中立"的立场上，抱着"中立"的观点，幻想走"第三条道路"，做事情看"行情"，在对国民党的关系上留"后路"，一遇到困难就动摇。与此相反，韬奋始终遇事找党商量，尊重党的意见。他的立场是坚定的，态度是鲜明的，总是和党在政治上保持一致。面对国民党的白色恐怖，他虽已六次流亡，一次坐牢，依然百折不挠，坚持斗争，表现了坚定不移的勇敢精神。

当时在国民党统治下，韬奋决心无条件地靠拢党，很显然地并不能因此得到什么个人利益，而是意味着要准备牺牲掉许多可贵的东西，要面临许多危险,经受许多磨难。正因为他坚决靠拢共产党,国民党当局便千方百计地算计他,迫害他。这个时候,韬奋遭遇了一生最痛苦最不容易忍受的磨难,但他表现了无比勇敢坚强的战斗精神,不管碰到多么大的风暴,他从没有向暴力屈服,向敌人低头。

1940年底,在"皖南事变"前夕,国民党反动派掀起第二次反共高潮的时候,11、12月间,周恩来接连五次到章伯钧、沈钧儒、张申府等人的寓所,与韬奋、沈钧儒、黄炎培、张申府、章伯钧、左舜生、张君劢、梁漱溟等交谈目前时局,揭露国民党制造摩擦情况。12月23日,同韬奋、陶行知、黄炎培等在沈钧儒寓所会见美国著名记者安娜·路易斯·斯特朗,周恩来揭露国民党顽固派正在酝酿投降和内战的阴谋,预言将发生更大的反共事件和战争。周恩来的讲话,使韬奋等对迎面逼来的严峻形势有了充分的思想准备。

这个时期,国民党反动派对韬奋的迫害达到了顶点。他和数百位同仁历时多年惨淡经营、艰苦发展起来的50多处生活书店分店,被国民党一个一个连续毁掉。有一天,他曾接连收到8处书店被封的电报。这时的情况十分清楚,如果不向国民党当局投降,全部事业就要被毁。韬奋坚持革命立场,始终和中国共产党站在一起,"宁为玉碎,不为瓦全"。

1941年1月,皖南事变发生后,周恩来满腔悲愤地题词:"为江南死国难者志哀。""千古奇冤,江南一叶,同室操戈,相煎何急。"这25个字,揭穿了皖南事变的实质,表达了对国民党顽固派的强烈抗议。题词在《新华日报》刊登后,产生了震撼人心的强大力量。韬奋支持《新华日报》"在极艰苦的环境中努力奋斗,要把事实真相及真是非表白于世,以求公判"。同时,韬奋又为《全民抗战》写了一篇社论,提出:这件事并不是单纯的"军令""政令"问题,不能否认在实质上是党派斗争的问题。要解决这一问题,要求"从根本上加强民主政治,巩固抗日党派的精诚与合作"。国难当头,发生这种事件,只能使"亲者痛,仇者快"。但这篇社论全文被审查后扣留,在那期周刊上的社论地位留下一个空白——开了个大天窗。

"皖南事变"后，国民党政府定于3月1日召开第二届国民参政会，中共中央决定拒绝参加这次会议。为了力争取得社会各界的理解与同情，周恩来于2月10日在重庆玉皇观同韬奋与沈钧儒、章伯钧、张申府、左舜生、张君劢商量对国民参政会的态度，向他们说明中共拒绝参加这次会议的原因，得到他们的同情和谅解。

国民党反动派对韬奋的迫害愈益加剧，他的处境危殆。2月10日晚上，韬奋和夫人沈粹缜一起去曾家岩拜访周恩来和邓颖超。因为在上清寺通往曾家岩的街道上，日夜都有特务坐守，他们改从国民政府旁边的一条小路，走过小土丘来到曾家岩50号"周公馆"。韬奋和周恩来进行了长时间的谈话，这是他们两人最后一次见面。这个时候，周恩来根据中共中央的指示，为保存进步文化界的力量，在海外开展文化宣传工作，决定逐步把在重庆、桂林等地的大批民主人士和文化界人士转移到香港，建立新的文化阵地。根据周恩来的意见，韬奋一面公开揭露国民党当局的法西斯暴行，一面作了应变准备，开始有计划地疏散书店工作人员，把出版发行的重点转移到解放区去，将生活书店的领导中心移往香港。

1941年2月25日凌晨，韬奋愤然辞去国民参政员的职务，秘密离开重庆，并于3月5日飞抵香港。在香港朋友举行的便宴上，韬奋庄严地声明："我们到香港不是为逃难来的，而是为'坚持抗战，反对投降；坚持团结，反对分裂；坚持进步，反对倒退'，创办民主报刊而继续战斗。"在这里，韬奋所进行的抗日宣传工作，继续得到周恩来的关注。这年12月间，香港沦陷，党立即设法营救陷入虎口的大批进步人士。12月8日，日军进攻香港之始，周恩来即两次急电廖承志、潘汉年、刘少文，指示帮助在港文化名人和爱国民主人士撤离香港，特别提出了要派人帮助邹韬奋等人离港。次日，周恩来又电廖承志等并报中共中央书记处，提出了帮助撤退在港朋友撤离方向及具体办法。韬奋听说远在重庆的周公，为了解救他和香港的一批进步的文化界人士脱离陷阱,经过了几个不眠之夜紧急谋划的时候,深受感动。1942年1月,韬奋经党营救到达东江抗日根据地。鉴于国民党特务对邹韬奋、柳亚子等缉捕甚严,周恩来于2月间特致电中共南方工作委员会,接待邹韬奋、柳亚子等要"指定专人负责""以免暴露"。3月17日,周恩来又打电报给南方工作委员会书记方方、副书记张文彬并报中共中央书记处:"邹韬奋夫人及子女可暂住桂林,我们按月送津贴,邹韬奋本人去苏北转华北。"其后当他得知国民党当局已下令通缉邹韬奋后,立即电告八路军驻香港办事处负责人连贯:一定让邹韬奋就地隐蔽,一定要保证他的安全。连贯通过当地党组织,让邹韬奋暂避于梅县江村。7、8月间,国民党派特务头子刘百闵到广东探寻韬奋踪迹,周恩来闻讯即派人告诉韬奋说:韬奋隐居在广东乡间,不一定就不出问题。为了他的安全,并使韬奋能为革命事业继续发挥作用,建议韬奋考虑是否前去苏北抗日根据地,还可以从那里转赴延安。韬奋欣然同意周恩来的意见,9月下旬便同从桂林派来的一位书店同事离开梅县,经过上海,辗转进入苏北解放区。不幸,韬奋这时已经患了癌症。

## 弥留之际还不断呼唤"周恩来!"

韬奋是一个富于感情的人,在长期共同斗争中,他同周恩来结下了真挚的革命友谊。当他在遭受敌人通缉,隐名埋姓流亡的险途中,在癌症的病痛折磨中,一直有一个光辉的名字铭刻在他的心头,这就是"周恩来"。1942年冬天,韬奋辗转到达苏北解放区,病痛的折磨日益加剧,又遇到敌人的残酷"扫荡",他带病前往各处参观的时候,经常流露出对中国革命圣地延安的向往,对党中央领导同志的崇敬和爱戴,特别念念不忘的是真诚的朋友周恩来,时常口中不知不觉地呼唤:恩来同志,恩来同志!以后韬奋回到敌人占领的上海治病。直到生命的最后时刻,他在弥留时特别谈道:

"恩来同志是我毕生最敬佩的朋友。"

韬奋忍着极度的痛楚,在上海顽强地同癌症进行了一年多的拼搏,延至1944年7月24日早晨7时20分,溘然与世长辞。当感到生命垂危的时候,韬奋的心念转向中国革命圣地延安,转向他衷心崇敬的中共中央。一桩未了的平生大愿激励着他,使他在临终口授遗嘱中正式向党提出:请求追认入党。中共中央接到他的遗嘱,立即复电韬奋的家属:接受韬奋的请求。韬奋经过周恩来长期鼓励、帮助,其平生日夜牵挂的夙愿终于实现。

韬奋逝世的讯息传到延安的时候,周恩来备感哀痛,对中央追认韬奋入党深感欣慰。1944年10月1日,由宋庆龄、林伯渠、郭沫若等人发起,各党派各阶层人士在重庆举行邹韬奋先生追悼大会时,周恩来、邓颖超送的挽联写道:

> 忧时从不后人,办文化机关,组救亡团体,力争民主,痛挞独裁,哪怕冤狱摧残,宵小柱徒劳,更显先生正气;
> 历史终须前进,开国事会议,建联合政府,准备反攻,驱逐日寇,正待吾曹努力,哲人今竟逝,倍令后死伤神。

10月11日,周恩来在延安召集博古、吴玉章等,发起组织邹韬奋同志追悼会筹委会,讨论追悼事项,议决纪念办法。会上,周恩来热诚赞扬了韬奋为宣传党的抗日救国政策、主张,指引无数青年走上革命道路所立下的不可磨灭的历史功绩。他说:"我国有两个青年领袖,一个是恽代英,他已经去世了;另一个就是邹韬奋,他现在也逝世了,这是我们党最大的损失。"还说:"多年来,邹韬奋同志为了反对日本帝国主义的侵略,反对国民党反动派攘外必先安内的卖国政策,奔走呼号,舌敝唇焦,动员人们起来救亡图存,赢得了广大人民,特别是广大青年的拥戴和热爱。他是承继恽代英同志的真正的青年领袖。"他再次谈到韬奋游历考察欧美所写的《萍踪寄语》和《萍踪忆语》说:《萍踪忆语》是观察研究资本主义发达到最高度的代表型美国的结果,对它的分析认识很深刻,是难得的一部著作。会后,他还亲笔修改纪念和追悼办法,加上"提议韬奋为出版事业模范"一句。

当时在延安参与筹备追悼邹韬奋同志活动的张仲实同志说:"9月下旬,周恩来同志要我为党中央草拟致韬奋同志家属的唁电。我拟毕送给周恩来同志,他圈点勾画,仔细批阅,这足见他对韬奋同志逝世的莫大痛惜。10月,新华社在延安公布邹韬奋同志逝世的噩耗,延安准备举行隆重追悼。周恩来同志指定我负责治丧委员会的具体工作,并要求我事无巨细,均须向他汇报。他不但亲自圈定周恩来、吴玉章、博古、邓颖超、周扬、艾思奇、柳湜、张宗麟、姜君辰、林默涵、李文、程今吾和我等13人为治丧委员会成员,还召集筹备会议,并亲自修改悼词,送毛泽东同志审阅。周恩来同志这样做,绝不仅仅是为了寄托哀思,而是对邹韬奋同志及所有爱国知识分子的尊重。我还记得,闻一多、李公朴同志遇害后,周恩来同志都曾代表党中央组织追悼纪念活动。"

1945年9月12日,在抗日战争胜利的欢呼声中,周恩来写信给韬奋夫人沈粹缜,表示慰问。信中说:"韬奋先生的功业在中国人民心目中永垂不朽,他的名字将永远是引导中国人民前进的旗帜。"

一切具有善良愿望的爱国知识分子,都应当从韬奋的经历中汲取有益的经验,沿着伟大的中国共产党所指引的方向,朝着共产主义道路前进。

★ 六 历史巨变中的
周恩来与郭沫若

## 情同手足的诤友

周恩来和郭沫若是真挚的朋友,周恩来是郭沫若的革命领路人,也是关怀备至的诤友。郭沫若对他情挚谊深,十分敬重。不但敬仰他在战场上的雄才大略、解放后的治国宏图,也对他在学术研究和文艺创作中的精湛见解深为折服。他对周恩来始终怀着深厚的感情,视为良师益友。1978年5月27日,郭沫若在生命垂危之际写给全国文联三届三次扩大会议的书面发言《衷心的祝愿》里,曾经深情缅怀周恩来,字里行间洋溢着无限倾慕和感激的情愫,倾诉着他们天长地久、终生不渝的友谊。他说:"就我个人的经历来说,五十多年来,周总理在政治上、思想上、艺术上都是我的良师益友,曾经给予我许多难以忘怀的指示和帮助。我的许多作品,尤其是剧本,差不多都得到过周总理的亲切关怀,他在日理万机之中挤时间读剧本,看演出、提意见,使我深受感动和激励。"这是郭老生前发表的最后一篇文章。其后仅仅过了15天,6月12日,一代文豪郭沫若的心脏停止了跳动。

他们两人长久的友谊,可以追溯到1926年在广州相识时。这年3月,郭沫若从上海到达广州,经过李一氓、阳翰笙认识了周恩来。他们在那里共同度过一段革命岁月,结成了深厚的战斗革命友谊。从那时直到周恩来于1976年逝世,持续了整整半个世纪。他们一个是杰出的政治家,一个是卓越的文学家,共同的理想和共同的追求,将他们凝聚在马克思主义的旗帜下。他们在各自岗位上,拿起不同的武器,甘苦同尝,生死与共,始终在一条战壕里对准共同的敌人并肩战斗。他们共同走过了摧毁旧中国,创造新中国的革命历程。在漫长的半个世纪里面,虽然经历过无数暴风骤雨,惊涛骇浪,而且很多时候关山遥隔,天各一方,但是他们的心是亲密相通的,他们的革命友情如松柏之茂,青青相承,历久弥坚,终生不渝,经受住了严峻的考验。

在几十年的革命生涯中，郭沫若一直在周恩来领导下工作。每到关键时刻，他的去向都由周恩来代表党组织作出安排。1926年3月郭沫若到广州不久，便接受周恩来的建议参加北伐，北伐中做了国民革命军总政治部副主任。蒋介石、汪精卫叛变革命后，郭沫若参加了南昌起义（周恩来是中共前敌委员会书记），他在行军作战中经周恩来、李一氓介绍参加中国共产党。南昌起义部队失利，郭沫若经汕头、香港到达上海后，由周恩来安排前去日本。经中共中央决定，保留党籍，完成党给予他的一项重大任务。1928年2月24日，郭沫若举家东渡。抗日军兴，郭沫若别妇抛雏，从日本回国后，又一直在周恩来领导下展开工作。郭沫若回到上海，党籍就恢复了，但根据党的指示，他以无党派人士面目展开了公开的抗日民主的革命活动，去带动当时广大的民主人士向中共靠拢。他当时是特别党员，受中共中央长江局周恩来等负责人直线领导。郭沫若有时自己不满党外民主人士这一身份的寂寞，向周恩来要求"以公开党员的身份进行痛痛快快的工作"，周恩来总是以老战友的情谊，慰勉他还是以非党人士的身份忍受内心的"寂寞"。"1938年夏，党中央根据周恩来同志的建议，作出内部决定：以郭沫若同志为鲁迅的继承者，中国革命文化界的领袖，并由全国各地党组织向党内外传达，以奠定郭沫若同志的文化界领袖的地位。"（吴奚如：《郭沫若同志和党的关系》，《新文学史料》1980年第二期）郭老直到全国解放后才对社会宣布重新入党，成为公开的共产党员（他的党龄一直从1927年算到1978年逝世为止，一共51年）。

他们不寻常的友谊和各个时期的交往，在郭沫若的许多著作中有所反映。在他所写的自传、日记、散文和回忆录中，都能看到他们早期共同经历的记录。先自南昌起义和上海时期的交往，后至武汉、长沙的战时生活以及重庆、南京的谈判斗争，都有生动的记载。有的记述他们战斗的峥嵘岁月，有的回忆他们一起走过的艰难时光。既写出了革命的胜利与挫折，也记下了战友间的欢乐与悲怆。还曾记下遇到自己处理某些事情出现失误，周恩来对他有时温和、有时严厉的劝告和批评。

郭老还在许多地方记述了他们亲密无间的友谊,字里行间经常流露出对周恩来由衷的景仰之情。如在记述1938年从武汉撤退经历的《洪波曲》中,我们读到:

> 周公的计划很周到,指示非常细密,我这里只能记得一个梗概。经他这一部署和指引,使纷乱如麻的局面立地生出了条理来,使浑混一团的大家的脑筋也立地生出了澄清的感觉。
>
> 我对于周公向来是心悦诚服的。他思考事物的周密有如水银泻地,处理问题的敏捷有如电火行空,而他一切都以献身的精神应付,就好像永不疲劳。他可以几天几夜不眠不休,你看他似乎疲劳了,然而一和工作接触,他的全部心身便和上了发条的一样,有条有理地又发挥着规律性的紧张,发出和谐而有力的律吕。(《沫若文集》,人民文学出版社,第九卷,第206—207页)

在记述1946年国共谈判经历的《南京印象》中,我们读到:

> 仅仅两个月不见,周公比在重庆时瘦多了。大约因为过于忙碌,没有理发的闲暇吧,稍嫌过长的头发愈见显得他的脸色苍白。他的境遇是最难处的,责任那么重大,事务那么繁剧,环境又那么拂逆。许多事情明明是知其不可为而为,但却丝毫也不敢放松,不能放松,不肯放松。他的工作差不多经常要搞个通夜,只有清早一段时间供他睡眠,有时竟至有终日不睡的时候。他曾经叹息过,他的生命有三分之一是在"无益的谈判"里继续不断地消耗了。谈判也不一定真是"无益",他所参与的谈判每每是关系着民族的生死存亡,只是和他所花费的精力比较起来,成就究竟是显得那么微末。这是一个深刻的民族的悲哀,这样一位才干出类的人才,却没有更积极性的建设工作给他做。

> 但是,轩昂的眉宇,炯炯的眼光,清朗的谈吐,依然是那样的有神。对于任何的艰难困苦都不会避易的精神,放射着令人镇定、也令人乐观的毅力。我在心坎里,深深地为人民,祝祷他的健康。(《沫若文集》第九卷,第517—518页)

这年11月15日,由国民党一手把持的"国民大会"在南京开幕。和平谈判的大门最后由国民党关上。周恩来于11月19日率领中共代表团飞返延安。17日晚上,他给正在上海的郭沫若夫妇写了一封告别的信件。信中说:

> 民盟经此一番风波,阵容较稳,但问题仍多,尚望兄从旁有以鼓舞之。民主斗争艰难曲折,居中间者,动摇到底,我们亦争取到底。"国大"既开,把戏正多,宪法、国府、行政院既可诱人,又可骗人,揭穿之端赖各方。政协阵营已散,今后要看前线,少则半载,多则一年,必可分晓。到时如仍需和,党派会议、联合政府仍为不移之方针也。弟等十九日归去,东望沪滨,不胜依依,请代向诸友致意,并盼保重万千。(《周恩来传》(第二卷),中央文献出版社,第813页)

郭沫若赋诗一首赠周恩来壮行:

> 疾风知劲草,岁寒见后凋。
> 根节构盘错,梁木庶可遭。
> 驾言期骏骥,岂畏路迢遥。
> 临歧何所赠,陈言当宝刀。

这是他们当年战斗生活的记录,也是真挚友情的见证。

在不同时期,周恩来也曾在许多场合谈起郭沫若,代表党中央对郭沫若的贡献作出评价。

1941年11月16日,是郭沫若50岁生日和从事创作生活25周年。中共中央决定发动各民主党派、各人民团体和文化界知名人士，在全国范围内为郭沫若祝寿。10月上旬的一天，周恩来来到重庆天官府街郭沫若家里，把这一决定告诉他的时候，郭沫若很自谦地说："我没有什么重大贡献，不必了吧！"周恩来说："为你祝寿，是一场意义重大的政治斗争。通过这次斗争，我们可以发动一切民主进步力量，来冲破敌人的政治上和文化上的法西斯统治。"这次庆祝活动，实际上是我党击退国民党反动派第二次反共高潮后，在国民党统治区展开的一次政治斗争和文化斗争。

在周恩来指导下，11月16日在重庆举行了各界知名人士参加的盛大的庆祝茶会。周恩来在讲话中高度评价了郭沫若，并勉励大家向他学习："在反对旧礼教社会的战斗中，有着他这一位旗手；在保卫祖国的战争中，也有着他这一支号角；在当前反法西斯的运动中，他仍然是那样挺身站在前面，发出对野蛮侵略者的诅咒，这些都是青年们应当学习的。"

同一天，《新华日报》头版社论位置发表了周恩来亲自撰写的祝贺郭老生日的代论《我要说的话》。作者充满激情地写道："为纪念郭沫若先生创作生活满二十五年，并庆祝他的五十生辰，我原打算写一篇专文献给他的。这个志愿立了好久，五个月前，我还拿了他的一部分著作，想在乡居期间，读他几本，然后好写出一篇有根据的文章来。不料今年夏天，敌机轰炸的次数特别多，人又病，事又忙，不仅文章没做，书也没读。时间是一天天地过去，书因为别人要读，也还了主人，可是，我的文章却依然没做。时间更一天天的逼紧，许多朋友的纪念诗文，也拿来读了，许多报纸的庆祝诗文，也提前发表了，于是使我志愿要做的文章几乎转成了亟待偿还的文债。这一急，直临到郭先生生辰的前夕。这一急，直临到纪念日特刊发稿的最后关头。可是我面前铺着的依然是一张白纸，打破了我一向做文的惯例……最后关头终于突破了，书既不能读，专文也不能写，但是临着这个日子，我却不愿'无言'，我还是说我平常所常说的话罢！"这篇文章对郭沫若的前半生作出全面而深刻的评价。在这篇文章中，周恩来将郭沫若与鲁迅相提并论，实际上代表了我党对郭沫若的高度评价：

> 郭沫若创作生活二十五年，也就是新文化运动的二十五年，鲁迅自称是"革命军马前卒"，郭沫若就是革命队伍中人。鲁迅是新文化运动的导师，郭沫若便是新文化运动的主将。鲁迅如果是将没有路的路开辟出来的先锋，郭沫若便是带着大家一道前进的向导。鲁迅先生已不在世了，他的遗范尚存，我们会愈感觉到在新文化战线上，郭先生带着我们一道奋斗的亲切，而且我们也永远祝福他带着我们奋斗到底的。

周恩来进而指出："鲁迅先生在思想斗争和新文化运动上之非常可宝贵的革命传统，秋白同志在《鲁迅杂感集序言》中已经指出四点：第一是最清醒的现实主义，第二是"韧"的战斗，第三是反自由主义，第四是反虚伪的精神。这都是非常之对的，我在这里不想再多说了。要说的是郭先生在新文化运动二十五年当中，所给予我的印象和我所认识的特点是些什么？"

他将郭沫若的革命精神概括为三大特点："第一是丰富的革命热情"，"第二是深邃的研究精神"，"第三是勇敢的战斗生活"。说"他不但在革命高潮时挺身而出，站在革命行列的前头，他还懂得在革命退潮时怎样保存活力，埋头研究，补充自己，也就是为革命作了新的贡献，准备了新的力量。他的海外十年，充分证明了这一真理。十年内，他的译著之富，人所难及"。号召大家学习，同时"祝他前进，永远地前进，更带着我们大家一道前进"。

自1941年至1943年间，郭沫若在重庆接连写了六部历史剧：《棠棣之花》《屈原》《虎符》《筑》（《高渐离》）《孔雀胆》《南冠草》。

这些剧作把历史和现实有机地结合起来，以古喻今，起到了批判蒋介石法西斯暴政的社会效果，曾经产生了巨大的政治影响，其中影响最大的首推《屈原》。（"文化大革命"中被江青、张春桥指责"骂了秦始皇"逼郭沫若写检讨的这些剧本中的《虎符》，郭沫若曾寄赠毛泽东。毛泽东于1944年1月9日从延安回信给他："郭沫若兄：收到《虎符》，全篇读过，深为感动。你做了许多十分有益的革命的文化工作，我向你表示庆贺。"同年 11 月，毛泽东亲笔写给郭沫若的另一封信，再次称赞他的历史剧"有大益于人民，只嫌其少，不嫌其多。"）

《屈原》是郭沫若在 1942 年初写的。自庆贺郭沫若五十寿辰期间《棠棣之花》演出成功后，许多朋友建议他写屈原的戏，引起了他的强烈创作欲望。周恩来得知后也登门鼓励他写这部戏。周恩来说："屈原这个题材好，因为屈原受迫害，感到谗谄之蔽明也，邪曲之害公也，才忧愤而作《离骚》。皖南事变后，我们也受迫害，写这个戏很有意义。"

这个剧本经过三个星期构思，郭沫若从 1942 年 1 月 2 日写起，到 11 日夜半，仅用 10 天时间完成，出乎人们意料地快。他自己也说："实在也奇怪，自己的脑积就像水池开了闸一样，只是不断地涌出，涌到了平静为止。"1942 年 4 月 3 日，《屈原》在重庆市中心区最大的剧场国泰大戏院上演，参加演出的都是全国知名演员，立即轰动了整个山城。演出获得空前成功，连演 17 天 21 场，场场客满。进步报纸一致好评，认为《屈原》好比投向反动营垒的一枚重磅炸弹，又是向艰苦抗战中的大后方人民发出的进一步战斗的动员令，起了显著的政治作用。但却引起国民党反动派的震惊和极端仇视，他们动员一切舆论工具，对这出戏大张挞伐，进行围剿。这个时候，周恩来挺身而出，认真阅读剧本，组织专家座谈，给《屈原》以充分肯定评价。他说："是否肯定这个戏不仅是艺术创作问题，更重要的是政治斗争。一个马克思主义者对于历史，应该从阶级斗争的观点出发，同时也应该是历史唯物主义的。但历史剧的创作，只要在大的方面符合历史真实，至于对某些非主要人物，作者根据自己的看法来评价是允许的。"同时他还对被攻击最多的《雷电颂》以肯定的评价。他说："屈原并没有写过这样的诗词，也不可能写得出来，这是郭老借着屈原的口说出自己心中的怨愤，也表达了蒋管区广大人民的愤恨之情，是向国民党压迫人民的控诉，好得很！"在文化工作委员会为《屈原》演出成功而举行的庆祝宴会上，周恩来对这次斗争作了总结。他高兴地说："在连续不断的反共高潮中，我们钻了国民党反动派一个空子，在戏剧舞台上打开了一个缺口，在这场战斗中，郭沫若同志立了大功。"

时间过得快，1962年11月又到郭沫若七十寿辰。因11月郭老要外出，10月周恩来对他说：下个月是你七十大寿，那你就不能在北京过啦，这样吧，在你离京之前我们就提前给你过吧。郭老又是谦辞，经过总理劝说，他说：那好吧，我来请客。"10月10日前后在中南海紫光阁举行了聚会，当时除毛主席外，在京的中央主要负责同志基本上都参加了。聚会十分亲切、热烈而隆重。郭老和夫人于立群都特别感动和兴奋，对总理如此周到的安排表示了由衷的感激……两三天后，国务院交际处向郭老收取了这次聚会所花销的所有费用。周总理这种公私分明，一丝不苟的精神，实在是令人钦佩！"（王廷芳：《周总理和郭沫若》）

不意到了晚年，他们一起碰上"史无前例"的"文化大革命"，非常艰难地穿过这段漫长的凶险岁月。在十年动乱中，江青处心积虑，一直把郭沫若作为一个重要的攻击目标。他们打倒郭沫若的阴谋所以未能得逞，固然首先因为毛泽东首先发了话："郭老不能批判"；但更重要的还是依靠周恩来竭力保护，郭沫若才得在没完没了的诽谤、凌辱、惊恐、悲怆和病痛折磨中，闯过了这场"史无前例"的劫难。

## "黄钟毁弃，瓦釜雷鸣"

历时十年的"文化大革命"给整个民族带来空前的灾难。在这场浩劫中，知识界首当其冲。郭沫若也受到严重的冲击，身心遭到极大的摧残。

姚文元批判《海瑞罢官》的文章，开了捕风捉影，无限上纲，罗织诬害，陷人入罪的恶劣先例。这种刀笔吏式的棒杀，迅速波及整个意识形态领域。江青一伙张开的垂天大网，将无数中国杰出的文化精英驱进文字狱的陷阱。

以往，毛泽东每当谈到意识形态领域的斗争，都把郭沫若当做一个应予保护的标兵，提出"不能批判郭老"。毛泽东曾经讲过：学术批判要有一个界限，要树立几个标兵。郭沫若、茅盾、范文澜、翦伯赞四个人不准批。1966年3月30日毛泽东在上海的谈话又说："郭老、范老两老要保护。郭老是好人，功大于过。"在毛泽东的眼里，郭沫若不仅不应成为"文化大革命"的斗争重点，而且还因其特殊影响而应继续给予切实的保护。可是，面对如此严峻的形势，郭沫若身为中国科学院院长，眼看一群凶狠的虎狼陷害忠良，使科学界许多知名的专家学者祸从天降，无端遭到残暴的凌辱迫害，自己却无能为力，爱莫能助，不免痛楚彻骨，寝食难安。特别是对田汉、翦伯赞的严酷批判（两人在"文革"中都被迫害致死），使他震惊，也感到愤懑。这两个人，一个是戏剧界的泰斗，一个是史学界的权威，又都是他非常了解、长期并肩战斗、患难与共的老朋友。他在报上看到批判田汉《谢瑶环》的长篇文章，无限上纲，大张挞伐，感到愤慨。

当他听说已故画家傅抱石家被抄，画被洗劫一空时，悲愤不已，悄悄对秘书说：无论如何也要帮助解决抱石家的困难，拿不出钱，就把我的书籍字画卖掉。他的处境十分严峻：江青一伙从不把郭沫若放在眼里，只是碍于毛泽东多次发话"保护郭老"，对他暂还"留有余地"。虽然这时还不曾有任何批判文章点他的名，但他已经受到江青一伙的诋毁诬陷，已经使他预感到"在劫难逃"，灾祸随时可能降临。

1966年1月27日，正当这场斗争从意识形态领域转入政治性挞伐，错误的批判汹涌展开的时候，郭沫若给中国科学院党组书记张劲夫写信，提出"辞去有关科学院的一切职务（院长、哲学社会科学部主任、历史研究所所长、科技大学校长等等）"的要求。他说："我的这个请求是经过长远的考虑的，别无其他丝毫不纯正的念头。"

这年4月14日，在全国人大常委会第三十次（扩大）会议上，郭沫若听了文化部副部长石西民所作的《关于社会主义文化革命》的报告，即席发言否定自己的全部著作，提出要把自己所有著作烧掉。他说："几十年来，一直拿着笔杆子在写东西，也翻译了一些东西。按字数来讲，恐怕有几百万字了。但是，拿今天的标准来讲，我以前所写的东西，严格地说，应该全部把它烧掉，没有一点价值。"

接着，他进行了检讨。他说："我确实是一个文艺工作者，而且我还是文联的主席。文艺界上的一切歪风邪气，我不能说没有责任。"

他在发言结尾，心情沉重地说："我们实在惭愧，特别是我很惭愧，各位不至于惭愧。我自己作为一个党员，又是一个什么家，眼泪要朝肚子里流。总之一句话，我们不仅没有为工农兵服务，而是倒转来工农兵在文史哲方面为我们服务了。我们应该向工农兵感谢，拜工农兵为老师，因为他们把主席思想学好了，用活了。"又说："我虽然已经七十几岁了，雄心壮志还有一点。就是说要滚一身泥巴，我愿意；要沾一身油污，我愿意；甚至要染一身血迹，假使美帝国主义要来打我们的话，向美帝国主义分子投几个手榴弹，我也愿意。我的意思就是这样的，现在应该向工农兵好好地学习，假使有可能的话，再好好地为工农兵服务。"

郭沫若发表这篇演说这天，我正好离开北京前去上海。我是在上海一个会上，听到康生谈起郭老这篇发言的。康生和郭沫若同是第三届全国人大常委会副委员长，他在上海谈到这篇发言的时候，就说先由《光明日报》发表，再由《人民日报》转载。其时康生和陈伯达刚在杭州参加中央政治局常委扩大会议后回到上海。估计毛泽东先已看过这篇发言，决定发表此文未必全是康生的主意。4月28日，《光明日报》发表了这篇发言。5月5日《人民日报》又全文转载这篇发言，全国各报也都相继转载。（事后得知：这篇发言正是由康生送经毛泽东批示发表的。郭沫若那时的秘书王廷芳写道："在四月份的人大常委会上郭老作了一次发言，提出要把书烧掉。后来连贯同志来找他，请他再看看讲话稿，说有人要看。郭老看后稍加润色。实际上是康生要看，然后送给毛主席，主席批示：发表。不久报上登出来。"）

(《周总理和郭老的一些交往和友谊》,《怀念周恩来》,人民出版社1986年版,第424页)

郭沫若这篇发言宛若爆裂一颗巨型的炸弹,特别在文化学术界和广大知识分子中引起震撼。它不但在国内引起震荡,国际上也反应强烈。苏联、东欧许多报刊就此说东道西,西方国家舆论更曾借此掀起一阵强烈的反华反共鼓噪。这年6月下旬,在北京召开了有53个国家和地区的160多位作家参加的亚非作家紧急会议。7月4日,郭沫若以中国代表团团长的身份,在会议上作了题为《亚非作家团结反帝的历史使命》的长篇发言。这篇发言的第四部分介绍中国的"文化大革命",最后一部分谈到自己4月14日在人大常委会上的发言。郭沫若说,石西民的报告"使我深受感奋,我便即席发言,坦率地作了自我批评,表达我衷心的感受"。他特别就"要把自己写的东西全部烧掉"作了解释,作为对西方国家反应的回答:

> 两个半月以前的4月14日,我们听取了文化部负责同志关于文化工作的报告,讲到我国"文化革命"的成绩,讲到广大工农兵群众和革命干部在文化工作中的巨大作用,使我深受振奋,我便即席发言,坦率地作了一次自我检讨,表示我衷心的感受。这种深切的感受,一方面使我为"文化革命"的胜利庆幸,另一方面也使我不能不引起作为知识分子的应有的责任感。我检讨了自己,我说用今天的标准看来,我以前所写的东西没有什么价值,严格地说应该烧掉。这是我责任感的升华,完全出自我内心深处的声音。但我把这话传播出去,出乎意外地惊动了全世界。有不少真挚的朋友对我表示了深切的关怀,我向他们致以谢意。但在资本主义国家和现代修正主义国家的报纸和刊物上,却卷起了一阵相当规模的反华浪潮。他们有意歪曲我的发言,借以反对我国的文化大革命。

郭沫若在这里说,"烧书"是他"出自内心深处的声音"。他的解释出于他当时的认识。他和同时代的许多人一样,深受当时正在全国泛滥的个人崇拜和极左思潮的影响,只有努力"紧跟"。而且由于处境异常险恶,有时他也不能不采取"保护自己"的策略,难免要说一些违心的话。

关于"烧书",一年以后郭沫若还曾把它解释为"凤凰涅槃"。当时有位青年文学工作者徐正之,对郭沫若"烧书"的讲话"颇有看法",在他正在撰写的有关郭沫若剧本《武则天》的文章中写道:"简单地烧掉是不科学的,也是不能解决问题的。真正的共产党人要敢于坚持真理,敢于修正错误。毛主席说:'彻底的唯物主义者是无所畏惧的。'希望在民主革命时期就是一名勇敢斗士的郭沫若同志,在新的历史时期更要建树新的功勋,努力过好社会主义革命关……"1967年8月24日,徐正之经过《人民日报》编辑部,把他这篇文稿附信寄郭沫若。第二天,郭沫若看过他的信、稿,及时亲笔作复说:

> 大作拜读了,谢谢您的指教。谨如嘱"挂号退还"。我自己也希望能成为"一个彻底的'辩证'唯物主义者"。
>
> 凤凰每经五百年要自焚一次,从火中再生。这就是我所说的"烧掉"的意思。

这样解释,仍有否定过去的意思,同时也可看出他把这次"文化大革命"运动当做一次"自焚",以求得到"再生"。

虽然郭沫若的"辞呈"谁也不会"照准",他的著作人们也都不肯烧掉,但是郭沫若的担心并非"杞人忧天"。冲击、打倒郭沫若原是江青和康生、陈伯达蓄意已久的阴谋。他们并不只是要打倒一个郭沫若。"项庄舞剑,意在沛公"。正如他们先从吴晗打开缺口,进而打倒彭真一样,他们是将郭沫若和周恩来绑在一起鞭笞的。所以,尽管毛泽东多次指示"郭老不能批判";"文化大革命"伊始,周恩来拟定并经毛泽东批准"应予保护的干部名单",宋庆龄之后第二名就是郭沫若。由于江青一伙的煽动唆使,形形色色的造反派还是采取造谣诬蔑手段，给他捏造种种莫须有罪名，戴上各种各样的帽子。北京大学聂元梓等人写的那张所谓"第一张马列主义"的大字报广播不久，有的高等学校就贴出"打倒郭沫若"的大字报。在北京大学有一所专门开辟出来的房间里，贴满了"打倒郭沫若"的大字报。其后各种骚扰诬陷和暗中传播的流言蜚语纷至沓来，使他难得片刻安宁。

当时那些造反派虽还不能对他破门而入抄家、揪斗，但是随着运动不断加温，很快突破了"内外有别"界限，大字报早已贴到郭沫若前海西街18号寓所门前街头。他们丑诋、恶骂、造谣、诬蔑，向社会横飞乱喷。许多骇人听闻的"罪名"，种种下流的污言秽语，全都朝他喷射过来。其中编造得最为离奇而恶毒的，竟然诬陷他在不久前为金敬迈的长篇小说《欧阳海之歌》题写书名中的"海"字，隐有"反毛泽东"字样。如此指鹿为马的诬陷，岂不是欲置郭沫若于死地吗？一些深受蒙骗，不明真相的红卫兵，曾经为此聚集到郭沫若寓所门前，"勒令"他限期交待"反毛泽东"的罪行。周恩来为避免发生意外，提前安排郭沫若转移住地。郭沫若为此写了一首《水调歌头》，揭露江青一伙的横蛮诬陷和他当时激愤的心情。这首词前有小序记写了事端缘起："《欧阳海之歌》书名为余所书，海字结构本一笔写就。有人穿凿分析，以为寓有'反毛泽东'四字，真是异想天开。"词中写道：

    海字生纠葛，穿凿费深心。爱有初中年少，道我为金壬。诬我前曾叛党，更复流氓成性，罪恶十分深。领导关心甚，大隐入园林。  初五日，零时倾，饬令严。限期交待，如敢抗违罪更添。堪笑白云苍狗，闹市之中出虎，朱色看成蓝。革命热情也，我亦受之甘。

郭沫若一向支持《光明日报》，经常为这家报纸撰写文章。他的许多重要学术论文，都是先在《光明日报》上发表的。我到光明日报社工作后，常有向他请教的机会。但自"文化大革命"开始，除在大会场合以外，就难见到他。最后一次和他见面是1967年6月5日，在亚非作家常设局纪念毛泽东《在延安文艺座谈会上的讲话》发表25周年讨论会闭幕式上。大约由于经常感到精神压力，饱受惊恐折磨，这时他特显苍老疲惫。

在这次会议之前，5月23日，在人民大会堂召开了纪念《文艺讲话》发表25周年的万人大会。郭沫若虽然出席了大会，却受到不应该有的冷落。他原是中国文艺界的领袖，竟无在大会上发言的资格。这次大会全由中央文革小组一手包办：江青主持，陈伯达致开幕词，戚本禹作了冗长的主题报告：《毛主席〈在延安文艺座谈会上的讲话〉是无产阶级文化大军的建军纲领》。陈伯达和戚本禹的发言，不但继续"造神"运动，把《讲话》吹得不着边际；还都声嘶力竭地吹捧江青，把她抬上"文艺旗手"的宝座。陈伯达"特别提到""江青同志一贯坚持和保卫毛主席的文艺革命路线"；戚本禹则把江青吹成"文化战线上的战士"，说她"率领'文化革命'的先锋战士，向剥削阶级的老爷们盘踞的艺术舞台发起了进攻"。

人民大会堂的纪念大会过后两天，5月25日，《人民日报》及全国报刊重新发表1944年1月9日毛泽东《看了〈逼上梁山〉以后写给延安平剧院的信》，江青一伙竟然故意删去了其中"郭沫若在历史剧方面做了很好的工作，你们则在旧剧方面做了此种工作"这句极其重要的话。毛泽东这封信的手迹，建国初期曾经公开发表，广为流传。此刻删去这句众所周知的文句，意在告诉公众：郭沫若不配享有这个历史评价。他们这时采取如此卑劣的手法，自然是要暗示郭沫若"有问题"，煽动造反派向郭沫若冲击。这事显示郭沫若的处境不妙，对他是一个重大的打击，不仅使他深感难堪，更增长了恐惧和不安。

在6月5日亚非作家常设局纪念《文艺讲话》讨论会闭幕式上，郭沫若仍然受冷落。在这天的会场上，亚非作家常设局秘书长森纳那亚克以及凯尔、西园寺公一等均安排在主席台第一排，而实际领导这次讨论会的东道主、中国文联主席并代表讨论会在会上致闭幕词的郭沫若，却被安排在主席台后排就座。由他代表参加讨论会的"同学"致闭幕词，次序排列在最后。这天会议又是由捣鬼有术、正飞黄腾达的"中央文革小组文艺组组长"戚本禹来做"长篇讲话",而寰宇驰名、举世尊敬的文学泰斗郭沫若在致闭幕词时,还得说一声"戚本禹同志为我们作了富于启发性的报告","不能不表示衷心的感谢"。真所谓"黄钟毁弃,瓦釜雷鸣,谗人高张,贤人无名"。屈原赋《卜居》的精辟概括,何等切合此时此刻的情景!

闭幕词的题目是《做一辈子毛主席的好学生》。年逾古稀的郭沫若说:"我自己是一位毛主席的老学生,但是对于毛主席的著作学得很差,用得也很差;学得不活,用得更不活。我希望同学们对于我要不断地加以鞭策,使我能够跟得上同学们的步伐不断前进。"这时江青正在爬向权力的顶峰,飞扬跋扈,气焰熏天。郭沫若对于这个自封的"文艺旗手"本来异常憎恨,但在这种场合,还是强自压抑着内心的怒火,在讲话时朗诵了自己新作的一首诗,违心地表示愿把这首诗"献给在座的江青同志,也献给各位同志和同学"。郭沫若一贯敢于向权威挑战,勇于坚持真理,经常同恶劣环境和习惯势力作斗争,是最厌恶虚伪造作的,而今却不得不对自己最蔑视的这个"旗手"虚与委蛇。不难想象,此时此刻他的心里该会多么痛苦!

纵然这样,心毒手狠的江青,对郭沫若依旧穷追不舍,毫不留情。

## "天不能死地难埋"

江青妄图打倒郭沫若的阴谋未能得逞,自然是同毛泽东力保郭沫若的态度有关。如同前文所述,自从1964年7月以彭真为首的中央文化革命小组成立以来,毛泽东曾经在各种场合多次说过:郭老要保护。郭老是好人,功大于过。虽然毛泽东从未想在政治上批判郭沫若,但对他在研究思想史的观点不尽赞同,如对郭著《十批判书》就曾多次流露过不满,被江青一伙利用了,也曾使郭沫若大吃苦头。毛泽东一句"郭老从柳退",又一句"劝君少骂秦始皇",就曾将他抛入窘迫的处境中。把郭沫若作为突破口,进而打倒周恩来，原是江青一伙的"既定方针"。因此，江青每到关键时刻，绝不放弃冲击郭沫若的机会。到了"文革"后期，江青既知毛泽东确在某些问题上对郭老不满，又因毛泽东年高体弱，她瞄准了这一点，有恃无恐，多次对他发难，肆意迫害。主要是依靠周恩来鼎力保护，郭沫若在这场风暴中才得以保全。

从"文革"一开始，为了使一大批党、政、军的老干部和著名人士免遭劫难，保存国家元气，周恩来就不顾自己处境的极端险恶，殚精竭虑地保护了许多人过关。1966年8月29日夜，一群红卫兵抄查章士钊的住宅。第二天早晨，章士钊写信给毛泽东求援。毛泽东在此信上批示："送总理酌处，应予以保护。"周恩来严厉批评了那些肇事者，责令立即送回抄走的全部书物，并派人前往保护章士钊的住宅。他在当天就写了《一份应予保护的干部名单》，其中列举的12位知名人士，第二名就是郭沫若（第一名是宋庆龄）。毛泽东批准了这份名单，郭沫若终未受到被红卫兵揪斗的厄运。

当时江青一伙到处煽风点火，制造动乱，社会上无政府主义思潮泛滥，造反派打、砸、抢、抓的暴行时有发生。

到了1966年冬天，已经"天下大乱"。周恩来关心郭沫若的安全，派童小鹏前去看望郭沫若和夫人于立群，并且转达他的意见，请他们暂时离开家到外面去住；还叮嘱这件事不要告诉机关，只带秘书和司机，以防泄密。郭沫若偕夫人在位于万寿路的六所住了一个月，形势缓和下来后才又回到家里。

转过年来，周恩来常请郭沫若陪同会见外宾，他们几乎每周要见一两次面，郭老参与外事活动的消息和照片经常见报。实际上，这也使得郭老免受冲击。有人统计，整个"文革"期间，郭沫若参与外事活动八百多次，其中许多活动是陪同周恩来总理的。自从中国在联合国的合法权利恢复后，由于周恩来的努力，中国在外交上出现前所未有的活跃局面。郭沫若这时虽已年届八旬，受到大好形势的鼓舞，精力饱满地在外交战线上襄助周恩来。仅在1971至1973年间，他就参与和主持外事活动五百多次。郭沫若比周恩来年长六岁，体质又弱，在外事活动中，周恩来处处对他关照，无微不至。有一次会见外宾，送客时郭老陪同周恩来在人民大会堂北门口外站立较久，时当黎明，寒风袭人，周恩来回屋后发了脾气，批评警卫工作没有做好，说郭老这么大年纪还让他吹风，随后又劝郭老回去休息。郭老对此异常感动，说："他自己不是也在吹风吗？他心里只考虑别人，而根本不考虑自己。"从此以后，周恩来再没有让郭沫若和他一起通宵会见过外宾，但他自己还是经常通宵达旦地同外宾畅谈不息。

尽管这样"文化大革命"风暴还是夺走了郭沫若两个儿子年轻的生命。先是23岁的郭民英，于1967年4月死于对"文化大革命"的不理解；接着是26岁的郭世英，又于1968年4月22日，在北京农业大学被一伙将矛头指向周恩来的造反派绑架关押，严刑拷打，折磨致死。

郭世英1962年考入北京大学哲学系后，曾经受到不公正的对待。在周恩来亲自过问下，征得郭沫若的同意，郭世英离校到河南一个农场劳动锻炼，1965年又被批准返校。因在当时他无法从事真正的哲学研究，又因在农场时对植物栽培发生了兴趣，遂转入北京农业大学学习。1968年4月19日，校中一伙极左的造反派非法绑架了郭世英。他们私设牢房，对他轮番批斗，接连折磨了三天三夜。4月19日晚上，郭沫若曾参加周恩来主持的外事活动，因他深知周恩来处境艰难，不愿以家事添压于系国家安危于一身的总理。虽然坐在总理的身边，心里正为当天被绑架的儿子着急，却对世英被绑架的事没向总理吐露只字，舍弃了这一无法弥补的机会。4月22日上午，经军代表同意，郭沫若派秘书去北京农大了解郭世英被绑架的事，不幸郭世英已在亲人到来三小时前被折磨死去。

周恩来闻知郭世英被折磨而死去的不幸消息，亲临郭老家里吊慰。他引用毛泽东的诗句"为有牺牲多壮志,敢教日月换新天"来安慰郭沫若夫妇："革命总是要有牺牲的。"劝慰他们节哀；同时悲愤地说：迫害世英,不仅针对你们，也是针对我的。其后，周恩来两次派联络员到北农大去调查此案。

因为当时江青一伙横行，造反派嚣张，两次调查都没有结果。

仅仅一年零半个月的时间，郭沫若接连两次遭受了痛失爱子的重创，郭沫若该是何等的悲愤？失去爱子的于立群悲恸欲绝，大病一场。她责怪郭沫若为什么在儿子遭到绑架的当天见到总理时不置一词？郭沫若一时语塞，嗫嚅半天才从心底颤抖着吐出一句话来："我也是为了中国好啊！"年逾七旬的郭老，从郭世英惨死那天开始，经常忍着哀痛、含着眼泪伏在案头，以一笔不苟的行楷，抄录两个爱子的日记，一共誊满了八卷宣纸线装本册，连同两个孩子中学时代的合影，一起放在案首，以寄父子之情。

江青是一个地道的两面派，她对郭沫若恨得要死，却又妄想利用他作为著名戏剧家所享有的国际声誉，为她窃夺的样板戏增添光彩，多次要请郭老担任样板戏的顾问。郭沫若蔑视江青，根本不赞成大树八个样板戏的做法。他在同儿女们漫谈时，多次不无幽默地说："现在不是百花齐放，而是八花齐放。"郭沫若断然拒绝了江青的这番"好意"。江青却仍不肯罢休。及至1969年3月"珍宝岛案件"发生，她又借口保护郭老的安全，请他搬进钓鱼台国宾馆居住。理由讲得冠冕堂皇：说是那里的防空设备好，可保郭老安全无虞；再是她可以随时听取郭老对样板戏的意见，还把这两条理由通报给了有关的中央领导。郭沫若完全清楚江青的用心，自不屑与这种欺世盗名的"旗手"为伍，以年老失聪为由，婉拒迁往钓鱼台国宾馆。这样一来，充任样板戏顾问的事自然也就告吹。江青毒若蛇蝎，睚眦必报，从此对郭老的迫害变本加厉，愈益疯狂。

林彪事件发生后，在林彪住处查出了不少宣扬孔孟之道的条幅和材料，毛泽东把林彪与孔孟之道联系起来，开始考虑"批孔"的事。本来，毛泽东很重视郭沫若的史学著作，《十批判书》曾读过多遍。他不满意里面否定秦始皇、称赞孔子的观点，认为郭沫若在研究思想史的时候，多有扬儒抑法的倾向。早在1968年10月31日，毛泽东在中共八届扩大的十二中全会闭幕会上讲话谈到学术界人士时就曾说过：我这个人比较有点偏向，就不那么高兴孔夫子。看了说孔夫子是代表奴隶主、旧贵族,我偏向这一方面,而不赞成孔夫子是代表那个时候新兴地主阶级。因此,我跟郭老在这一点上不那么对。你那个《十批判书》崇儒反法,在这一点上我也不那么赞成。1973年初,毛泽东写了一首批评郭沫若、赞扬柳宗元的"顺口溜":

> 郭老从柳退,不及柳宗元。
>
> 名曰共产党,崇拜孔二先。

五月间的一天,毛泽东正在读《十批判书》,江青在毛泽东住处看到这是大字排印本。毛泽东随手给了江青一本,还念了这首"顺口溜"。江青从毛泽东的谈话中知道,毛泽东对郭沫若这本书不甚满意,幸灾乐祸,心中十分得意,看到有了一个攻击郭沫若的机会。

这个时候,中央工作会议传达了毛泽东关于要批孔的意见。7月4日,毛泽东在同王洪文、张春桥谈话时说道:郭老在《十批判书》里头自称人本主义,即人民本位主义,孔夫子也是人本主义,跟他一样。郭老不仅是尊孔,而且是反法。尊孔反法,国民党也是一样啊!林彪也是啊!我赞成郭老的历史分期,奴隶制以春秋战国之间为界。但是不能大骂秦始皇。8月5日,毛泽东又让江青记录下他新写的《读〈封建论〉,呈郭老》七律:

> 劝君少骂秦始皇,焚坑事件要商量。
>
> 祖龙魂死业犹在,孔学名高实秕糠。
>
> 百代多行秦政制,十批不是好文章。
>
> 熟读唐人封建论,莫从子厚返文王。

当时毛泽东还曾对江青说:历代政治家有成就的,在封建社会前期有建树的,都是法家。这些人都主张法治,犯了法就杀头,主张厚今薄古。儒家满口仁义道德,一肚子男盗女娼,都是主张厚古薄今的。这年9月23日,毛泽东又在会见埃及副总统沙菲时说:秦始皇是中国封建社会第一个有名的皇帝，我也是秦始皇。林彪骂我是秦始皇。中国历来分两派，一派讲秦始皇好，一派讲秦始皇坏。我赞成秦始皇，不赞成孔夫子。

江青自以为拿到了尚方宝剑，就可以为所欲为。在"批林批孔"运动开始后，江青立即赶到北京大学，授意"梁效"写作班子，将郭沫若史学著作中尊孔的话加以摘录，准备印发各地，公开批判。这事被毛泽东发觉，加以制止，并且明确指示：不能批判郭老。

据《周恩来年谱》记载：稍晚一些时候，周恩来曾与张春桥一起前往看望郭沫若，将毛泽东写的《读〈封建论〉，呈郭老》和柳宗元《封建论》（柳宗元赞扬秦始皇中央集权，反对分封制）及注释等交给郭沫若。周恩来当着张春桥的面告诉郭沫若不忙检讨。他说：你那些书要清理清理，但到底有什么问题，我还说不清楚；你们大家都读书，我回去也读你的书，读完后再说，不要急于写批判文章。

"批林批孔"运动在全国开始后，北京大学教授冯友兰写了两篇批孔文章，其中批评了郭沫若。毛泽东得知后就叫谢静宜送来看看。他看后就对谢静宜说：那里面可是指了郭沫若的名字，别批郭老啊！后来这两篇文章在《光明日报》上公开发表时，删去了郭沫若的名字和他撰著的书名。

江青一伙攻击郭沫若，几乎总是与攻击周恩来同步进行，把两个人捆在一起鞭挞。每当形势发展到关键时刻，一旦发现有机可乘，江青就挥舞起"造反""夺权"的大棒打将过来，或者明枪暗箭齐发，射向郭沫若和背后的周恩来（江青认为他是郭的"后台"）。

在刘、邓被"打倒"后，周恩来一直是江青一伙急欲打倒的目标，他是"四人帮"篡夺党和国家最高权力的最大障碍。随着形势的发展和他们篡权野心的膨胀，江青一伙对周恩来的刁难、折磨和陷害，从低调升到高调，从暗处转到明处，由隐蔽状态进而公开化。

此时此刻，江青既已亲自笔录过毛泽东口述的批判《十批判书》的《读〈封建论〉，呈郭老》诗；又曾不时听到过毛泽东对周恩来所流露的某些微词，自以为已经摸透了底，将它当成尚方宝剑，准备兴妖作怪。因为要篡权，江青时刻都在窥测方向。在她看来，"批林批孔"运动正是一个千载难逢的良机，妄想乘此机遇发难，一箭双雕，将周恩来、郭沫若一齐打倒。

1974年1月25日，江青背着中央政治局和中央军委，召开驻京部队与中央直属机关和国家机关批林批孔动员大会。周恩来出席并主持了这天下午的大会，但他是直到当天上午11时才知道要开这次会议的。周恩来的保健医生张佐良记述当时的情景说："此会名为'批林批孔'实是'批周公'。当时，中央与国务院各系统的批林大会本该由周恩来召开并主持会议。可是蓄谋已久的江青一伙对周恩来搞了一个突然袭击。

"那天下午三点多钟，在周恩来事先毫无准备的情形下，他们设下了圈套，通知周恩来去首都体育馆参加会议。为了顾全大局，周恩来一到会场，首先作自我检讨说：'军队的同志（张春桥时任解放军总政治部主任）在批林问题上先走了一步，春桥同志昨天在京西宾馆已主持召开了大会。我们中央和国家机关走晚了一步……'

"恩来的话音一落，江青、张春桥及其追随者立即篡夺了会议主持权。他们大声吼叫：'我们就是要搞斗争哲学'，'我们就是要斗、斗、斗……'他们嘴巴紧贴麦克风，声嘶力竭地吼着，扩音器音量开得又大，发出阵阵刺耳的尖叫声，令人耳膜涨痛。他们在一片狂叫声中不乏含沙射影地攻击周恩来。我同其他领导人的随员坐在主席台背后休息室里，听到扩音器里传来疯狂的喊叫声，令我毛骨悚然。"（张佐良：《周恩来的最后十年》，上海人民出版社1997年版，第316页）

这天郭沫若被指定前来参加大会。江青一伙一方面在意大利安东尼奥拍的纪录片《中国》问题上鼓噪，妄图给批准安东尼奥来华的周恩来强加上"卖国主义"的罪名。同时点名批评郭沫若，暗将矛头指向周恩来。江青赤膊上阵，当着事先还不知情的周恩来的面，在会上念了毛泽东的《呈郭老》诗，毫不留情地两次点了82岁的郭沫若的名。她说："对郭老，主席是肯定的多，大多数是肯定的，郭老的功大于过。郭老对分期，就是奴隶和封建社会的分期，是有很大的功劳的。他有一本书，《奴隶制时代》。郭老对纣王的翻案，郭老对曹操的翻案，这都是对的，而且最近还立了一个功，就是考证出李白是碎叶人。碎叶在哪儿呢？就在阿拉木图，就是说，那些地方原来是我们的。郭老的功勋是很大的，这点应该让同志们知道。他这个《十批判书》是不对的。"（《江青、姚文元、迟群、谢静宜一九七四年一月二十五日在中央直属机关和国家机关批林批孔动员大会上的讲话》，中共中央办公厅1976年11月印发。其后，在另一次部队系统的大会上，江青进而指责郭沫若，对待孔子的态度，同林彪一样。）

江青在这次大会上的突然袭击，点名批判，使郭沫若感到无比愤慨。

"项庄舞剑，意在沛公。"周恩来心里当然明白，江青居心阴险，是要凭借毛泽东"批林批孔"的意向，来批判与郭沫若有深厚友谊的周恩来，她在大会上羞辱郭沫若是冲着自己来的。但他巍如泰山，不动声色。在江青擅自召开的这次大会结束后，周恩来回到家里，连饭都没吃，就让秘书赵茂峰打电话给国家机关事务管理局长李梦夫和高富有，立即去看望郭老。他们来到郭老家中，转达周总理的话："郭老已是八十岁的高龄了，要保护好郭老，保证他的安全。"同时传达了周恩来的三点指示：一，为保证郭老的安全，24小时要安排专人在郭老身边值班；二，郭老家的房间和走廊要铺上地毯；三，请郭老从小卧房中搬到大办公室住。这些事情由王廷芳同志负责。郭老得知总理的关怀，衷心感激，只是不同意换房间，也不同意铺地毯，后来总理见到郭老向他解释了请他搬到大房间住的原因是：人老了，需要充足氧气，屋子太小，氧气不足，危害身体，并说地面太滑，铺上地毯，防止摔倒。郭老听后愈加感动。

囿于"文化大革命"的高压和郭沫若对毛泽东的崇敬，尽管内心充满矛盾，还是提笔写下了一首自责的七律呈毛泽东，题为《春雷》：

> 春雷动地布昭苏，沧海群龙竞吐珠。
> 肯定秦皇功百代，判宣孔二有余辜。
> 十批大错明如火，柳论高瞻灿若朱。
> 愿与工农齐步伐，涤除污浊绘新图。

在当时处境下，郭老不得不表示改变自己坚持了一生的学术观点，其言不由衷和痛苦难堪的心情不难想见。因此在1977年后郭沫若手订的《沫若诗词选》中，舍弃了这首诗。

不久，江青反革命集团的"狗头军师"张春桥窜到郭老家中，当面诬蔑郭沫若在抗战期间为揭露蒋介石卖国独裁统治，冒着生命危险写下的著名剧作和史学论著，都是王明路线的产物，是反对毛泽东的。张春桥指责郭沫若骂了秦始皇。他不但要郭沫若承认这些恶毒的攻击，还要郭沫若写文章"骂秦始皇的那个宰相"，逼他攻击周恩来。郭沫若自然不会不知道，毛泽东曾多次当众称赞秦始皇，并且还曾以秦始皇自比，说过自己是"马克思加秦始皇"的话。张春桥的骄横无理，郭老十分反感，怒不可遏，当即把张春桥顶回去："我当时骂秦始皇是针对蒋介石的。"驳得张春桥无言以对。郭老蔑视这伙新贵的狂妄无耻，冷静地对于立群说："历史是公正的。"

2月10日，江青又打上门来，再次逼迫郭沫若写检查，并以批判意大利导演安东尼奥拍摄的电影《中国》为名，攻击周恩来。她也诬蔑《屈原》和《十批判书》等著作是王明路线的产物，同时暗示当时与王明同在长江局共事的周恩来也有责任。江青喋喋不休地纠缠了三个小时，郭沫若绝不屈从，又不能反驳，始终以沉默抗拒她的狂言。

郭沫若无愧于人民的企望，无负于他同周恩来半个世纪真挚的革命友谊。为了维护周恩来的英名，维护共和国的一线生机，面对江青一伙的千钧压力，他坚强不屈，挺身挡住了江青射向周恩来的毒箭，始终保持庄严的沉默。整个"文化大革命"期间，郭沫若都从大局着眼，以大无畏的精神，一直卫护身系国家安危的周恩来总理。尽管他在别种场合说过某些违心的话，这一人格的光辉，足以抹去那些斑点。

经过江青这番蛮横折磨，郭老悲愤交加，忧心如焚，体温顿时升高，突发肺炎，病情危险，立即住院。经过检查，右肺上叶炎症，略见吸收减少，右肺下部出现片状模糊。周恩来得知郭老病情，深感震惊，不顾自己病情严重，仍旧一天数次过问，还多次派他的保健医生前去探望郭老，对抢救工作相机作出指示。毛泽东闻知郭老病重住院，也派专人前去探视。他对江青的作为十分不满，明确表示不准播放"一·二五"大会江青等人的讲话录音。他还特意向郭沫若索取旧作《读〈随园诗话〉札记》，这一含有深意的举动，自然会给重病中的郭沫若带来很大的慰藉与鼓舞。

郭沫若住院期间，周恩来非常关心他的病情，除了继续派人看望，还注意看北京医院向中央送去的病情报告。不论怎样忙，只要郭老的病情报告一到，他都要放下手里的文件电报抽时间仔细看。有一次看到郭老因打针过敏引起"突发寒战"，即叫他的保健大夫张佐良打电话了解情况；又叫张佐良打电话给北京医院值班大夫说："周总理指示：对老年人用新的药，或者用过去没有用过的药，要特别慎重；对一定要用的药，需要做皮肤试验的，都应该做。周总理要把他的意见转告北京医院领导同志。"有一次总理的秘书赵茂峰带着周恩来一封亲笔信去看郭老，他一看到信就很激动，号啕大哭，说自己对不起总理，连累了总理，这反映了郭老当时的心情是很复杂的。他对"四人帮"利用批林批孔反对周恩来的阴谋是看得很清楚的，始终认为"四人帮"反他也是针对总理的，所以他说他"连累了总理"。

郭沫若这场大病一直未愈（其后四年间住了16次院），五一节未能露面，因"四人帮"作祟，一时谣言四起，说"郭沫若有问题"。1974年5月24日，周恩来病情已经恶化，特邀郭沫若陪同会见来华探亲访问的美籍华人物理学家李政道、秦惠君夫妇。7天以后，周恩来即于6月1日住进了位于北海公园西侧的人民解放军三〇五医院。这是他们二人最后一次一起会见外宾。

郭沫若心里非常清楚，他是依靠周恩来这棵"大树"的保护，才得闯过这场劫难；当时总理不顾自己处境的极端险恶，对他如此无微不至地关怀，尤其使他铭心刻骨，没齿难忘。1976年1月8日，当周恩来逝世的噩耗传来时，郭沫若悲痛欲绝，病情骤然加重，以致双腿站不起来，在病床上写下饱含深情的悼诗：

> 革命前驱辅弼才，巨星隐翳五洲哀。
> 奔腾泪浪滔滔涌，吊唁人涛滚滚来。
> 盛德在民长不没，丰功垂世久弥恢。
> 忠诚与日同辉耀，天不能死地难埋。

他还用颤抖的手在日记中写了"风萧萧兮易水寒，壮士一去兮不复还"，寄托他的不尽哀思。1月15日他抱病参加了总理的追悼大会。他是坐着轮椅去的。该站起来志哀时，两人左右扶持都站不起来，他用尽力气，才挣扎着站起来，向最敬爱的战友致以最后的敬意。

令人庆幸的是，郭沫若终于亲眼看到了林彪、江青两个反革命集团的彻底灭亡。得知彻底粉碎"四人帮"的消息时，郭沫若怀着无比欣喜的激情，写出国人争相传诵的《水调歌头·粉碎"四人帮"》，欢呼党和人民的胜利。

十年浩劫，郭沫若历经磨难，身心交瘁。他的病反复多次，一直未愈。1978年6月12日16时50分溘然长逝。6月18日，在人民大会堂举行了隆重的追悼大会，大会由叶剑英主持，邓小平致《悼词》。《悼词》表达了党和人民的深切悼念，对郭沫若光辉的一生，给予了充分的肯定：

> 郭沫若同志是我国杰出的作家、诗人和戏剧家，又是马克思主义的历史学家和古文字学家。早在"五四"运动时期，他就以充满革命激情的诗歌创作，歌颂人民革命，歌颂社会主义和共产主义，开一代诗风，成为我国新诗歌运动的奠基者。他创作的历史剧，是教育人民、

打击敌人的有力武器。他是我国运用马克思主义观点研究中国历史的开拓者。他创造性地把古文字学和古代史的研究结合起来,开辟了史学研究的新天地。他在哲学社会科学的许多领域,包括文学、艺术、哲学、历史学、考古学、金文甲骨文研究,以及马克思主义理论著作和外国进步文艺的翻译介绍等方面,都有重要建树。他长期从事科学文化教育事业的组织领导工作,扶持和帮助了成千上万的科学、文化、教育工作者的成长,对发展我国科学文化教育事业作出了不可磨灭的贡献。他和鲁迅一样,是我国现代文化史上一位学识渊博、才华卓具的著名学者。他是继鲁迅之后,在中国共产党领导下,在毛泽东思想指引下,我国文化战线上又一面光辉的旗帜。

《悼词》推倒了"四人帮"强加给郭沫若的一切诬蔑不实之词,涤荡了泼洒在他身上的污泥浊水,表彰"郭沫若同志的一生,是革命的一生,战斗的一生,他是全国人民,特别是科学文化教育工作者和广大知识分子学习的榜样"。这是对在那场空前浩劫中备受磨难的郭沫若的最客观、最公正的评价。

## ★ 七　周恩来同"中央文革小组"的几次斗争

在"文化大革命"十年浩劫中，林彪、江青反革命集团到处煽风点火，篡夺权力。祖国大地顿时沧海横流，风雨如晦，党和国家陷入动乱和分裂的严峻局面。在此关系到党和国家危急存亡的关头，周恩来总理忍辱负重，力挽狂澜，始终坚持自己的岗位，与党和人民同呼吸共命运，在他力所能及的范围内，尽最大的努力稳定局势，消除动乱。既要维持国家各方面工作继续运转，又要尽量减少"文化大革命"所造成的损失。这些努力引起林彪、江青一伙的极大忌恨，他们把矛头指向周恩来，对他的攻击和诬蔑不断升级。"文化大革命"初期，我是中央文化革命小组的成员，在未被江青一伙投入监狱之前的那段时间里，曾经见到、听到有关周恩来总理同林彪、江青一伙斗争的一些事情。总理的大智大勇，给我留下铭心刻骨的记忆。

## 在工作组存废问题上的抗争

运动伊始，林彪、江青一伙就把矛头指向周恩来。

"文化大革命"开始不久，就发生了"工作组事件"。以往历次政治运动中，党常用派工作组的方法加强领导，发动群众。"文化大革命"初期派工作组，则是维持党的领导和社会秩序所必须采取的措施；在组织上也是符合党的集体领导制度的。这次派工作组到一些单位领导运动，原是中央政治局常委扩大会议的决定，并且事先请示过在外地的毛泽东，征得了他的同意。中央文化革命小组当初不但没有表示异议，陈伯达还当了全国第一个工作组——中央派往人民日报社临时工作组组长。不久，这事却被毛泽东和中央文化革命小组指责为镇压群众，破坏"文化大革命"，成为刘少奇下台的直接导火线。

决定在"文化大革命"中派工作组，始于1966年5月29日中央政治局常委扩大会。经刘少奇、周恩来、邓小平及有关领导同志研究，决定由陈伯达率工作组去人民日报社，由河北省委书记张承先去北京大学。当时经周恩来向正在杭州的毛泽东请示，获得同意。第二天，又由刘少奇起草，刘、周、邓联名写信给毛泽东，书面请示派工作组去人民日报社一事："拟组织临时工作组，在陈伯达同志直接领导下，到报馆掌握报纸的每天版面，同时指导新华社和广播电台的对外新闻。"毛泽东在信上批示："同意这样做。"5月31日，陈伯达率工作组进驻人民日报社。张承先于6月1日率工作组进驻北京大学，新华社并于6月3日向全国作了报道。

此后，北京和全国各地区陆续派出工作组加强对运动的领导，以克服有关单位正在急骤蔓延的无政府状态和日趋严重的混乱局面。

工作组受到各校大多数师生的欢迎，也遭到少数"造反派"的反对。由于"文化大革命"本身的不合理性和在中央第一线工作的同志同毛泽东对运动的指导思想有分歧，注定了工作组必然要犯所谓错误。江青和陈伯达、康生一伙这时乘机煽动，从中捣鬼，鼓吹"造反有理""打倒一切"，致使群众在如何对待工作组的问题上，分成了两派，有些学校发生赶工作组的现象。这个时候毛泽东在派工作组问题的态度上有所改变。6月9日，他在杭州忽然对前去汇报运动情况的刘少奇、周恩来、邓小平说："派工作组太快了并不好，没有准备。不如让他乱一下，混战一场，情况清楚了再派。"实际上，这时需要派工作组的地方都已经派去了。

6月18日，北京大学发生了"六一八"事件。这天上午，北大几个系的一些学生，将40多名校、系领导干部和教授带上"斗鬼台"，采取了挂牌子、抹黑脸、戴高帽子、罚跪等极端行动。工作组当即加以制止，扭转了局势。绝大多数师生员工同意工作组的做法，极少数造反派则认为这次事件是"革命行动"。刘少奇于6月20日将驻北大工作组关于这次事件处理情况的《北京大学文化革命简报（第九号）》转发全国。中共中央的批示说："中央认为工作组处理乱斗现象的办法，是正确的，及时的。各单位如果发生这种现象，都可参照北大的办法处理。"但是，在武汉的毛泽东却认为"六一八"事件不是反革命事件，而是革命事件，毛泽东在工作组问题上的变化，陈伯达和康生、江青是清楚的。这时中央文革小组同刘少奇、周恩来、邓小平等中央领导同志之间在工作组问题上的分歧加深了。

6月20日，即在北京不少院校师生造反派学生驱逐工作组并已知道毛泽东态度改变了的时候，陈伯达代表中央文革小组在中央政治局常委汇报会上提出一个书面建议，其中说道："建议全国大中学校、机关单位在适当的时候成立文化革命小组，领导'文化革命'运动。"他主张撤出派到各学校和各单位的工作组。

在工作组存废去留的问题上，与会的大多数同志都不同意陈伯达的意见，会上没有讨论陈伯达的这个建议。

这天深夜，陈伯达气急败坏地回到钓鱼台，谈起此事唉声叹气，满腹牢骚。他说：我这个小组长不能干了。今天晚上邓小平同志主持会议，我在会上写了一个条子，提出取消工作组。他对我的意见根本不理，把字条往旁边一扔，不在会上讨论。我这个组长还怎么当？

陈伯达撤销工作组的意见，以"撂挑子"相威胁的计谋没有奏效，在中央的会议上遭到反对，他并不认输（因为他已摸清了毛泽东的"底"），又在7月13、19、22日的中央会议上，连续3次对工作组提出非议。当时与会的大多数人都不同意立即撤出所有的工作组，陈伯达的意见被否决。

毛泽东于7月18日从武汉回到北京后，情况发生了变化。7月24日，他在钓鱼台12楼找中央文革小组成员和大区书记谈话时说："工作组一不会斗，二不会改，只会起阻碍运动的作用。""许多工作组（当然不是一切工作组），都是阻碍运动的，都要把它撤出来。"7月26日，中央政治局扩大会议根据毛泽东的意见决定撤销工作组。

这个时候，江青和康生、陈伯达把派工作组的责任推得干干净净，并把工作组说得一无是处。在中央的会议上，周恩来对派工作组的事承担了责任。他说,派工作组的问题,留在北京中央工作的我们几个人都要负责。他同时保护性地说:"工作组绝大多数的干部都是好的。"

## 殚精竭虑保护老一辈革命家

在"文化大革命"中,江青一伙始终把周恩来看作他们篡党夺权的巨大障碍。他们强烈反对周恩来的情绪,随时随地流露出来。

1966年11月12日是孙中山100周年诞辰。人民出版社为了纪念这位一代巨人的华诞,重印了1956年初版、宋庆龄题签书名的两卷本《孙中山选集》,同时出版新编选的周恩来题写书名的一卷本《宋庆龄选集》。出版社将这两部书各送中央文革小组成员每人一套。11月初的一天晚上,文革小组在钓鱼台16楼开会,办公室趁机发书。秘书刚把《宋庆龄选集》放在江青面前的桌子上,她一眼看到封面上总理的字,就像疯了似的,伸手把书扔到地板上,抬起双脚践踏。她一边用劲踩,一边唠唠不休地说:"总理真是!……还给她题字!"同时大肆咒骂宋庆龄,给她乱扣许多大帽子。12日在人民大会堂举行的孙中山诞辰100周年纪念大会,江青也拒绝参加。

江青如此咬牙切齿地咒骂宋庆龄并且迁怒于周恩来,绝不是偶然。可以说既有"积怨"又有"新仇"。

在这场史无前例的浩劫中,宋庆龄也是受害者。上海的红卫兵破坏了宋庆龄双亲在万国公墓的墓地,推倒石碑。当墓地遭受破坏的照片从上海寄到北京来的时候,宋庆龄身边的工作人员第一次看到她精神上支持不住而痛哭起来。廖梦醒把这些照片送给周恩来,周恩来下令上海市有关部门立即将宋墓修复,并在竣工之后拍照片寄给宋庆龄。

宋庆龄在上海的寓所也被造反派闯进去。她在北京后海北沿的寓所没有被人闯进来,是由于周恩来的及时拦阻。这年8月30日,周恩来写了《一份应予保护的干部名单》送毛泽东批准,名单上的头一位就是中华人民共和国副主席宋庆龄。两天后，9月1日，在北京出现了大字报，要求把宋庆龄这位非党人士的国家副主席职务撤掉，并且扬言要冲进宋庆龄的寓所，同时发生了孙中山塑像被毁事件，周恩来严厉告诫北京的红卫兵：

> 宋庆龄是孙中山的夫人。孙中山的功绩，毛主席在北京解放后写的一篇重要文章《论人民民主专政》中就肯定了的。他的功绩也记在人民英雄纪念碑上。南京的同学一定要毁掉孙中山的铜像，我们决不赞成。每年"五一""十一"在天安门对面放孙中山的像是毛主席决定的。孙中山是资产阶级革命家，他有功绩，也有缺点。他的夫人自从与我们合作以后，从来没有向蒋介石低过头。大革命失败后她到了国外，营救过我党地下工作的同志，抗日战争时期与我们合作，解放战争时期也同情我们，她和共产党的长期合作是始终如一的。我们应当尊重她。她年纪很大了，今年还要纪念孙中山100周年诞辰，她出面写文章，在国际上影响很大。到她家里贴大字报不合适。她兄弟三人姐妹三人就出了她一个革命的，不能因为她妹妹是蒋介石的妻子就要打倒她。她的房子是国家拨给她住的。有人说："我敢说敢闯，就要去。"这是不对的，我们无论如何要劝阻。

原来，在此以前，毛泽东曾派江青探访宋庆龄，向她解释"文化大革命"。在深受这场浩劫巨大伤害的宋庆龄心目中，江青只是一个"报复心强而又权欲熏心的女人"。这时处于鼎盛时期的江青自命不凡，目空一切，完全采取教训人的腔调，把红卫兵捧上了天。宋庆龄向她建议："对红卫兵的行动应有所控制，不应伤害无辜。"江青的脸立刻沉了下来，结果不欢而散。宋庆龄的冷漠和批评，使她不能容忍，时思报复而又受阻于周恩来的"保护名单"。她对周恩来极力保护宋庆龄免遭冲击极为不满。有一次，在中央文革小组碰头会上，江青曾经放肆地对着周恩来叫嚣："这个你也不让批，那个你也不让斗，你的的确确打击了群众和红卫兵的积极性。"

在那是非颠倒、黑白混淆的年代里，周恩来殚精竭虑，努力保护他所能保护的党内外干部。他以高超巧妙的斗争艺术保护许多人过关，使他们在惊心动魄的风浪里得到安全。至于他极力保护陈毅、贺龙等老一辈革命家的事迹，更是众所周知，令人感动。他在当时环境下做了自己能够做到的一切，挫败了江青一伙打倒一切、改朝换代的险恶阴谋。

## 挫败江青镇压"联动"的阴谋

"文化大革命"初期，周恩来支持红卫兵西城区纠察队，曾派国务院秘书长周荣鑫和纠察队联系，指导他们的活动，动员他们尽力把混乱的局势稳定下来。尽管这个组织如同其他许多群众组织一样，难免在人员上鱼龙混杂，"西纠"及其他地区的纠察队里有人做了些不利于稳定的事，但是总的说来，"西纠"等组织在抑制混乱方面起过一定作用。最初中央文革小组也不反对它的活动。8月6日，最早组织纠察队的西城区和清华附中等学校的红卫兵在天桥剧场开会时，中央文革小组成员全都到会，江青想要拉拢他们，故意和他们套近乎，还曾把几个学校的红卫兵负责人找到一间化妆室里，诡秘地对他们说："你们现在要注意，现在我们站在前台来支持你们，但是背后有人给你们捅刀子。你们要知道，中央内部也不一致啊。"8月31日，林彪还曾戴着"西纠"的红袖章参加毛泽东第二次接见红卫兵的活动。但当他们日益认清了林彪、江青篡党夺权的真面目，组成"联动"（即首都红卫兵联合行动委员会），起来造"中央文革"的反，张贴反对林彪、江青的大标语时，江青一伙就翻脸不认人，站到他们的对立面，残忍地把这些稚气未退的中学生打成"反革命"，把"资产阶级反动路线"的大帽子扣到这些青少年的头上，并对周恩来进行突然袭击。

12月16日，由江青一伙策动，在工人体育馆召开"北京市中学批判资产阶级反动路线誓师大会"。那天，中央文革小组的几个头头都去参加大会，叫我先到会场照料。在这次大会上，江青活像一个泼妇，竟对"小将"们撕破脸皮，破口大骂。她威吓说："对于一小撮杀人犯，打人、破坏革命，这样一小撮，我们要坚决地实行专政！"她事先未向周恩来打招呼，突然当场点了国务院秘书长周荣鑫、副秘书长雍文涛和不在场的中央文革小组副组长王任重的名字，诬陷他们是"保守组织"的"后台"，还逼周荣鑫、雍文涛到前台低头认罪，并且指着他们的鼻子说："我希望你们对于青年的、犯了错误的同学们，采取'惩前毖后,治病救人'的态度;对于中年的老年的，坚决死不回头的执行资产阶级路线的人，斗倒、斗臭、斗垮！"

面对江青的突然袭击，周恩来异常震怒，但仍然尽力克制。人们看到，从来不抽烟的周恩来，伸手拿起一支香烟，默默地抽着，神色十分严峻。主持会议的同学觉察到会场上的紧张气氛和总理的愤慨，在江青还没有讲完话的时候就来问我（在江青后面接着先要讲话的是陈伯达）：是否还请总理讲话？毕生经过无数惊涛骇浪，挫败过蒋介石、杜勒斯这些超级反动人物的周恩来，岂能被江青这般鼠类的恶作剧所吓退？况且先已宣布总理要讲话，这也是在场的绝大多数红卫兵的殷切期望。我回答说：应照原定议程不变。

在陈伯达讲话后，总理从容自若地走到台前。针对江青对"西纠"声色俱厉的指责谩骂，他亲切地关注地说："总结这四个月的经验，成绩是主要的，新生事物在成长过程中，不可能没有毛病，没有缺点，没有错误。这是事物发展的规律。像一个新生的孩子，刚从胎里出来，毛手毛脚的，长一个疱呀，长一个疱呀,把它割去就是了,新生的力量总是要成长起来的。"这个时候，全场响起的长久不息的热烈响亮的掌声，说明了人们的意向。

江青一伙策划这次会议的背景是：这时从中学到大专院校的红卫兵中，早已兴起来势凶猛的反对中央文化革命小组的怒潮。12月5日成立的"联动"组织,把斗争矛头直指"中央文革",贴出"中央文革某些人不要太狂了！""联动敲响了中央文革的丧钟！"的标语,震撼了江青一伙。12月12日,《红旗》

杂志专门发表社论，提出"斗争矛头对准什么，这是大是大非问题"；13日，康生恶狠狠地说："对反对中央文革的反革命分子要实行严厉的镇压！"14日，康生再次恫吓："对反革命分子实行镇压，这是最大的民主！"这天江青在台上这番咬牙切齿的谩骂，不过是这种恫吓伎俩的继续。实际上，对"联动"的镇压行动已经开始："西纠"、"东纠"和海淀区纠察队都有许多人被捕。总理讲到那些被捕红卫兵的时候沉痛地说："因为他们是青年，只要他们诚心悔过，交代出犯错误的原因，就应该得到宽大处理，这样也可以更好地教育我们大家。"

同时，总理深知，江青一伙是什么伤天害理的事都能做得出来的。惟恐这些青少年继续遭受他们的镇压摧残。总理出于真诚的爱护，在第二天接着召开的"誓死捍卫毛主席的革命路线、夺取新的伟大胜利誓师大会"上，为了尽早解除江青一伙镇压的口实，劝告各纠察队马上自动解散。总理说：

> 我提议现在各个学校最好取消纠察队这个名字，我希望你们自动取消。纠察队的名字是你们自己起的，我们采取民主的方法，你们自己取消。

江青一伙心毒手狠，悍然下令对"联动"进行大规模的残酷的镇压，他们狡猾地躲在幕后，唆使大学生来斗中学生。就在第二天，12月18日，江青、张春桥、关锋、戚本禹、姚文元等及谢富治，在人民大会堂接见首都红卫兵第一、二、三共3个"司令部"和首都兵团以及一部分大专院校红卫兵代表，煽动他们镇压西城、东城的红卫兵纠察队。

本来，11月20日中共中央刚向全国批转的《北京市委重要通知》说："任何厂矿、学校、机关或其他单位，都不许私设拘留所、私设公堂、私自抓人拷打。这样做是违犯国家的法律和党的纪律。"同时规定："如果有人在幕前或幕后指挥这样做，必须受到国法和党纪的严厉处分。"江青自居特殊，完全无视这个通知，继续在"幕后指挥"，还把国务院副总理兼公安部部长谢富治找来，一起给这三个"司令部"的非法抓人的犯法行为出点子，使它转为"合法"化。江青说："听说你们抓了很多人，我很怕你们走向反面，犯错误。抓来的人，你们可以交给公安部，让他们替你们管，告诉公安人员管好，随叫随到，发生问题由他们负责。"

提起红卫兵纠察队，江青咬牙切齿地说："红卫兵的纠察队不管是什么样的，都要解散。"她还恶狠狠地说："北京的这股歪风一定要镇压下去，给全国做个示范。对于那些打人多的、态度不好、年纪大一点的，可以镇压，一定要判死刑；年轻的可以死刑缓期。"关锋说："把西城区纠察队的后台查出，严重的枪毙！"

有了尚方宝剑，三个"司令部"的"司令"立即对红卫兵纠察队——"联动"大举镇压。谢富治指挥蒯大富、聂元梓等，先后数次调动数以万计的大专院校学生，配合谢富治下令调派的警察，连续对许多中学大包围、大搜捕。最多的一次，1月25日下午4时，谢富治指挥蒯大富、聂元梓之流调动3万余名不明真相的群众，把"八一"学校围得铁桶一般，把这座具有光荣历史的中学砸得稀烂，逮捕32名同学。两名同情学生的教师也被当做"联动"投进监狱。这次疯狂的搜捕，逼得大批青年南下逃亡，举国哗然。这些被江青所追捕的青少年都是革命后代，周恩来异常痛惜，忧心如焚。有100多名十几岁的"联动"成员，被他们当做"专政对象"关进北京半步桥第一监狱囚禁了3个多月。直到4月22日，才把监狱大门打开，把他们释放出来，送到人民大会堂东大厅的会议室，等候总理接见。

看到周恩来总理走进来，孩子们全都站起来，都像受了委屈的儿女见到了亲人，顿时哭声喊声交织成一片。总理一边招手，一边审视着这群衣衫褴褛的"小囚犯"，眼睛也湿润了。总理挥手让大家坐好，先问："董良翮在不在？"又问："谁是孔丹？"他们都满眼热泪，默默地站起来。董良翮是国家副主席董必武的儿子。是董老能严守组织纪律，老老实实交出去的（这天董良翮回到家里，董老对他说的第一句话："你是替我去坐牢呀！"）。

孔丹的母亲许明是总理的秘书,已因不堪江青的迫害凌辱含恨而死(死后江青还恶狠狠地指控她是"联动"儿子的"后台")。总理对孔丹说:"你父母的情况我都了解,你不要难过,你们是党和人民一手抚育大的,你们是党和人民的孩子,受了挫折不要灰心,要继续跟着党,跟着毛主席干革命。"总理讲话的声音低沉。人们看到,他那深沉的目光里饱含着对革命后代的爱怜和一种难言的痛楚。

下令搜捕他们的祸首江青和陈伯达、康生及戚本禹也都在一旁坐着。这次是根据毛泽东的命令释放的。江青等人虽不甘心认输,却也无可奈何。总理生怕孩子们再受折磨,这时面向大家,明确地告诉他们说:"你们回去后,不要搞向毛主席请罪的活动,这样不好,这也是毛主席一贯反对的,应当以实际行动跟着党干革命!"

## 围绕工交座谈会的一场拼搏

从"文化大革命"开始,周恩来就一直集中精力,全力以赴地抓住两件事:一是设法将"革命"控制在一定范围内进行,二是全力保护生产少受干扰和损失,使人民的吃、穿、用等生活必需得以基本保障。9月7日,《人民日报》发表反映周恩来、陶铸等领导思想的社论《抓革命,促生产》,提出"要以文化大革命为纲,一手抓革命,一手抓生产,保证革命和生产两不误"。力求在"文化大革命"条件下保证生产业务工作得以正常进行。周恩来还亲自主持制定了《中共中央关于抓革命促生产的通知》。10月间,根据毛泽东的意见召开的,以排除来自各级领导干部对于"文化大革命"种种"阻力"为目的的中央工作会议结束后,周恩来继续抓住生产问题不放松。11月9日,他又亲自主持讨论《人民日报》社论稿《再论"抓革命,促生产"》,在重申生产建设不能停滞、中断的同时,还据理驳斥了那种只讲"抓革命"而根本不讲抓生产业务的错误论点。

周恩来这样做，是和中央文革小组完全针锋相对，是他们鼓吹"停产闹革命"，搞乱全党、搞乱全国，篡党夺权的障碍，引起林彪、江青反革命集团的极端仇视。到了1966年11—12月，在国务院召开工交座谈会前后，针对工矿企业如何进行"文化大革命"，围绕"革命"和生产的关系问题，爆发了一场激烈的大争论。这是周恩来领导中央和地方一些主管经济工作的领导人，为制止"文化大革命"的狂潮波及工交企业而进行的一次规模较大的斗争。

周恩来主持制定的那些《通知》《规定》和社论，对于日趋混乱的局势起到了某种抑制作用，有利于维持经济建设的正常发展。然而，中央文革小组的一些人却借批判"资产阶级反动路线"的机会，制造了工交战线上的动乱。

张春桥曾在上海工人座谈会上说："如果工厂文化大革命不搞，即使导弹上了天，卫星上了天，生产大发展，中国还会变颜色。"11月中旬，陈伯达主持在中央文革小组草拟了《关于工厂文化大革命的十二条指示（草案）》（即《十二条》），认为"工人群众起来进行'文化大革命'……好得很"。其中明白地写有"允许工厂成立派系组织""允许学生到工厂串连"等条款。《十二条》实质上就是要取消对工交战线进行"文化大革命"的种种规定和限制。

这个时候，工交战线如何进行"文化大革命"，成为国务院和地方主管工交工作的一些领导人同中央文革小组斗争的焦点。在主持中央工作的周恩来和协助他抓生产的陶铸、李富春领导下，11月间召开了全国计划会议。11月15日决定，在计划会议期间，先由谷牧和余秋里负责召开工交座谈会，座谈工交企业"文化大革命"运动和当前生产中迫切要求解决的问题。座谈会于16日开始，参加者有国务院的5个部和7个市及各大区有关负责同志。会上的讨论是围绕着中央文革小组那个《十二条》展开的。会议原定5天，实际上开了20多天。

11月19日下午，周恩来到会上与大家见面并作了长篇讲话。他说，八届十一中全会和工作会议后的几个月时间证明，领导干部中绝大多数都没有"想通"，"想通"是极个别的，这种情绪一直影响到这次座谈会。他将当时的形势概括为"方兴未艾，欲罢不能，大势所趋，因势利导"四句话（在10月中央工作会议上，他就曾用这四句话表达对运动的看法），要大家抱着"我不入苦海谁入苦海"的态度，挺身而出，善于因势利导。为了保卫党和国家的利益，个人被冲垮了也要毫无抱怨。他这一段震撼人心的话语，给与会者留下不可磨灭的印象。他还指示：组织国务院业务组管理经济工作，抓工交企业的生产，工交战线搞"文化大革命"必须充分考虑自身特点，保证生产的正常进行。

周恩来说：会议对中央文革小组提出的《十二条》，"基本上是全盘否定"，"批判得体无完肤，一无是处"。会议期间，在陶铸主持下，余秋里、谷牧具体组织有关部门草拟了一个与《十二条》对立的文件：《工交企业进行文化大革命的若干规定》（即《十五条》）。《十五条》的基本内容是：工矿企业的"文化大革命"仍按"四清"部署结合进行，分批分期，正面教育，不搞"四大"（指大鸣、大放、大辩论、大字报），不搞串联，坚持8小时生产。

陈伯达把《十二条》视为不容侵犯的珍宝。当他看到余秋里、谷牧组织草拟的《十五条》时，11月21日下午打电话叫谷牧到那里去。一见面他就拿出一本线装书，怒气冲冲地强要谷牧当面读司马迁《报任少卿书》中的一段话："文史星历，近乎卜祝之间，固主上所戏弄，倡优所畜，流俗之所轻也。"（意思是，写文章的，搞历史的，研究天文的，是类似算命打卦一类的下九流人物，本来就是被主子和上方所戏弄、被娼妓戏子所豢养、被社会习惯势力所轻视的）谷牧读完，陈伯达就对修改了《十二条》的这件事大发牢骚说："反正我们写文章的，无权无势，小小老百姓，谁也瞧不起。过去邓小平瞧不起，现在你们也瞧不起，你们有本事啊！把我们的稿子改得体无完肤了，有本事你们自己写一个嘛！"虽经谷牧再三解释：《十五条》不过就是结合工交系统实际，加上那么几条，使文件更完善一些。陈伯达依然愤愤不平,说了许多蛮横不讲理的话。同时,陈伯达又令王力、戚本禹针对工交座谈会上的议论,按照他们在中央文革小组拟定的《十二条》,到社会上制造舆论。

11月22日,周恩来、李富春向毛泽东汇报了工交座谈会的情况。毛泽东听后表示:一,工矿企业还是要分期分批进行'文化大革命'。二,八小时生产不能侵犯,工人只能在业余时间闹革命。三,文件提出后,让谷牧带个班子到上海、沈阳、天津听取各派工人的意见,继续进行修改,争取十二月份发出。四,原稿上把"走资本主义道路当权派"划宽了,同意把"忘本、自私、压制群众"等几类人去掉。

12月4日至6日,由林彪主持,召开中央政治局扩大会议,听取谷牧关于工交座谈会的汇报,讨论通过陈伯达修改《十二条》而成的《工业十条》。谷牧根据周恩来的指示、归纳工交座谈会的意见,会前印发了《汇报提纲》,他的汇报,本着对党和人民的事业高度负责的精神,系统地提出了与企图搞乱工交企业的指导思想完全对立的一系列意见和建议。

谷牧的汇报在中央政治局扩大会议上遭到围攻。林彪亲自挂帅,伙同江青、康生、陈伯达、张春桥、王力等人,对他的《汇报提纲》和根据工交座谈会上大家发言形成的《十五条》,连续批判了三天。他们说:工交系统的问题,比文教系统还要严重;如果工交、财贸系统的"文化大革命"不好好地闹一闹,变修了,文教系统搞得再好也没有用,国家非出修正主义不可。首先在会上发言的江青,攻击工交系统的领导人"毫无阶级感情,给工人戴上几百斤重的石头,完全是反革命,搞了修正主义那一套玩意儿"。张春桥还指着谷牧训斥道:"你的发言,代表了一小撮走资派的情绪!"王力、陈伯达的发言更是露骨地把矛头指向周恩来。王力说:关于工业文化大革命问题,我们文革小组没有抓紧,过去运动开展的情况是两起两落,现在第三次起来又在那里拼命地要把它压下去,就是这样一个局势。9月上旬,用"抓革命、促生产"这一口号来压(指9月7日《人民日报》社论),我们中央有的同志就是主张压；后来又产生《再论"抓革命、促生产"》的社论，为的就是讲生产，骂得很厉害，批得很凶。这是陶铸同志支持的，这个精神就是堵，就是压！所有问题集中到一点，就是工人要不要搞"文化大革命"，要不要支持工人搞革命！工交座谈会的这个《汇报提纲》集中反映了一套错误的东西，就是不要搞"文化大革命"！过去对学校提出许多限制，现在又拿这一套来对付工人。还有什么《工业六条》《农村五条》，还适用不适用？如果这些都适用，就走到压制群众运动、压制革命的道路上去了！在6日会议上，陈伯达也气势汹汹地站起来，指责根据座谈会发言整理的《汇报提纲》没有同他"商量"，是对他搞"突然袭击"。这时周恩来马上严肃地对陈伯达说："这个提纲是我要他们写的……是开夜车搞的，来不及征求意见。《汇报提纲》虽然有些错误，但还是做了些工作。"陈伯达才闭住嘴巴。

康生则摆出了"理论权威"的架势，把《十五条》提到理论上进行批判，首先提出工交系统要批"唯生产力论"。他宣称："工交系统多年来搞了许多修正主义的东西。"他攻击国务院主管生产的同志，"多年来只抓生产，不抓革命，已经成了职业病。不问政治，不看路线，单纯抓生产，这本身就是修正主义的东西。"康生与林彪、江青一伙都拿着批判唯生产力论这根棍子，到处整人，破坏生产，使国民经济受到大损害。

林彪也在会上说："这次运动在一定意义上说，就是一次批判干部的运动。干部当权了这么多年，光讲光荣，成绩伟大，不许人家谈缺点，非蜕化变质不可。这一回，硬是要发动群众大批判一下！"事后，谷牧说："就这样。我挨了三天半的批。"

在12月6日会议上，中共中央政治局常委陶铸受到中央文革小组的突然袭击。陶铸为保护周恩来和其他同志，毫不犹豫，挺身而出，毅然承担了"堵"、"压"工厂、农村开展"文化大革命"的"主要责任"，被迫作了"检查"。这次会议一完，江青就叫戚本禹整理陶铸的"材料"，罗织罪名，说陶铸"压革命"、"保皇"、"打倒一切，怀疑一切"，等等。转过年来，还没到一个月

（只有29天），1月4日，江青和陈伯达就把陶铸"打倒"了。

林彪主持这次政治局会议并且在会上发表长篇讲话。毛泽东有时到会场来听听发言，但没有在会上讲话。平日林彪除在天安门广场召开的群众大会和毛泽东那里召开的有些小会上露面，经常举行的中央政治局常委碰头会，都是叫叶群来参加，回去向他汇报。他从来不抓实际工作，有时发表一通政治性的空话。这个解决"抓革命、促生产"问题的会，他却破例直接抓，而且特别来劲儿，事先还曾叫人为他搜集有关工厂方面的材料，为这次会议作了总结发言。

12月6日，林彪在会上讲话时，彻底否定工交座谈会和谷牧的《汇报提纲》。他说：工交座谈会议开得不好，是错误的，思想很不对头，整个工交企业要彻底把方向来个大转变。"昨天的会把工交会议原来的一套完全打乱了，来了一个一百八十度的大转弯"。要"把那个《汇报提纲》里面三大特点的头两点彻底打破。如果不打破那个东西，就无所谓工交战线上的'文化大革命'"。林彪的中心意见是工矿要搞"文化大革命"，影响一点生产也不怕，下降就下降，革命要抓好。不然，生产的成果给谁？他说，不能把"文化大革命"的成果单单落在生产上，如果我们完全从生产收获的多少来论文化大革命的成败，那是大错特错的！他甚至毫不掩饰地针对周恩来所讲"大势所趋，势不可挡，因势利导"。说："我们应该不是被动地而是主动地让这场革命进入到工业、进入到农业、进入到社会。因此，我认为不应该是'势不可挡'，不是挡不挡的问题，而是迎接的问题，不是"刹车"的问题，而是要扩大的问题；要让这个革命席卷全国每一个领域，渗透每一个领域。"林彪认为，"文化大革命"和生产的关系的问题上，"革命"是至高无上的，它可以取代一切，冲击一切，不管国家和人民为之付出多么重大的代价，其损失也是"最小、最小、最小"。林彪的这些话，实际上是他那一套"突出政治"高调的翻版。人们认为，作为当时党中央唯一的"副主席"，林彪在会上讲出的这番话的分量是不言而喻的；为了压住周恩来、陶铸等所代表的正确意见，林彪不啻是江青一伙请来的一位"尊神"。

在林彪主持的这三天半会上，周恩来很少说话。12月6日下午，林彪作了总结发言之后，他才讲了一番话。中央文革小组一些人在会上的发言，虽然没有公开点周恩来的名，但他们所举的事例全都是周恩来（也包括陶铸等人）亲自过问和积极支持下搞的。对此，攻击者的心里当然是十分清楚的。周恩来自然也很清楚这些人的险恶用心，但为形势所迫，他不得不暂时组织一次必要的"退却"，以保住从国务院到各省、市、自治区主管工业生产的骨干力量。看到谷牧的《汇报提纲》在会上遭到围攻，周恩来表示：《汇报提纲》是我让他们写的，其中，当然是反映了一些客观上的思想动态。他们有一个最大的担心，就是怕运动影响国民经济建设，反过来再影响运动的进展。我多次找他们谈过话，但他们还是转不过弯来，所以在这个文件中，又出现了这方面的观点。他指出：大家要下决心到实践中去，继续摸索经验，包括前面犯过"错误"的同志，要负起责任来，不要诚惶诚恐。当年打仗的时候都可以入火海，都可以坐牢、下地狱，现在有什么舍不得的？既不要诚惶诚恐，也不能掉以轻心，而是兢兢业业，毫不松懈地抓好生产。事后谷牧说："总理的这些话，实际上是为我们开脱责任。"

事实正是这样。周恩来内心里并不希望这些被林彪、江青一伙指责犯了"错误"的同志真正"转过弯来"。他最关心的事，就是经济工作能够维持正常运转，尽可能地避免受到"文化大革命"的干扰和破坏。早在调派余秋里、谷牧到国务院协助抓工业时，周恩来就向他们吐露内心的忧虑和期望："你们可得帮我把好经济工作这个关啊！经济基础不乱，局面还能维持，经济基础一乱，局面就没法收拾了。所以，经济工作一定要紧紧抓住，生产绝不能停。生产停了，国家怎么办？不种田了，没有粮食吃，人民怎么能活下去？还能闹什么革命？"

12月6日，中央政治局扩大会议通过了《关于抓革命、促生产的十条规定（草案）》（即《工业十条》），并于12月9日以中央文件的形式下达。《工业十条》下达后,"文化大革命"的动乱,迅速蔓延到全国的工矿企业,造成生产停顿,企业单位关门,国民经济受到更加惨重的损失。

周恩来还是继续坚持"抓革命、促生产"的方针,竭尽全力遏制动乱的扩展,尽量减轻造反派的破坏。

## 江青一伙受到的第一次重大打击

"文化大革命"开始后,由于中央文化革命小组到处煽风点火,很快在全国造成"天下大乱"局面。到了1967年夏天,由于"一月夺权"掀起新的风暴以来,"文化大革命"不断地加温,整个运动像一匹脱缰的野马任性奔驰,几乎全部失掉了控制。虽然林彪8月9日接见武汉军区新任司令员曾思玉、政治委员刘丰的时候,还在闭着眼睛瞎吹:"这次'文化大革命'胜利很大,真是代价最小最小最小,胜利最大最大最大。"实际上,全国已经陷入空前的混乱状态。各地普遍出现打、砸、抢、抄、抓的歪风,林彪、江青挑起的武斗达到骇人的规模,大局已经失控,乱到"亲自发动和领导"这场"文化大革命"的毛泽东也驾驭不了的程度。正像以后毛泽东同斯诺谈话时说的那样:"1967年7月和8月不行了,天下大乱了。"(《毛主席会见美国友好人士斯诺谈话纪要》,1970年12月18日)有人将这年的7、8、9三个月叫做"失控的三个月",内政、外交都已到了几乎失控的地步,整个局势濒临不可收拾的边缘。

周恩来和毛泽东曾经一再采取措施,设法想把局势稳住,但都没有取得预期的效果。这年6月6日,中共中央、国务院、中央军委、中央文革小组发出《通令》(即有名的《六六通令》),严格规定:"一,除国家专政机关奉命依法执行必要的逮捕拘留任务外,任何团体和个人,都不准抓人,都不准私设公堂和变相地私设公堂。二,各级党政军机关的档案文件和印章,任何团体和个人,都不准抢夺、窃取和破坏。三,社会主义的国家财产和集体财产绝对不可侵犯。革命群众都有保护的责任，任何团体和个人，都不准侵占，不准砸抢，不准用任何借口进行破坏。四，严禁武斗……"6月25日和7月18日，报纸上又接连发表毛泽东的"最高指示"，要求把运动"引导到无产阶级革命的轨道"；指出"在工人阶级内部没有根本的利害冲突"，"没有理由一定要分裂为势不两立的两大派组织"。

可是，7月20日就在武汉发生了震撼全国的"七二〇事件"。这次事件完全是由林彪、江青指使谢富治、王力支一派、打一派而造成的。这是他们篡夺军权阴谋的一部分。"七二〇事件"掀起了揪"军内一小撮"的高潮。在中央文革小组煽动下，全国报刊上发表了大量喊叫揪"军内一小撮"的文章和报道。8月1日，《红旗》杂志刊登了陈伯达签发、王力审定、关锋主持起草的两篇社论，提出当前斗争的大方向是揪"军内一小撮"。中央文革操纵的造反组织，根据江青一伙的"指示"，高叫"文化大革命"的重心已由地方转向军队，把"军内一小撮"揪出来是"文化大革命"的"新阶段"、"第三战役"，是两个司令部的最后决战，在全国各地制造了大量冲击军队的事端。毛泽东深知军队的动乱将会给中国带来什么局面。他在8月中旬批示，8月1日《红旗》这两篇社论是"大毒草"。

8月7日晚，在武汉事件中受伤回到北京的王力，对外交部的造反派发表"八七讲话"，公开表示支持在外交部夺权、赞同"打倒陈毅"的口号。在这篇讲话煽动下，外交部造反派不顾周恩来的多次批评和警告，在8月19日宣布"夺取"部党委大权，强行封闭所有副部长办公室，整个外交业务陷于混乱。

8月22日夜，外事口造反派和北京的一些红卫兵，冲击并焚烧了英国驻华代办处，制造了一起新中国成立以来最严重的涉外事件。在此以前，还发生过群众冲砸印度、缅甸、印度尼西亚三国驻华机构的行动。这"三砸一烧"，使我国的国际声誉受到巨大损害。

这一系列重大事件的发生并不是孤立的。这个时候，江青一伙正在公开叫嚣:"现在是新文革与旧政府的斗争,要打倒以国务院为首的第三个司令部。"所有这些行动背后都有着中央文革小组的支持。

这一连串的事件显示全国混乱已经达到无以复加的程度,中央文革小组乃是这一切混乱的总根子。这时要想稳定北京的局势,就必须对中央文革小组采取相应的措施。而要对中央文革小组采取任何措施,只有请毛泽东下决心才能办到。

周恩来知道,在外交工作中制造严重混乱,是毛泽东决不允许的。周恩来抓住这个机会,果断地进行反击。

8月25日凌晨一时,周恩来单独约见才从上海毛泽东处回京的代理总参谋长杨成武,向他谈了对近来一系列事件的看法。周恩来特别提到王力的"八七"讲话,指出:这个讲话煽动造反派夺外交部的权,并连锁反应到外贸部和国务院其他部,还有火烧英国代办处以及借口揪刘少奇把中南海围得水泄不通,宣传上又提出"揪军内一小撮"。他说:"这样下去怎么得了?我担心的是连锁反应。现在,一个是中央的领导不能动摇,一个是解放军的威信不能动摇!"谈完后,周恩来把一份王力"八七"讲话交给杨成武,要他转送毛泽东看。当日上午,杨成武直飞上海,按照周恩来的指示,向毛泽东汇报了北京社会上和各单位混乱的情况和有关王、关、戚的所作所为后,毛泽东留下那些材料,说:"你先回去休息,我考虑考虑,看看材料。"毛泽东看过王力"八七"讲话,随即批道:"大、大、大毒草。"第二天,毛泽东叫人把杨成武请去,对他说:"你回去告诉总理,'王关戚'破坏文化大革命,不是好人。你单独当面向总理报告,把他们抓起来,请总理负责处理。"杨成武记录了毛泽东的话,又向毛泽东将记录念了一遍。杨成武准备停当,临上飞机前又到毛泽东住处,问他还有没有别的指示。毛泽东说:"回去告诉总理,先抓王力、关锋,把他们分割一下,看戚本禹有无转变。"26日中午,杨成武回到北京,单独向周恩来汇报了毛泽东的指示,还做了一个用手抓的手势。当天晚上,周恩来在钓鱼台主持召开中央小碰头会,陈伯达、康生、江青等出席。周恩来宣布:"今天的会议,是传达毛主席的一个重要决策。"随即,他逐字逐句地宣读了杨成武记录下来的毛泽东的指示。

8月30日晚上,周恩来前往钓鱼台主持会议,处理王力、关锋的问题。当场宣布王、关隔离审查,会后即将二人软禁到钓鱼台2号楼内,派卫兵看起来;不久又被送入秦城监狱。

在周恩来主持的处理王力、关锋的问题这次会上,江青、康生和陈伯达深感大祸临头,为把自己洗刷干净,"划清界限",就把所有被指责的事情统统的推到王、关头上,狠狠批判。

其实,在江青内心里确实有其难言的隐痛。对于王力、关锋以及其后对戚本禹的处置,有人说是"江青痛失'车、马、炮'",是有道理的。但是就其所产生的政治影响来说,打击还要沉重得多。先前发生的所谓"二月逆流""武汉事件",无不表现出正是真正代表广大党员和全国人民的意志对"中央文革小组"的反击,对于越来越不得人心的这场"文化大革命"的抗争。而这次处置王、关、戚的事件,则是由毛泽东批准、周恩来执行,对于一年多来乱党、乱国、乱军的"祸害之源"的中央文化革命小组的一次沉重打击,迫使"中央文革小组"的嚣张气焰不能不暂时有所收敛,他们对在这件事上起了关键性作用的周恩来更加怀恨在心。

这次戚本禹虽还暂未触动,但也不免兔死狐悲,心颤胆寒。他的心里自会明白,他的"前程"不妙。5天以后,9月4日,戚本禹写信给毛泽东"检讨"自己的错误,信中向毛泽东反映了处置王、关一事在"中央文革小组"内部引起的剧烈震动:"最近以来,大家心情都很沉重,关锋、王力犯了很严重的错误,其表现形式是'左'倾盲动……王力同志在外交问题上犯错误,就同我有关(事由我起)……我这几天一直睡不好,想了许多问题。……我真怕什么时候自己不争气,离开了主席的革命航道,给革命造成损失。……小组出了事,江青同志心里难过。她叫春桥同志和我去看了关锋、王力,开导他们……"

单从派张春桥和戚本禹前去"看了""开导"的举动，就可看出江青对于处置王、关的心情也是"很沉重"的；她对处置他们两个虽不情愿，可也爱莫能助（还得在会上"狠批"他们）。转过年来，1968年1月13日凌晨，戚本禹也被叫到中南海怀仁堂抓起来，径直送往秦城监狱。（戚本禹、王力、关锋于1980年均被中华人民共和国最高人民法院特别法庭确认为林彪、江青反革命集团同案犯；戚本禹，1983年11月，北京市中级人民法院判处他有期徒刑18年，剥夺政治权利4年。）

## 江青一伙在钓鱼台"放火"，周恩来在人民大会堂"灭火"

"文化大革命"期间，林彪、江青一伙鼓动不明真相的群众怀疑一切，打倒一切，到处煽风点火，制造混乱，以便为他们浑水摸鱼、篡党夺权的阴谋制造条件。周恩来为了稳定局势，维持国家机构的正常运转，保护一大批老干部过关，就处处为他们"灭火"。这一"放火"与"灭火"的斗争，一直持续到周恩来积劳成疾，因病逝世。

周恩来总理每次出席较大的群众集会或接见群众代表的时候，都要事先通知中央文革小组派人参加，可是每次他们都找借口不来，或者是故意拖延时间，让周恩来等待很久。周恩来每天工作繁重，日理万机，尤其是那个史无前例的年代，有时几乎连吃饭、睡觉的时间都挤掉了，时间对他来讲是非常宝贵的，可是江青一伙就是这样百般刁难周恩来总理。1966年12月24日晚上，总理要到北京体育馆参加国家体委批斗贺龙的大会。在这之前，江青、康生鼓动红卫兵到处揪斗贺龙，连他的家也被冲击了，弄得贺老总无处安身，总理多次出面保护，还曾把贺龙夫妇接到中南海西花厅自己的家里保护起来。这次在体育馆召开的批斗贺龙的大会，是要保护贺龙"过关"的。讲好大会是7点钟召开，可是到8点多钟，总理仍坐在休息室等候中央文革的人来，直到他们来了，才一同进入会场。

1966年12月中旬的一天，北航"红旗"一批红卫兵要冲击国防部大楼，叶剑英、陈毅等几位老帅听到这个消息都急了。11月8日，曾经发生过一起外地造反派冲国防部大楼的事，后来被劝阻了。这次北航"红旗"又要冲击，是受江青一伙人在背后煽动的。国防部是国家军机要地，万一被这伙红卫兵冲击进去，来一番打、砸、抢，后果将不堪设想。总理知道后非常着急，一面打电话劝告冲击国防部的红卫兵赶快退出去，又以他的名义起草一封信函，指出冲击国防部是要犯严重错误的。经过多方耐心的工作，才平息了这次事件。

自从"文化大革命"开始，中央政治局常委碰头会几乎天天开，会议内容也几乎全是研究解决中央文革在社会上和各个单位里挑起的各种事端的。当时形成了这样一个局面：江青、张春桥、康生在钓鱼台"放火"，周恩来等中央常委在人民大会堂"灭火"。这个碰头会在刘少奇、邓小平被打倒后就由周总理主持，每次会都开得非常艰苦。当时张春桥经常列席常委碰头会。可是每当他们暗中鼓动群众闹事，给总理和老帅们出难题的时候，张春桥就转入幕后，不来参加碰头会了。

"文化大革命"期间，江青、张春桥、康生等一伙人尽力"放火"，周恩来千方百计地去"灭火"，使一伙野心家不能称心如意地实现他们篡党夺权的阴谋，因而他们对周恩来恨得要死。江青在背后多次恶狠狠地讽刺周恩来是"灭火队长"。1967年2月间，一次江青歇斯底里大发作，放肆地当面指着总理说："你一贯地跟中央文革分庭抗礼，长期搞一个政治局碰头会，还有国务院碰头会，把中央文革里的常委拉到你那边去，你成心拆散中央文革。"她还威胁周总理说："要知道，我们中央文革不出面保你，你周总理也会被打倒的。"一副无赖泼妇的嘴脸，充分流露了她对总理的仇恨。

初期的中央文革小组，成员还比较齐全，被江青一伙视为"异己"的人，尚未被他们排挤和打倒。可是，随着他们的阴谋逐渐暴露，小组内部意见分歧的事就多起来了。可是，尽管有不同意见，他们采取偷梁换柱的做法，暗中背着有不同意见的人，兜售他们的私货，给群众造成一种错觉，好像中央文革小组是一致的。特别是江青一伙人给周总理的工作制造种种刁难时，更是采取这种手法。1967年1月13日，周总理针对中南海贴出打倒刘少奇的大字报一事，召集中央办公厅的同志们讲话，明确指出应当保护刘少奇。这个讲话内容戚本禹是知道的，而他就没有告诉后来去看这张大字报的文革小组的其他成员。事实上，打倒刘少奇的大字报正是在戚本禹的指使下贴出的。

有人做过一个不完全的统计，仅从1966年8月到12月的五个月中，总理参加的红卫兵大型汇报会、座谈会在40次以上（未计入无数小型的汇报和个别的约见）；从1966年7月到1967年1月的半年多时间内，周恩来亲自接见红卫兵、处理由红卫兵引发的突然事端及起草有关红卫兵的各种文件达230次之多。毛主席1966年8月18日到同年的11月26日，在天安门8次接见来自全国各地的红卫兵和群众组织的代表，总共约1100万人。每次接见，从始至终，都是由周总理亲自安排。从毛主席的安全保卫、行车路线，直至红卫兵的食宿、军训等等细微琐事都由周总理亲自过问。就是这样，还要受到江青一伙人"横挑鼻子竖挑眼"的刁难，给周总理的正常工作设置许多意想不到的障碍。

1966年10月18日，正当毛主席第四次接见红卫兵之前，突然发生了蒯大富为首的"三司"带头闹事的"口号事件"。事情的起因是组织这次接见的大会指挥部拟好的一份标语口号，因其中一些口号太长，中央宣传部负责处理此事的同志怕群众呼口号时不便，因而删去了一些，由此就引起了这次闹事。蒯大富的"三司"串连北航"红旗"，数万学生上街游行，冲到天安门，高呼要揪出"篡改"口号的"黑手"，高呼"打倒刘少奇"的口号，形势十分严峻。周恩来总理为了平息这次事件，18日凌晨在人民大会堂召集会议，商讨处理办法，并指出绝不能因闹事干扰当天的毛主席接见活动。因为总理一夜未休息，加上精神极度紧张，神情显得很疲惫。会议开始后,他正要讲话,突然谢富治带着一种明似关心,实则幸灾乐祸的阴暗心理,阴阳怪气地对总理说:"总理可要爱护身体呀,你又一夜没睡觉了吧,这样可不行啊……"谢富治的话还没有讲完,总理带着无法抑制的愤怒,双眼紧盯着谢富治,斥责他:"你这是什么意思,故意刺激人的感情……"当时与会的人都吃惊了,他们还从来没有见过周总理发这么大的脾气。谢富治当时面红耳赤,无言以对,不敢抬头。

周总理对谢富治发火不是偶然的,是总理早已洞悉了这个被人们耻称为"犹大"的丑恶嘴脸,他是靠着"揭发"诬陷他的老上级邓小平,投靠江青一伙而迅速高升的"新贵"。他明明知道正是林彪、江青迫使总理和老帅们没有片刻安宁,给折磨得心力交瘁,却假惺惺地表示"关心",正是这种虚情假意的"关怀",激发了周总理长期压抑着的愤慨。

随着形势的急剧变化和江青一伙政治地位的提高,他们更加迫不及待地急于搬掉阻碍他们实现篡党夺权阴谋的"绊脚石"——周恩来,对周总理的折磨、刁难和冲击,也从暗处转到明处,由隐蔽而公开化。

"文化大革命"初期,江青、陈伯达就攻击周总理"和稀泥""搞调和"、"折中主义"。1966年10月31日,姚文元在纪念鲁迅逝世30周年大会上讲话时,指桑骂槐地影射攻击周总理,是"那些貌似'公正'而实际上站在旧势力一边的'正人君子'们",叫嚣要"撕掉那些新式的'正人君子'们折中主义的假面具"。在江青、康生、陈伯达的授意下,由王力、关锋执笔的《红旗》杂志社论《纪念我们的文化革命先驱鲁迅》中,更露骨地指责:"在你死我活的阶级斗争中,搞折中主义,实际上就是站到敌人一边。"江青一伙甚至利用1932年2月18日,国民党报纸上伪造的"伍豪启事"来攻击陷害总理。"文化大革命"后期,又掀起"批林批孔批周公",诬蔑周恩来是"现代的大儒"。

面对这些无耻的攻击诽谤,周恩来总理岿然不动。他忍辱负重,力撑危局,并不因此而停止与江青一伙人的斗争,尽力稳定当时的局势。这使江青一伙更加忌恨,必欲打倒而后快。1967年8月江青一伙就公开叫嚣:"现在是新文革与旧政府的斗争，要打倒以国务院为首的第三个司令部。"其狼子野心，昭然若揭。

　　享有世界声誉的伟大政治家周恩来，在充满传奇色彩的一生中，经历了许多惊涛骇浪和极为复杂惊险的政治斗争，都没有像"十年浩劫"中他所面临的这样艰难、这样复杂。当这场风暴铺天盖地席卷而来的时候，周恩来力挽狂澜，中流砥柱，委曲求全，苦撑危局，始终坚守岗位，顽强搏斗。他以高超的斗争艺术，和林彪、江青一伙周旋，力排干扰，消除动乱，把党和国家从危难和困境中解脱出来。他在这场斗争中所表现出来的大智大勇，他为挽救国家民族危局的又一次不可磨灭的功绩，将永世留存在亿万人民的心中。

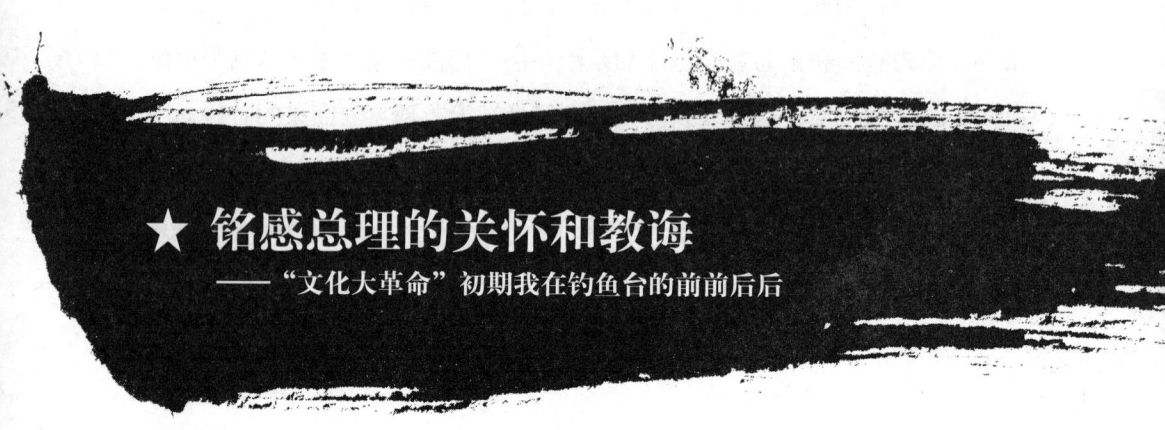

★ 铭感总理的关怀和教诲
——"文化大革命"初期我在钓鱼台的前前后后

十年动乱期间，林彪、江青反革命集团到处煽风点火，篡夺权力，祖国大地顿时沧海横流，风雨如晦，党和国家陷入动乱和分裂的严峻局面。在此关系到党和国家危急存亡的关头，周恩来总理忍辱负重，力挽狂澜，始终坚持自己的岗位，与党和人民同呼吸共命运，在他力所能及的范围内，尽最大的努力稳定局势，消除动乱。既要维持国家各方面工作继续运转，又要尽量减少"文化大革命"所造成的损失。这些努力引起林彪、江青一伙的极大忌恨，他们把矛头指向周恩来，对他的攻击和诬蔑不断升级。

"文化大革命"初期，我是中央文化革命小组的成员，在未被江青一伙投入监狱之前的那段时间里，曾经亲眼看到周恩来同志为了维护党和国家的利益，殚精竭虑保护老一辈革命家和革命干部，坚决同林彪、江青一伙斗争的一些事情。历历在目，记忆犹新。

他在这场斗争中所表现出来的大智大勇，他挽救国家民族危局的又一次不可磨灭的功绩，给我留下毕生难忘的印象。在这场浩劫中，当我遭受江青一伙迫害（以及叶群怀恨报复）的时候，周恩来同志曾经多次救援。

他在危难时刻给予我的关怀爱护和谆谆教诲，尤其刻骨难忘。而今当着周恩来百岁华诞来临之际，怀着无限崇敬的心情，追忆那段惊涛骇浪的岁月，缅怀他在这场斗争中的丰功伟绩，引起不尽的思念。

**江青逼我回光明日报社"参加运动"，操纵造反派对我批斗。造反派妄加罪名逼周总理表态。总理断然回答："穆欣不能定为反革命修正主义分子！"**

从 1957 年 10 月到 1967 年 9 月，笔者一直在光明日报社工作。十年动乱伊始,由于阴差阳错,我被卷入斗争的漩涡。1966年4月15日到4月底,我奉调去上海参加了"文化大革命"文件起草工作。5月中央文化革命小组成立后,又到钓鱼台国宾馆办公,7月底曾分配我兼管中央文革小组办公室的工作,8月底因为在一些事情上冒犯了江青,她责令我停止工作一个月,并解除了所兼办公室负责人的职务;1967年1月中旬江青又责令我回光明日报社"参加运动"。从此不再参与中央文革小组的内部活动,不再参加中央文革小组的会议,文件也停发了。最后就是将近8年的冤狱,九死一生,家破人亡。

"文化大革命"风暴初起,尽管对这场"大革命""很不理解",当时自己还是努力"紧跟"的,说过一些错话,也做过一些错事,却总跟不上趟。原因是此前我在《光明日报》工作10年,对于意识形态领域的斗争比较熟悉,并且经常提防莫要混淆学术问题与政治问题的界限(这原是来自党中央的指示)。最初理解的"文化大革命",自以为就是以往这种意识形态领域斗争的继续和深化。及至到上海参加起草《五一六通知》的会议,看到毛泽东同志添加的那些火药味浓烈的话,不禁为之愕然与震撼,不知怎样才能真正理解和适应(结果"文化大革命"搞成"大革文化命",尤为始料不及);当时虽受极左思潮影响至深,但总觉得林彪、江青一伙的言行,同自己入党30年来所受党的教育对不上号;正在趋于白热化的个人崇拜同样深受影响中毒很深(也在中央文革小组里听到毛泽东关于"层层剥笋政策"的传达和议论),可是自己既对毛泽东衷心崇敬,也崇敬其他老一辈革命家,眼见他们一个个被扣上"莫须有"的罪名,遭揪斗,被打倒,实在难以理解,更不愿"紧跟"造孽。这样一来,在许多事情上往往彳亍不前,跟不上江青一伙的号令。当时林彪、江青一伙绝不能容忍任何人独立思考,只能驯服盲从:"理解的要执行,不理解的也要执行。"因此,我在这里经常遭到江青这个迫害狂的粗暴指责"跟不上";陈伯达指责我"人如其面"(他误认为我不对老一辈革命家"造反"是因为破不开情面、是"老好人"),

康生也在小组开会时当众指责说："穆欣不能战斗"；最后离开钓鱼台以前，王力代表江青同我谈话时说："你对'文化大革命'既缺乏理论上的准备，也缺乏思想上的准备。"看来，经过他们多时考验，我就是这个小组里头对"文化大革命""很不理解，很不认真，很不得力"的一员。

"文化大革命"初期，我曾在这个小组里兼理过办公室的工作。周恩来总理每次要出席较大的群众集会时，事先大都亲自或委托秘书打电话通知中央文革小组派人陪他参加。一贯仇视总理的江青，竟在中央文革小组开会的时候指着戚本禹和姚文元说："总理常要小组派人陪他参加会议，你们年轻，不要去，可以由春桥、关锋、穆欣他们去。"实际上，张春桥和关锋从来都不去陪，几乎每次都由我去。让我去陪总理，我是十分乐意的。总理和蔼谦逊，平易近人，不论对什么人都平等相待，关怀备至。能常同他在一起，实在是最大的幸运，也是难得的学习机会。只是江青一伙往往搞小动作，暗中捣鬼。有时故意很迟才告诉我，让我迟到，好让总理在会场等我，意在给公众造成一个印象：中央文革小组在怠慢总理。也想促使总理留有印象：我总迟到，是否不尊重他。好在总理胸襟宽宏，并不在意这些。当时凡是笔者在场，总理谈话中涉及新闻报道的事，总是要提到《光明日报》，给予鼓励。1967年5月25日，我陪同他在人民大会堂福建厅接见日本记者同盟访华代表团团长小林雄一，副团长小泉省吾。见面时他详细询问新闻界的情况，关怀我和《光明日报》的困难处境，鼓励我把报纸办好。

当时陪同总理较多的场合，是在老一辈革命家被造反派揪去批斗时，前去参加批斗大会。在十年动乱中，总理不顾自己处境险恶，在他力所能及的范围内，保护了一大批党政军老干部和著名人士免遭劫难。对受到冲击的老一辈革命家，他都尽量陪同他们到会。造反派对陈毅、贺龙、李先念等人的批判会，我都曾陪总理参加过。每次事前或在当场和造反派头头谈话时，他都坦率地仗义执言，晓以大义。既有耐心细致的说服教育，也有苦口婆心的批评帮助，甚至不乏声色俱厉的批驳和责问，尽力制止造反派可能采取任何粗暴行动。他对那些长期患难与共的老战友的真挚感情,特别令人感动。总理的保健医生张佐良说:"不管是陶铸胰腺癌,陈毅肠癌,还是彭德怀的治疗与手术,总理那一片真诚是可对天地,可昭日月!操碎了那颗心!"

我到中央文革小组工作以后,江青一直对我处处找茬,动辄得咎。所以会是这样,也不是偶然的。俗话说:"不怕贼偷,就怕贼惦记。"自从1964年全国现代京剧汇演期间《光明日报》发表评论《智取威虎山》的文章冒犯了江青和张春桥,她一直耿耿于怀,怀恨在心(她的追随者加给我的罪名是"反对京剧革命")。这年7月中旬她从上海回到北京,先是戚本禹向她诬告我看过香港报纸上揭露她30年代的文章(我看港报时确实没有时间、也没有兴趣看那些东西),这是江青最大的忌讳,怕人知道她在30年代的丑恶历史,有不少人因为触犯这一点而被整得家破人亡。接着她又收到一封诬陷我的"小报告",故意重揭现代京剧汇演时的疮疤,向她告密说当年谈论《智取威虎山》这出戏的"事件"时,听见我骂江青"有神经病"。王力说:"因为有人揭发穆欣在'文革'以前说过江青有精神病,江青就说他是叛徒,让我派人调查。我调查结果不是叛徒,江青不满意我也是原因之一。"没多久,江青要打倒王任重时就对我找茬:借口我经手印发过北京西城区红卫兵《紧急呼吁书》的事(《呼吁书》主要内容是反对打砸抢。本来是经王任重报请周恩来批准印发,又经总理转报毛泽东主席批准后,由江青画了圈送交陈伯达,由陈伯达批交给我办理的),在9月间逼迫我停止工作一个月,撤销了办公室召集人的兼职。她还叫张春桥和王力找我谈话,逼我离开钓鱼台回光明日报社。此事后来被毛泽东同志纠正了,她才让我在9月底恢复工作。

可是,这个迫害狂心狠手辣,从不饶人。1967年1月中旬,江青一伙煽起"一月夺权"(她称"一月革命")风暴时,她又把我抛出去,亲自"部署"一场对我的严酷批斗:1月17日,江青宠爱的某红学家到光明日报社贴了一张诬陷我的大字报《穆欣是反革命两面派》,"揭发"我"反对京剧革命,辱骂江青同志的严重罪行"。造谣说他曾亲自听到我骂江青"有神经病",诬蔑"穆欣是代表周(扬)、林(默涵)黑帮的一群辱骂江青同志。他这样恶毒的字眼,正反映了以彭真为首的反革命集团对江青同志领导京剧革命的强烈仇恨。"大字报除上述诸位,还点了陆定一、华君武、唐平铸、陈笑雨、林涵表等总共10个名字,分别扣上"反革命修正主义分子""黑帮""叛徒"一类置人于死地的大帽子。第二天,1月18日,江青就逼迫我回报社"参加运动"。从此我在报社被批斗了一个月,强加给我许多莫须有的罪名。当时有的中央文革小组成员被贴了大字报,江青一伙就会出面去保。例如中央联络部有人给王力贴了一些大字报,康生忙去中联部"保"他;清华大学贴了康生的大字报,陈伯达立刻打电话给蒯大富制止。而我却是江青唆使造反派揪斗的,中央文革小组自然不会有任何人来替我说话。这个时候,只有周恩来总理对我的问题表态。1967年1月25日,正当这些造反派对我批斗进入高潮的时候,总理在人民大会堂接见财贸系统造反派代表,中央财政金融学院造反派组织"北京公社"所属的"孙大圣""六盘山",是和清华大学"井冈山"一起,从这年元旦起就被蒯大富派来进驻我们报社的。他们在总理接见的会场上,故意按照某红学家大字报的口径,对我妄加罪名逼他表态。总理断然回答:"穆欣不能定为反革命修正主义分子。"

**周总理得知我被绑架后,严厉批评这种违法行为;责令谢富治查究;批示绑架者"应写出公开认错书。如拒不认错,将通报全国"。**

江青在1967年1月18日逼我回到报社被批斗了一个月,直到2月17日夜间,才叫中央文革小组办公室用陈伯达的名义,打电话给《光明日报》两派群众组织说:"从今天开始不要再揪斗穆欣了,你们已经斗穆欣好多次了,有什么材料给我们写一个报告——这是陈伯达同志的意见。"此后,对我的批斗就停下来。2月底回到钓鱼台,江青下令对我停发文件、停止参加会议和小组的一切内部活动。虽未宣布除名,实际成了挂名的小组成员,只是仍然无法逃脱江青张开的垂天大网。而且人在厄运降临时,常是"祸不单行"。正愁江青的魔掌无法招架,不意又捅了"毛家湾"的马蜂窝,另一个害人精叶群又将罪恶的黑手伸过来了。

前面已经讲过,在这场"史无前例"的大动乱中崛起的江青,心胸狭窄,刁悍刻薄,惯将睚眦之怨化作千钧之仇,她不允许别人对她有任何的触犯,常给所忌恨的对手以灭绝人性的报复。在这一点上,另一个在这场动乱中崛起的妖姬叶群,心黑手毒,荒淫无耻,亦不逊于江青。"文化大革命"一开场,江青就私下对叶群说:"趁这次'文化大革命',你有什么仇人告诉我,我替你报仇。"叶群自然心领神会,投桃报李。从此相互勾结,狼狈为奸,务将所有"仇人"置之死地而后快。不幸的是,我们一家把这两个妖物都冒犯了。

叶群所最担惊害怕的一块心病,也是30年代自己的罪恶历史曝光。她和江青一样,既要遮掩私生活的放荡堕落,又要抹掉政治上的朝秦暮楚(她连党籍都是"草包司令"吴法宪帮她找人伪造的,她是一个地地道道的假共产党员)。在她逐渐发迹的时候,惟恐自己的丑恶历史曝光,成为夺取更高权力的障碍,依仗林彪手中的权势,她毫不手软地除掉了一切了解她的罪恶历史的人(林彪还亲笔写了叶群同他结婚时是"处女"的证明,影印发给每个参加中央政治局扩大会议的人)。我的弟弟杜保同(在七机部第四研究院工作)所参加的群众组织外调组,无意间撞击了叶群的反动历史,结果九死一生,遭到惨无人道的迫害(被逼疯过两次),也给全家老少惹来天外飞来的横祸。

1967年7月,杜保同通过我转送一份打印的《关于蒋匪军委第六部青年战地服务训练班情况调查》给中央领导人(经钓鱼台收发室分送)。在受训名单中也有叶群,但在那时她叫叶宜敬,我和所有参加调查者都不知道。

原青训班教官欧阳敏纳向外调组讲过叶群的事后,又给林彪写信说,有人在调查叶群的历史,要他"注意"。林彪对叶群说:"搞倒你,目的是要搞倒我。"随即亲笔写信给吴法宪:

吴法宪同志:

　　叶群同志的历史情况,从延安整风起已多次查明,作过结论,无问题。现在有人整她的黑材料,目的在反对我。现在请你派人到长沙找写信的,设法抓住这只黑手,很可能从中发现重大的政治线索,也许可以破获一系列的重大问题。具体办法,请酌定。

　　此致
敬礼

林彪<br/>一九六七年十月十九日

**吴法宪很快查明**:这份材料是杜保同经过我转送的,就诬陷我是"黑手"(最后林彪下令将我和妻子张卉中、弟弟杜保同"拘留审查")。

吴法宪巴结林彪,把所有与此事有关的人都抓起来,同时制造伪证,胡说叶群的历史"白璧无瑕"。然而,纸是包不住火的。这个伙同林彪、江青篡党夺权、罪行累累的叶群,终于受到党纪国法的惩处,助纣为虐的吴法宪也得到应有的报应。1973年8月20日,中共中央批准《关于林彪反党集团反革命罪行的审查报告》,已将"混进党内的阶级异己分子、特务、叛徒、卖国贼"和"林彪反党集团主要成员"叶群永远开除党籍。1980年12月18日,在最高人民法院特别法庭上,公诉人孙树峰在《对被告人吴法宪所犯罪行》发言中曾经揭露:"1967年10月,为了掩盖叶群在国民党青训班的丑恶历史,林彪亲笔写信指使吴法宪组织假调查,制造伪证,美化叶群的历史是'白璧无瑕'……"

同时冒犯了这样两个权倾一时的女人,我的日子更加艰难。从1967年

3月到8月这段时间里，压在自己心头的痛苦是深沉的。处于当时那样严峻的环境，包括家人在内又不能向任何人倾吐透露。思想上累积了许多无法理解的问题，许多事情都脱离了正常的轨道。我常默默自语说："眼前不止十万个为什么，却没有一个能回答。"我同许多"在劫难逃"的人一样，终日"如临深渊，如履薄冰"，不知何时会有大祸临头！到了这年8月4日，江青指派王力、关锋同我谈话，又要我回报社去"参加运动"。从当时的形势看，凡从这里被江青赶"回去"的人，等待他的只会是"打、砸、抢、抓"，精神被折磨，身体受摧残。

　　到了1967年的夏天，"文化大革命"形成的动乱正在急剧扩大，全国已经陷入空前混乱状态。有人将这年的7、8、9月叫做"失控的三个月"。毛泽东以后也对斯诺说："1967年7月和8月不行了，天下大乱了。"内政、外交都已到了几乎失控的地步，整个局势濒临不可收拾的边缘。当时毛泽东和周恩来曾经一再采取措施，都未取得预期的效果。事情非常清楚，中央文革小组乃是一切混乱的总根子。要想稳住局势，必须对它采取断然措施。当时毛泽东住在上海。8月25日凌晨一时，周恩来找刚由上海回京的杨成武谈话，讲了北京和各省动乱情况，要他即去上海向毛泽东汇报，并将王力的《八七讲话》交他送给毛泽东。8月26日，毛泽东经过一天考虑，下了决心。他对杨成武说："王、关、戚是破坏'文化大革命'的，不是好人。你只向总理一人报告，把他们抓起来，要总理负责处理。可以先解决王、关，戚暂时不动，以观后效。"当天中午杨成武赶回北京，单独向周恩来汇报了毛泽东的决定。当天晚上周恩来在钓鱼台主持召开中央小碰头会，陈伯达、康生、江青等出席。他逐字逐句地宣读了杨成武记录下来的毛泽东的指示。随后，8月30日王力、关锋被隔离审查（翌年1月，戚本禹也被隔离审查。戚本禹、王力、关锋于1980年均被中华人民共和国最高人民法院特别法庭确认为林彪、江青反革命集团同案犯；戚本禹于1983年11月2日被北京市中级人民法院判处有期徒刑18年，剥夺政治权利4年）。这次暂未处置的戚本禹于9月4日写信给毛泽东,"检讨"自己的错误,也反映了处理王、关一事在中央文革小组内部引起的剧烈震动:"最近以来,大家心情都很沉重。""小组里出了事,江青同志心里难过。她叫春桥同志和我去看了关锋、王力,开导他们。"对王、关、戚的果断处置,是对一年多来乱党、乱国、乱军祸害之源的中央文革小组的一次沉重打击,对于"文化大革命"以来不断升级的大混乱和大破坏,也产生了一定的遏制作用。自然,江青一伙对在这件事上起了关键作用的周恩来更加仇恨、更加敌视。

第二天,首都大学生造反派"五大领袖"得知王、关事发后,就乘机在北京全城大搞打、砸、抢、抓。8月31日夜10时许,北京红卫兵"天派"的头头韩爱晶和蒯大富、聂元梓共同策划,调来清华大学红卫兵到光明日报社来打砸抢。蒯大富所属的清华大学红卫兵100多人冲进报社办公楼,报社"造反总部"立即派人到电话总机室去拉断了电话中继线。这批学生分兵两路,一路冲到四单元我家,一路冲上主楼三楼,砸开我的办公室,砸开办公桌和文件柜,把所有的文件和材料都席卷而去。残暴的打砸抢行动激起报社职工的愤慨,奋起反击。这些入侵者竟用泡沫灭火器、消防高压水龙头来驱赶。报社职工也在另一端用同样的工具同他们对打。他们人多势众,报社许多人被打伤。在争夺中,报社的人夺到了一个书包,里面有个笔记本,夹着一张"光明日报社三楼平面图",上面标明了我的办公室、人事保卫科办公室和档案室的位置。在这次打砸抢事件发生过程中,报社同"造反总部"观点相反的"革联"(即"光明日报无产阶级革命派联合委员会")的群众,利用直通电话,向中央文革小组办公室报告情况。接电话的只说要报告"首长",但没有任何反应与措施。最后,接电话的人说,这样的电话,我们已接到10次以上了,你们不要再打了。这个时候控制中央文革小组实权的最高"首长"已经不是"组长"陈伯达,而是早已取而代之的"代理组长"江青。她对这样的打、砸、抢暴行默不作声,也是"顺理成章"的。

从前门冲进来的造反派撤走不久，报社后门外面又有一辆卡车送来一批专搞武斗的打手，企图绑架我。他们头上戴着柳条帽，手中拿着大木棒，气势汹汹，如临大敌。报社群众帮我隐蔽起来，他们没找到我，把车停在后门外边不走。当报社去友谊医院治伤的 10 多人返回时，我的妻子张卉中在后门口被那伙打手用木棒痛打，当场休克。送进友谊医院，抢救很久才苏醒过来。

到后半夜，由"天派"首领，北京航空学院的韩爱晶亲自指挥，又有 500 多人卷土重来，东冲西闯，把办公楼砸得一塌糊涂。他们砸开了人保科办公室、档案室，抢走了报社的人事档案。

第二天（9 月 1 日）中午，报社造反派找到我后，又从中央戏剧学院造反派"红旗文艺兵团"招来一批打手。为首指挥者是以所谓"戏剧评论家"自诩的谭××、首都某大报文艺部社外编委，乃是那个来报社贴诬蔑我的大字报的红学家的密友。他们用汽车先把我拉到中央戏剧学院宿舍，在这个姓谭的家里停了一下。他和老婆、老娘动手将我的手表、钞票、粮票洗劫一空，把我锁在厕所里两三个钟头。然后蒙上我的眼睛，拖上车子，绕经几个地方，最后送到北京航空学院，关进一间空教室里。

这天夜里，他们私设公堂，两个造反派把我拉到楼上"审讯"。他们极想知道王力、关锋被"隔离审查"的事情。我的心里充满愤怒，不愿回答他们提出的任何问题，惹得他们大动肝火。正在顶牛，室内的电话铃突然响了。他们接完电话，马上停止"审讯"，慌忙把我送到原处关起来。

挨到凌晨，他们突然又来蒙住我的眼睛，拖上汽车，开到宣武门外悄悄把我推下，慌忙开车溜走。我的心里一直纳闷：这个急转弯是怎么回事？及至回到家里，和家人及同志们谈起来，方才得知：昨天下午，周恩来总理在人民大会堂参加北京市革命委员会扩大会议。我们报社印刷工人王玉荣在人民大会堂外，写了报告光明日报社昨晚被打砸抢和我被绑架的字条，通过前来参加北京革委会扩大会议的学生代表、地质学院的聂树人送给周总理。总理看过字条，批评了这种违法行为。他当着江青的面严厉地说："你们哪个学校抓走了穆欣同志？马上放他回来办报。"总理又问："卫戍区有同志在吗？"在场的北京卫戍区黄政委站起来回答："在。"总理指示："马上派人调查清楚。"北京卫戍区当晚就派了支左办公室的两名干部到光明日报社来了解情况。报社的编辑张义德和人保科副科长李林等接待了他们，向他们讲述了那伙人两次到报社来打砸抢的情况，并把从学生书包中发现的笔记本，和里面夹的那张"光明日报社三楼平面图"交给他们，作为证据。

同时得知，昨天下午，我被绑架后不久曾又传来消息："天派"正调集大批人马，要来封《光明日报》。与此同时，和"天派"势不两立的"地派"也在调集人马，准备保护《光明日报》。一时形势十分紧张。报社"造反总部"的人全部撤到7楼，只留前门和电梯作为同外面联系的通道。在7楼，因与张春桥、姚文元早有勾结、久存在光明日报社夺权野心的许××，召集造反派的中层干部开会（他被称作"造反总部"的"高参"），他把自己起草的《停刊启事》念了一下，要求通过。他的突然袭击，引起许多人的反对，有的同他吵了起来，结果不欢而散。许某封报的阴谋原是和"天派"的头头事先串通的。到了后半夜，"天派"来了两个学生，进了报社前门，拿出北京航空学院的学生证，到7楼找到许某和"造反总部"的头头，说：上面有指示，《光明日报》不能封。这样，报纸被封的危机才算过去了。毫无疑问，这也是同周总理下令北京卫戍区追查他们到报社搞打砸抢的事件直接有关的。

我深深感激周总理的关切，感到应将自己被绑架情况告诉总理，就给他写了一封信：

总理：

我昨天下午2时被中央戏剧学院"红旗文艺兵团"抓去，今晨5时半已回到报社。昨天下午转了几个地方，最后一个地方是北航。每次转换途中及室内行动都蒙住眼睛。

所有看押的人都不说话。午夜前后，在北航有一男一女找我谈话，他们提出的主要有这些事：

"交代你分裂中央文革的罪行。"

追问我从小组回报社时谁同我谈的话。

"你是516兵团的后台。"

"你晓得8月30日发生的'重大事件'么？你从8月29日到9月1日到什么地方开过会？见过什么人？同什么人打过电话？"

"你同红旗杂志什么人联系？"……

对这些问题，我作了简单的回答，他们很不满意，对我说了许多威胁的话。谈了十几分钟，便把我送回关押的小屋。

今晨4时左右，他们蒙住眼睛把我送到宣武门外，急速把车开走。

因为昨天报社有人向您报告了我被抓的事，知您关注，特把经过简报如上。感谢党的关怀。

穆欣　九月二日

总理收到我的信，当天就批告陈伯达、康生、江青、谢富治等，要谢富治查究。

提出：对中央戏剧学院、北航等校"在查明此事经过后，必须申明在'六六'通令后仍然发生这类绑架事件，绝不容许，应写出公开认错书。如拒不认错，即将通报全国"。

**江青串通林彪将我关进卫戍区当天，北京8个院校造反派要迫使《光明日报》停刊。江青一伙撒手不管，周恩来出面干预，使《光明日报》避免了一场灭顶之灾。**

周恩来总理9月2日在我写给他的信上的批示，是他在我遭受政治迫害时第二次对我的救援。第一次是在20多年前的"抢救"运动当中：抗战期间国民党统治区以民营形式成立的国际新闻社，是周恩来同志直接领导的。1939年冬天，该社社长范长江同志征得他的同意，聘任我兼任该社特派员及其晋西北通讯站主任，自己采写并组织别人撰写反映解放区作战与建设的稿件，供国统区和华侨报刊发表。这本是正常的革命工作，只因总社设在国统区，到了整风运动刮起"抢救"风暴时，有些人"指鹿为马"，硬把这种供稿关系说成是"特务网"。连在西安邂逅美国著名记者斯诺一事，也被当做"政治问题""追查"。周恩来同志知道我在国新社兼任职务的事和在大后方报刊上发表文章的情况，料想这事在"抢救"运动中，会给我惹来麻烦。1943年他从重庆回到延安，正逢康生用"逼供信"手段，在中央机关一些单位搞出了所谓"红旗党"（意思是说伪装红旗的假共产党），说四川、河南、湖北、云南等十多个省的地下党都是国民党特务控制的"红旗党"。"这些省的地下党组织都是由他领导的，使他的处境也相当困难。"但是他不赞成"抢救"运动那种做法，还是不顾自己的困难处境，对许多同志伸出救援的手，出面证明，以免造成冤案。1943年秋天，周恩来同志回到延安不久，原晋绥军区第八军分区司令员韩钧同志从延安路过兴县去前线。韩钧从延安动身前，周恩来特地嘱托他捎话给抗战日报社社长廖井丹同志和中共中央晋绥分局："穆欣同志这几年向大后方报纸写过不少介绍敌后军民坚持对敌斗争的通讯，对于粉碎国民党诬蔑我们'游而不击'的谣言，起了好的作用。"当时周恩来不顾自己处境困难和工作的繁忙，能想到像我这样一个从未见过面，还很幼稚的新党员，如此关切地伸出救助的手，令我非常佩服他惊人的记忆力，衷心感激他对自己政治上的深情关怀。但是，当"左"倾成为一种思潮的时候，中央军委副主席周恩来的指示也被束之高阁，结果我仍然遭受到不公正的批斗，在报社担任的职务也被别人"夺权"。周恩来同志的关怀则是永远镌刻在心中了。每当我想起这件事，心情总是久久不能平静。

跟22年前的"抢救"运动相比较,这次"文化大革命"的风暴更加猛烈,总理的处境也更艰难。江青针锋相对,处处与周总理为敌。和当年的康生之流比起来,江青的锋芒也是更加咄咄逼人的。特别是这次处理王、关、戚事件给江青集团的打击极其沉重,是他们这一伙"文化大革命"以来不可一世的人物受到的第一次重大打击,她对在这件事上起了决定作用的周恩来,是更加仇恨万分总要伺机报复的。3天以后,9月5日夜里,在总理和中央文革小组接见造反派代表的会场上,江青当着周总理的面点我的名,竟诬陷我是"特务"。这天散会以后,江青一伙又唆使北京铁道学院造反派"红旗"组织,于9月6日凌晨派人到报社来,第二次将我从办公室里绑架走。第二天,9月7日,江青串通谢富治,就将我弄到北京卫戍区司令部关押。(联系8月31日夜里"天派"到报社打砸抢,报社群众向中央文革小组办事组连续打了十多次电话,办事组向"首长"报告后均无任何反应的事实来看,两次绑架我的后台难道不正是江青一伙么?)

虽然这次总理的批示又未能产生应有的效果,但是我对总理的如此关怀,刻骨铭心,是永远不会忘记的。

就在9月7日我被江青弄到北京卫戍区的当天,一直觊觎《光明日报》的北京几个大专院校的造反派又乘机鼓噪,串通报社内部的许某和"造反总部",再度企图迫使这个报纸停刊。这时中央文革小组的实际"首长"江青和主管宣传的姚文元及陈伯达等,对此又是充耳不闻,撒手不管。周恩来得知此事,当天即就北航'红旗'、清华'井冈山'(正是8月31日到报社打砸抢、两次绑架我和9月1日准备封报的主力)等8个院校的造反派组织要求《光明日报》停刊事,批告陈伯达、康生、江青、姚文元:"《光明日报》究竟应如何处理,我不甚了了。但由各院校造反派去实行停刊,不妥。"由于周总理的救援,得使《光明日报》避免了一场灭顶之灾。

特别使我感动的,是我在1975年出狱后报社同志告诉我的一件事:自从我到光明日报社工作,报社行政上归中央统一战线工作部领导,财务由国务院财政部代管。当时办报没有广告业务和后来的"多种经营",又因国家生产纸张困难、限量发行,报社长期亏损,亏损部分由财政部拨款补贴。1967年秋天,在我被江青关进监狱时,报社每月亏损约为三四万元。1968年2月,报社收到一个紧急通知,其中规定:凡两派群众组织没有实现大联合,又没有实行军管的单位,财政部一律不予拨款。这时报社两派组织没有实现大联合,也未实行军管。笔者已被关进秦城监狱,先前的社长杨明轩同志早于1967年8月病逝。当时国家一片混乱,报社一片混乱,分管报社财务工作的行政部陈国安同志,为了解决由财政部继续拨款的事,多方奔走,求告无门,报纸面临停刊的危险。他把情况向上级书面汇报,许久不见答复。1968年6月中旬,报社财务科忽然接到财政部文教司的通知说:你们报社的拨款问题,国务院财贸办公室报告了周总理,周总理指示照拨。报社经费得到解决,报纸得以继续出版,大家感谢总理的关怀,都说他有那么多国家大事要处理,还没忘记《光明日报》。

这是继1967年9月7日那个不许8个院校造反派扼杀这张报纸的批示之后,总理再次救援《光明日报》免遭停刊的厄运。虽然我已身陷囹圄,对此仍然感激不已。

> 我加入共产党已逾30年,经过漫长的革命生涯之后,忽然被当做敌人关在共产党的监狱里,思想上根本无法接受,心里充满愤慨。

从1967年9月7日到1975年5月14日,我在监狱里度过了2809个孤寂而悲愤的日日夜夜。初时被囚于驻在清朝庆王府旧址的北京卫戍区大院叫做"绣楼"的底楼里87天;继在西城公主坟附近吴法宪私设的监狱里41天;1968年1月13日,被关进在世界上"知名度"很高,人们谈虎色变的秦城监狱。来到这里,连姓名也被废掉了。从进门处往牢房走的路上,监管员冷冰冰地对我说："这里不用名字，你的代号是6813。"

如此陷入冤狱，一时实在难以适应。这座监狱原是建国后修建，专门关押反革命分子和各种危害国家安全的犯罪分子的。我加入共产党已逾30年，经过漫长的革命生涯之后，忽然被当做敌人关在共产党的监狱里，思想上根本无法接受，心里充满愤慨。面对群魔乱舞的现实，同时感到无穷的忧虑。可是仔细一想，而今正是一个是非混淆、黑白颠倒的年代，刘少奇、贺老总、陈老总以及那么多为革命立过卓越功绩的老一辈革命家，不是都在经受劫难么？实际上，在这场空前的浩劫中，还有成千上万的一般干部甚至广大群众，也都饱受磨难，陷入无穷的痛苦，心中充满了惶惑和愤懑。有人还把这种心情编成顺口溜："写不完的检查认不完的罪，表不尽的忠心流不完的泪。"这样一想，自己满腹怨气也就能够平静一些。

被关进来，就与外面完全隔绝了。进卫戍区不久，张卉中已带重病离京，家中留下3个年幼的孩子（分别为14、13、10岁，小女儿还是聋哑人），只靠年迈的姥姥照顾。我被抓走后，全家会被扫地出门，工资立即停发，家中没有积蓄（总共只有三百元存款）。报社某些造反派头头特别凶恶，什么坏事都干得出来。造反派的欺侮、生活的困窘、周围的冷眼，会使他们日子非常难过，心中特别悬念。但是"咫尺天涯"，音讯隔绝，直到5年以后的1972年6月30日，中央专案组"恩准"他们前去秦城探视时才得见面。

在牢房里，朝朝暮暮，尽是空闲时间，思潮滚滚，常将自己引向往昔的回忆。想得最多的，是自己青年时代投身革命的情景和那些已经牺牲的战友，那个炮声隆隆的战争年代。面对突然袭来的灾难，自己必须经得住考验。为激励自己，头脑里酝酿吟咏一首小诗："君既来之则安之，在劫难逃应识时；私疑偏忍除未尽，毁贬诬陷总有辞。撞鬼怕鬼鬼益狂，见怪不怪怪自逝；塞翁失马福抑祸，笑问铁窗侬可知？"这样的意境成了自己的精神支柱，激励自己比较平静而坦然地度过这段漫长的严峻岁月。

这个监狱设有医务所。医生的职责本是救死扶伤，古今中外都是这样。

在革命战争年代，即使对于放下武器的敌方伤病员，也要发扬人道主义给予治疗。但是林彪、江青集团"医疗要为政治服务"的方针，扭曲了某些医生的灵魂。他们伤天害理，不仅不为人治病消灾，反而给无病者"种"病，使有病者早亡。

我向来身体比较健康。参加革命工作几十年来，很少同医药打交道。但自进了这座监狱后，竟被这里的医务人员经过饭菜和开水，暗用药品"种"下了许多病。他们最先折腾我的牙齿，后来又对我的胸骨制造病痛，而给我服用最多的是兴奋剂。有些药吃下去就情绪暴躁，有的药产生幻觉，最多的是让人不能睡觉。

我的睡眠情况一直良好，从来没有吃过安眠药。自进秦城监狱到林彪垮台的将近4年间，他们经常连续给我服兴奋剂。每月总有10–15天，任何时间都很兴奋，昼夜都不闭眼，毫无睡意，也无特殊疲困的感觉。他们意在毁坏我的大脑，不仅影响记忆力，还可能导致思维混乱，难以为文。1972年底传达了毛泽东、周恩来"废除法西斯审查方式"命令后暂停下来。但在我出狱之前，他们采取高压手段，企图逼出点什么可以阻挡出狱的"罪名"而进行极其残酷的折磨时，经过饭菜饮水，重又频繁地给我服用各种药品折腾我的头脑。有的药品服后产生幻觉，有的出现恐怖感，有的服后话特别多，自己无法抑制地长时间大声自言自语，说的都是以前所经过的事情。还有一种药品，导致一切记忆中的事物性质完全颠倒。连续多日，都是入睡时药力就开始发作，记忆中浮现的所有的人和事，都像有严重的政治问题；到起床前药力失效，思维重归正常，那些被颠倒了的记忆又都颠倒过来。临离开监狱那天，他们暗中在饭菜中下了药，害得我回到家里连续几天一直处于兴奋状态中。因被连续毒害数年，大脑受到极大伤害。初关进卫戍区时，报社全部职工（包括印刷工人）250来人，还曾默写出所有姓名，也能记得各人的面貌；及至从秦城回来，连报社编辑部的人名也记不全了。延请中医治疗，调理了一年多，方始恢复正常。

表面上，狱方似乎对受审人员很"爱护"，说是为了防止自杀，入狱后先没收了皮带和一切绳带用物，免得用来勒脖子上吊；把木、竹制的筷子都换成勺子，免得扎喉咙寻死；金属餐具换成搪瓷、塑料的，免得发生意外，等等。实际上，这帮心狠手毒的监管人员，内心里却巴不得你全死掉，常在暗中以"启发""暗示""刺激"等卑劣手段诱导人自杀。

1969年2月16日，农历除夕，我被关在三楼83号牢房。那天午夜，关在隔壁牢房里的人自杀了。他们不是悄悄地把死者运走，却故意大喊大叫，叮叮当当，把整幢楼里的"犯人"吵醒，都要为此感到震撼。他们自然知道，"每逢佳节倍思亲"，在这个象征家家团聚喜迎新春的除夕之夜，无数在此含冤受难的无辜者，都会思潮翻滚，辗转难寐，有一个难以阖眼的不眠之夜。他们如此作派，岂不是故意"启发"被关押者不健康的邪思，刺激被审查者的感情！

这年4月2日，我从三楼搬到一楼27号牢房。一进门，便见已经蒙上尘埃的白墙上，印着几个血手印。显然，这里先前的"房客"出了事。狱方本应及时消除墙上的血迹，却故意保留下来让我"欣赏"。我住下后，又在床头墙上发现有人自杀前用指甲划写的"遗言"，大意是讲自己受了冤屈，以死向党表示自己的清白。我觉察到监管员不怀好意，便分几次趁卫兵脚步声远去时仔细看完。卫兵没见我观看过，又不见有任何哀伤表现，以为我未发现墙上的"秘密"。有一天放风回来，进门只见室内有几个专以害人为乐的监管员，正朝床头墙壁指手画脚地议论。见我进来，故意指着床头责问："你在这里乱写些什么，故意违犯监规！"我一听就明白了这班奴才的用意，不禁气愤异常，怒火中烧。眼前霎时浮现出江青和陈伯达、康生、张春桥一伙凶残的面影。"文化大革命"初起，常见突然祸从天降，没有思想准备而一时想不开的老干部含冤自杀，有些人的遗书被送到钓鱼台。他们从不表示丝毫的怜惜与同情，反而幸灾乐祸地"庆幸"他们眼中钉的消亡，甚至挑出遗书中的某些词句戏谑，将别人的不幸化作自己的笑料，完全丧失了人性。对于他们深恶痛绝而又炮制不出任何"罪证"的老干部,如被逼上绝路自寻短见,乃是他们最感惬意的事。既以高压逼死了人,又可推卸自己的责任,没准儿还会在公众场合装腔作势说几句人话,"既要当婊子,又想立牌坊"。如今他们也把这一套骗人伎俩传授到监狱里来,令人愤慨。因此,对于他们的指责,我只冷冷地摇摇头说:"我没有在任何地方写字,也不想知道那里写了什么!"他们感到无趣,就一起走了。我心里不禁在说:"老子为什么要死?我要勇敢地活着,要比你们活得更加舒畅,更加长久!"

冤狱8年中,我共被"提审"过5次,两次是在吴法宪私设的那个监狱里,3次在秦城。先前在卫戍区将近3个月,没有人找我谈过话。1967年12月3日宣布对我实行"监护",转到吴法宪私设的监狱后,40天中,他派亲信何汝珍(后来是林立果"小舰队"成员)对我"提审"两次,都是追问杜保同交我转送的那些材料的下落。那时我还不知道这些材料捅了毛家湾的马蜂窝,只见他们那样着急,流露出一种恐惧情绪,感到茫然。因我根本没有看过那些材料,不知道写些什么,他们提出的问题,全都回答不上来。他们神情紧张地追问杜保同的那批材料转送到哪里去了,表面上在问是不是交给了肖华?其实最担心的是不是送给了周恩来。但又不便明讲,故意绕着弯子问。本来毛泽东、周恩来、林彪以及中央文革小组的那些人都送了,为了减少麻烦,我都没有具体地讲。到秦城监狱一年后,1969年4月中旬才第一次"提审",中央专案组负责迫害我的3个人都来了,但并没有提问什么事,只讲写自传和外调材料,不大工夫就完事了。又过两年,才有第二次"提审",来审者是中央专案组的张宏学和报社造反派杨、罗、王,还有3名军宣队员只听不发言。这回他们来了一次马拉松式的纠缠,整整"审"了106天。他们扯出过很多问题,看来中心还在"毛家湾"。他们不便挑明揭露叶群的事,也没提过杜保同送材料的事,却诬陷我"反军""乱军",反对"林副统帅"。我当然只能就事论事争辩。所谓"反军",是说《光明日报》上发表的文章含有揪"军内一小撮走资派"口号。我知道这个口号原是林彪、江青提出的,"七二〇"武汉事件后一时成了全国报纸的主要内容,《人民日报》七八月间就发表鼓动揪"军内一小撮"的文章20多篇。我说,口号不是报社提出的,如果错了,我们跟着宣传也犯了错误。他们说不是"错误",要我承认是"罪行"。报社那个捣鬼有术,文理不通的王某异想天开,竟然妄想用他们向张卉中逼供的手段:由他"口述"、我"笔录",算是我的"交待"。我的"检查"前后写了3次,都通不过,就又顶起牛来。这次"提审"是5月下旬开始的,一直拖到9月上旬,闹腾106天,整整折磨了我一个炎夏。结果对他们来说一无所获,自然是不会甘心的。到9月初最后一次"退堂"时,他们还提出一些"反军"、"乱军"的问题要我准备继续交待。但隔不几天,他们供奉的"林副统帅"就叛国外逃摔死了。这次以追查反对"林副统帅"的"提审"只得告吹,这伙"审判官"再也不露面了。但是,一计不成又一计,又过了一年多,1972年底,他们制造伪证,又捏造"历史问题"来诬陷我。在历次运动中,我的历史早已清楚,没有问题,作过结论的。他们胡搅蛮缠,无中生有,罗织周纳,都被我据实一一驳倒了。这次断断续续地又拖延了两个多月,结果又是不了了之,对他们来说一无所获,对我来说饱受折磨。

机关算尽,终归徒然。拖到1975年5月14日,早晨忽见中央专案组的张宏学跑来,让我收拾东西,知道这是要释放我。我在这里早已成了实实在在的"无产者",要带走的不过是四卷《毛选》、一本《语录》而已。所以,很快就离开了这个永远令人诅咒的地方。

**笔者冤狱期间,曾有众多跟我同样无辜的家属和同事受到株连,同遭残酷迫害。我和张卉中两家,先后共有12人被关押过,4人致死,2人被逼疯,1人致残。**

我被关进秦城监狱不久,1968年2月29日张卉中也被关进这里。她在 1967 年 8 月 31 日夜里被打伤后，报社的同志将她送进友谊医院急诊室，昏迷 24 小时不醒。照片子发现肝肿大，肝外包着很多血，肾血模糊，一直尿血。经长时间抢救苏醒后，医生说按病情必须住院，但若被报社造反派揪斗必死无疑（还说已经发生过这样的事），劝她带上药品藏到亲友家里治疗，过些日子再来复查。我们在京没有亲戚，我又被绑架，她便回江西九江老家去治疗伤病，准备待治愈后回京。但她前脚一走，报社"造反总部"和"天派"红卫兵就诬陷她是"畏罪潜逃"，造谣说她带走两箱整"中央首长（指叶群）"的"黑材料"（其实那时叶群只是林彪的办公室主任而已，本人还未爬上高位），他们串通北京市公安局长刘传新（此人在"四人帮"垮台后已畏罪自杀）妄加罪名，对她"通缉"；报社"造反总部"也派一个姓金的"九江老乡"前去搜捕。逼得她带病在老家江西和外婆老家湖北两省辗转逃躲，先后藏过 17 处地方。因为姓金的没抓到她，林彪集团的干将于新野亲自出马。1968 年 2 月 23 日，于新野在南昌附近的丰城县太阳公社南河大队第一生产队队长任福国家里找到张卉中（当时跟她在一起的有她母亲李师仪、女儿穆小玫，其后也被"造反总部"姓金的一伙带回北京，关在报社 7 楼逼供，追索纯属子虚乌有的所谓整叶群的"两箱黑材料"）。他们将张卉中视为触犯"林副统帅"的"钦犯"，于新野于 2 月 26 日用专机将她"押解"北京；因她病情仍然沉重（这次受伤造成的肾出血，直至死时未愈），怕她死在途中，于新野还特为她在飞机上带了医生。26 日到北京后，张卉中即被关进北京卫戍区司令部，29 日关进秦城监狱。1969 年 3 月 25 日，她在狱中写的材料说："肝已正常，有时还有点隐隐发痛。腰还经常痛，不能坐。除散步外，基本上是靠着被子半躺着学习。从 1968 年 2 月 26 日下飞机起到同年 5 月，整天昏昏糊糊，像喝醉了似的，两耳像发动了马达，脑子像真空管那样，连星星（大儿子）等的样子都想不出来。每天白天像睡着了，每天晚上像是醒的，麻麻木木的日子……"

秦城监狱野蛮凶残的法西斯式看管，使张卉中精神上备受折磨，身体也遭到严重摧残。她身患重病得不到及时治疗，还曾被狱中丧失人性的女监管员痛打。在这座监狱里，打骂犯人是家常便饭。有一份调查材料揭露："这里打骂、体罚成风：拳打脚踢、'喷气式'、扭胳膊、揪耳朵、撕头发、撞墙、棍子打、大铁钥匙捅、罚站、脖子里塞雪球、冬天夜里拉出去冷冻，等等。监管员以下流语言辱骂受审查人员，更是司空见惯。女监13名监管员，自己检查骂过人的就有12人。受审查人员张卉中（女），1972年1月因和监管人员要报纸学元旦社论，发生争执，当即遭到痛殴，锁骨被打折。……"这事发生在当年1月4日，张卉中左侧锁骨被打折，伤势异常严重。狱方拖到1月20日才把她送进市内复兴医院就医，2月底又从医院送回秦城监狱。在政治上，中央专案组和报社造反派对她大搞逼供信，专案组的张宏学逼她将自己写的交代材料当场撕碎，他又"口授"一句、逼张卉中"笔录"一句，写完后逼她当场签名，算她自己的交待材料；1972年12月间传达周恩来总理根据毛泽东"废除法西斯审查方式"的指示，要求监狱传达给每个受审人员；还说有违犯者，受审查人员可以申诉。12月20日，张卉中向周总理写了一封申诉信。他们不但拒绝转送，还把她臭骂了一顿，并且公然违背自己亲口传达过的总理的指示，轻蔑地说："哼！还想帮你把材料转党中央，我没有负这个帮你转材料的责任！"在"审讯"中，他们经常用下流话辱骂，逼她承认他们的诬陷。张卉中抗议他们的诬陷，他们不但置之不理，而且跟着来的是严酷无情的折磨、摧残，使她百思不解，无法承受，终至精神崩溃，沉疴不起。她的病情日益加重，血压经常高到二百几十度。1974年10月26日，她突然患脑血栓，生命垂危，又被送进复兴医院医治，病情有所缓解。1975年4月7日出狱时她仍身患多种重病：高血压，心肌梗死，严重的神经官能症，甲状腺肿大，肾出血。出狱不到一年，张卉中这个无辜者饱受折磨之后，终于1976年4月2日逝世，终年49岁。人被折磨死了，那个姚文元派到光明日报社掌权、曾在1976年10月4日放出"梁效"所写《永远按毛主席的既定方针办》反党文章的头头，还专门跑到我家里来"指示"说：不准开追悼会。结果，儿女们暂时只能约请少数同学、亲友，悄悄到八宝山公墓火化场去给她送行。

我弟弟杜保同1967年12月2日被吴法宪派"小舰队"在天桥一家旅馆抓走后，先在北京对他逼供，因是凭空栽赃陷害，毫无所获，就将他押解回内蒙古本单位实行群众专政。因为在揭露叶群历史问题的这桩案件中，林彪妄图"从中发现重大的政治线索"，"破获一系列的重大问题"，所以把他看成"要犯"，对他逼供也特别残酷。杜保同事后向所在单位党委申诉说："在押送我去北京站那天晚上，真是戒备森严，如临大敌。"那时杜保同是第七机械工业部所属第四研究院的一般政治干部，张卉中是光明日报社文艺部编辑，只因此案涉及不可一世的"林副统帅"的老婆，他们就都被看成了"重要罪犯"。杜保同回到内蒙古，就被严刑逼供，曾被逼疯两次。吴法宪在北京遥控这个案件，不断打电话、写信叫对他狠狠逼供。因为发现杜保同写信向北京告状，吴法宪就叫对他"严惩"。杜保同申诉说："结果有半个来月的时间，每天晚上10点以后把我拉到办公楼，推到一个小房间里，摘去我的眼镜，先是审问，然后就是七八个人上来拳打脚踢，一打就是两三个小时。有时打得我满脸是血（走时还逼我去厕所把血洗掉才准走）。腰被打坏了，直到现在还经常腰痛。头被打得脑震荡，搞得我头痛脑涨，精神时常错乱。当时搞得我实在受不了啦，曾想到过自杀。"又说，有一次他一个人去打扫办公楼，到楼梯底下一个小房间去拿打扫工具："看到这个小屋很背，没有人来，多少天产生的自杀念头又来了。仔细看了一遍，就决定电死。我就把灯打开，把灯泡摘下。在我就要伸手去触电时，思想上复杂极了，斗争非常激烈。我想要是就这样死了，不就是叛党，成了反革命吗？我家里还有一个多病年迈的老父亲，还有4个孩子，我这样死了，他们不就成了反革命家属了吗？同时我想到我又没有干什么坏事，问题再大也会搞清楚的，死了反而复杂了。我还想一个共产党员死要重于泰山，不能轻如鸿毛。我这样自杀不是比鸿毛还轻吗？结果我在那里哭了一个来小时，下定决心不死了。不死，再大的痛苦再大的折磨也要咬牙挺过去。"

对杜保同逼供提出的问题都是围绕着"整'中央首长'（指叶群）黑材料"。因为林彪为此事写给吴法宪的信中说："现在有人整她的黑材料，目的在反对我。"林彪对叶群也说："搞倒你，目的是要搞倒我。"所以，他要求吴法宪一定要"设法抓住这只黑手"。吴法宪正是按照林彪的旨意指使那些走卒来逼供，妄想追问出一只大"黑手"。几乎每次"审讯"，他们都逼杜保同交待"整'中央首长'黑材料，穆欣是如何向你布置的？""谁向穆欣布置的？"逼他承认"穆欣是整'中央首长'材料的后台"。杜保同每次都按照实际情况回答："材料是我们外调组自己搞的，穆欣根本不知道。"他们不理，继续逼他，还造谣说："穆欣都交代了，你还顽固。"杜保同拒绝回答，他们就痛打他。党的"九大"以后，有一次他们逼杜保同交待把叶群的"黑材料"送给了谁的时候，竟然诱供说："他们现在还是中央常委嘛，穆欣把材料送给他，你讲了也不要紧嘛！"公然将矛头指向周恩来同志（九大后中央常委共五人：毛泽东、林彪、周恩来、陈伯达、康生。他们当然不会攻击毛、林、陈、康）。最耐人寻味的是：将杜保同押解回内蒙古的时候，吴法宪先后曾向"小舰队"何汝珍等四员干将和内蒙古自治区革命委员会负责人郑重交代："杜保同是危险人物，押回去要长期关押。要看管好，不许跑掉，不许打死，留着这个人有用。"这句话是大有文章的。杜保同在内蒙古一直遭受残酷的逼供，1971年9月31日林彪"折戟沉沙"以后，那些人仍然扭住他不松手，直到1979年11月14日，中共七机局党组才正式作出给他彻底平反的结论：《关于杜保同同志平反的决定》。

笔者冤狱期间，曾有众多跟我同样无辜的家属和同事受到株连，同遭残酷迫害。除了直接"犯案"的笔者和张卉中、杜保同3个人，我和张卉中两家，先后共有12个人被关押过，4人致死（张卉中和她母亲均受折磨生病致死，我的父母因受惊吓病死），2人被逼疯、1人致残。这个报社"造反总部"把同他们持有不同观点的100来名光明日报社职工打成"五一六"

分子。在报社编辑部同事中,有学术部编辑詹铭新、夜班编辑室美术编辑陆俊培、驻浙江省记者高正生等同志,都在这场浩劫中受到长时间的批斗,终因造反派的残酷迫害含冤而死;有的同志因遭造反派残酷批斗而精神失常。张卉中在江西、湖北辗转寄居过的17家亲戚、朋友以及原不相识的同情者,都受到不同程度的迫害。笔者主持光明日报社工作期间,许多仅在这张报纸上发表诗画文章的作者,竟也受到牵连,被诬陷为"穆欣的黑关系"而遭揪斗。

1975年5月14日,我从秦城监狱回到支离破碎的家。人从监狱出来了,这场"官司"却还远未了结。江青那张垂天大网仍然罩在我的头上,中央专案组继续在结论问题上进行迫害和折磨。1975年5月23日,已经是我重获自由回到家里第10天,那个把姚文元对他的指示"编造成姚文元语录"强叫报社人员"学习"的报社头头,按照姚文元的"既定方针办",还在报社全体人员大会上动员批林、批孔、"批穆",把我和孔老二以及直接迫害我们全家的林彪捆在一起鞭挞,说要"继续以批林批孔为中心,联系批判穆欣,揭发批判林贼死党的复辟罪行,揭发批判修正主义路线的表现和影响"。中央专案组依旧对我百般刁难,继续罗织诬陷,还想把"破坏京剧革命"的破玩意儿塞进我的结论,企图用那些"莫须有"的捏造逼人就范,给你留"尾巴",妄想等待时机再来害人。及至"四人帮"垮台了,它的幽灵还在作祟。虽然拿给我看的每个结论稿上都写着"恢复党的组织生活",实际上仍把你当敌人对待。我为结论的事苦斗了四年半,办结论的专案组换了三茬。直到1979年12月15日,才斗出了一个彻底平反的结论。纵然许多地方未能尽如人意,冤案总算得到平反,洗刷掉被泼在身上的污水,还我清白,总是值得庆贺的事情。这份题作《关于穆欣同志的复查结论》中,推倒江青对我的诬陷,"撤销中央专案小组办公室1975年8月6日结论";写明"穆欣同志的历史是清楚的"。同时写明了林彪对我进行迫害的情形:"1967年7月间,穆欣同志的弟弟杜保同,曾通过穆欣同志转送过七机部四院一派组织'新红联'外调组'关于蒋匪军委第六部青年战地服务训练班情况调查'材料。10月份，青训班教官欧阳敏纳给林彪写信，说有人调查叶群在青训班的历史，林彪要吴法宪派人追查此事，追查中发现杜保同同志转送过材料，怀疑穆欣是'黑手'。因而将杜保同、穆欣、张卉中同志拘留审查，进行迫害。穆欣同志在被关押期间，政治上受到迫害，精神上身体上受到残酷摧残，家属、子女及亲友也受到株连。"结论指出："所谓整叶群'黑材料'等，均系林彪、'四人帮'妄加罪名，蓄意迫害。对林彪、'四人帮'强加给穆欣同志的一切诬蔑不实之词和莫须有的罪名统统推倒，予以彻底平反，恢复政治名誉；对因穆欣同志问题而受株连的家属、亲友和干部，应予平反，恢复政治名誉。有关材料，按中央规定处理。"张卉中的冤案，也在这时彻底平反。1980年2月21日，光明日报社为张卉中举行了追悼会。

**周恩来说："一个民族如果忘记了历史，就会成为一个愚昧的民族。"应当牢记总理的遗言，揭露"文化大革命"这场浩劫造成的严重灾难，汲取应有的教训，永远不让这场历史悲剧重演。**

自从1967年9月，我被林彪、江青一伙投入监牢，就再未能见到周总理。但在狱方唯一给看的《人民日报》上，仍然经常能够看到他的影像，引起对他无限眷念的情怀。"文化大革命"初期目睹过的许多事情：总理排除万难殚精竭虑保护老一辈革命家的英姿，通宵达旦不知疲倦地接见红卫兵和各方人士的辛劳，在北京工人体育馆挫败江青镇压"联动"阴谋的慷慨激昂，在人民大会堂福建厅怒斥谢富治挑衅的严峻神色……宛若纪录影片一幕一幕地浮现眼前。周恩来是享有世界声誉的伟大政治家，在充满传奇色彩的一生中，经历了许多风狂雨骤和极为复杂惊险的斗争，但都没有像在这场动乱中他所面临的这样艰难，这样复杂。他如同"在荆棘中潜行，在泥泞中苦战"。江青和那个全国"动乱之源"的"中央文革小组",时刻向他挑战。他和江青一伙针锋相对的斗争,贯穿于十年动乱的全过程。江青一伙在钓鱼台放火,总理和老帅们在人民大会堂"救火",早就已是人所共知的事实。当我身陷囹圄时,这种斗争正在激化。知道总理艰难,但是并不担心。深信毕生经历过无数惊涛骇浪,挫败过蒋介石、杜勒斯那些超级反动人物的周恩来,江青这般微不足道的鼠类根本不是他的对手。不幸他却被严重的癌症击倒了。

就是在监狱里,也能感触到他同江青集团拼搏的身影。1972年12月间,铁道部副部长刘建章的夫人刘淑清到秦城监狱探视他后,写信给毛泽东,反映刘建章无辜被捕及在狱中受到的残酷迫害。毛泽东批示:"请总理办。这种法西斯的审查方式,是谁规定的?应一律废除。"是谁规定的?这种残暴方式始于副总理兼公安部长谢富治1967年8月7日发表"彻底砸烂公、检、法"的讲话,首先砸烂了中央公安部,把当年修建这座监狱的原公安部副部长杨奇清、北京市公安局长冯基平等一批原来的公检法负责人关押在这里受难。同时砸烂秦城监狱的领导机构,砸烂了监狱一切规章制度,监狱当局肆意破坏社会主义法制,采取法西斯手段残酷迫害革命老干部。与谢富治同为林彪、江青反革命集团主犯的康生也曾直接插手。1968年1月3日,当时勾结江青,控制"中央专案审查小组"实权的康生信口开河,在一个报告上写了破坏法制的批示:"刘仁、崔月犁、冯基平、徐子荣等这伙反革命敌特分子,出卖党、政、军核心机密,叛党、叛国,罪该万死。对他们不能用一般对犯人的方法,要防止他们自杀,打击敌人的顽固态度,将他们铐起来,进行严厉地、突击地审问工作,使敌人彻底的缴械。对这些人应向他们宣布逮捕,送进监狱。"周恩来总理一贯重视维护社会主义法制,早就曾在国务院提出过要清查北京监狱的待遇问题。接到毛泽东在刘建章夫人信上的批示后,他于12月18日立即给公安部、交通部、国务院办公室负责人李震、杨杰、吴庆彤写信,除将刘建章保外就医、将刘建章全案结论送国务院批之外，同时指示：

> 请公安部会同卫戍区将我在国务院当面提出过的要清查北京监狱待遇问题，再在年内做一次彻底清查。凡属毛主席指出的"这种法西斯式的审查方式"和虐待、殴打都需列举出来，再一次宣布废除，并当着在押犯人公布。如有犯者，当依法惩治，更容许犯人控诉。
>
> 各事办好，请分别报来。……

因为有总理的指示，监狱当局不得不把毛泽东的批示和周恩来的指示传达给每一个受审查的人。但是，他们照例是"上有政策，下有对策"，阳奉阴违，并不准备执行。传达以后，他们表面敷衍一下，在管理方式和生活待遇上略作一点"改善"，实际上依然故我，继续搞各种害人的小动作。当时也传达了如有违犯者"更容许犯人控诉"的话。实际上如前所述，他们不但扣押张卉中的申诉，也扣押所有"犯人"的申诉材料；而且对于胆敢申诉者立即严厉报复，变本加厉地残酷迫害，"以戒你的下次！"他们遵从江青集团的旨意，在监狱里和在社会上一样抗拒周总理。

及至1975年5月，我从监狱里出来的时候，总理已经病情严重。直到1976年1月10日，总理逝世以后，我才在北京医院的灵堂里含着热泪向总理遗容致敬、志哀，作最后的告别。20年来，我和亿万同胞一样，无限怀念这位伟大的无产阶级革命家。

周恩来同志说："历史对一个国家、一个民族，就像记忆对于个人一样。一个人丧失了记忆，就会成为白痴，一个民族如果忘记了历史，就会成为一个愚昧的民族。而一个愚昧的民族是不可能建设社会主义的。"我们应当牢牢记住这一段话。而今，党已经对十年动乱作出结论："历史证明，'文化大革命'是一场由领导者错误发动，被反革命集团利用，给党、国家和各民族人民带来严重灾难的内乱。"（中共中央《关于建国以来党的若干历史问题的决议》）一切经历过这场浩劫的人，都可以根据自己的经历、观察和分析，如实地记述十年动乱的残暴和混乱，揭穿这场绚丽面纱蒙盖着的残酷悲剧。对于当时党内外盘根错节的矛盾，惊心动魄的斗争，林彪、江青反革命集团的政治阴谋，"三种人"的丑恶表演，以及其他危害党和国家的现象，加以如实地充分揭示。"文化大革命"是一场浩劫，也是极好的反面教材。要让付出了如此沉重代价换来的宝贵教训成为我们的精神财富，也让我们的子孙后代都能从中汲取应有的教训，防止这场历史悲剧重演。如能这样，就是对周恩来同志的百年华诞最有意义的纪念。

★ 后记

摆在读者面前的这本书，是笔者根据历年搜集的历史资料和亲见亲闻的事实，记述周恩来总理在中国革命各个历史时期所经历的一些重要事件，以此表达一个新闻工作者对一代伟人的不尽思念。

周恩来一向关怀党的新闻事业，重视舆论在革命斗争中的巨大作用。从青年时代起他就创办进步报刊，传播革命思想。他在抗日战争初期说过："笔战是枪战的前驱，也是枪战的后盾。"在抗日战争和解放战争的各个阶段，不论在武汉和重庆，在南京和上海，从国民党统治区到解放区，他同新闻界保持着广泛而密切的联系，坚决领导党报和进步报刊宣传中国共产党的政治主张，批判一切不利于革命发展的反动谬论。同时，他本人就是办报和撰写评论的能手，亲笔写过许多脍炙人口、影响深远的文章。因此，我国广大新闻工作者经常怀着崇高的敬意和无限的深情，缅怀这位誉满全球、名留史册的伟大革命家。

周恩来同志是我最早见到的党的领导人，我在长期的新闻工作中，就像本书"代序"中所记述的，曾在许多场合聆听他的谆谆教诲，每逢自己在党内遭到不公正待遇而陷入困境的时候，还曾多次得到他的关注救援。郑州出版的《新闻爱好者》杂志刊登我在他百年华诞时写的《永恒的怀念》时，曾将题目改作《周恩来和我的新闻生涯》，是合乎实情的。他在漫长岁月中所给予的支持和关怀，使我没齿不忘。令人愤慨的是，那个在江青权倾天下的时候，为了向江青邀功请赏，公然指鹿为马，跑到光明日报社贴大字报诬陷我"辱骂江青"的"好汉"，在"四人帮"垮台之后却又不思悔改，公开造谣我在"文化大革命"中反对周恩来，说什么"穆欣当务之急，是闭门思过，仔细反省一下""他当初是怎样对待周总理、陈毅周志、先念同志等老一辈革命家的？"还信誓旦旦地说这一回他向壁虚构的谎言可是真的："我所讲述的穆欣其人其事，皆为亲见亲历，无一字无来历，无一事无出处。"无怪乎人们看了都嘲笑说，一个撒谎成癖，只会向江青"顿首"的人又喊"狼来了！""真是白昼见鬼！"

收进本书的文章，都是在周恩来同志逝世以后至他百岁华诞临近时写的。在写作过程中曾经得到一些同志的帮助，并曾参考报刊上发表的文章和史料，在此一并表示至诚的谢忱。也对中国青年出版社敬表感谢。书中不当的地方，欢迎读者批评指正。

2000年7月11日，北京